MANUAL DO ESTAGIÁRIO

MANUAL DO ESTAGIÁRIO

JULIANA BAYEUX

LETRAMENTO

Copyright © 2020 by Editora Letramento
Copyright © 2020 by Juliana Bayeux

DIRETOR EDITORIAL | Gustavo Abreu
DIRETOR ADMINISTRATIVO | Júnior Gaudereto
DIRETOR FINANCEIRO | Cláudio Macedo
LOGÍSTICA | Vinícius Santiago
COMUNICAÇÃO E MARKETING | Giulia Staar
EDITORA | Laura Brand
ASSISTENTE EDITORIAL | Carolina Fonseca
DESIGNER EDITORIAL | Gustavo Zeferino e Luís Otávio Ferreira
PREPARAÇÃO E REVISÃO | Lorena Camilo

Todos os direitos reservados.
Não é permitida a reprodução desta obra sem
aprovação do Grupo Editorial Letramento.

Dados Internacionais de Catalogação na Publicação (CIP) de acordo com ISBD

B357m   Bayeux, Juliana

           Manual do estagiário / Juliana Bayeux. - Belo Horizonte, MG : Letramento, 2020.
           290 p. ; 15,5cm x 22,5cm.

           Inclui bibliografia.
           ISBN: 978-65-86025-36-1

           1. Direito. I. Título.

2020-1601   CDD 340
                                                          CDU 34

Elaborado por Vagner Rodolfo da Silva - CRB-8/9410

Índice para catálogo sistemático:
1. Direito 340
2. Direito 34

Belo Horizonte - MG
Rua Magnólia, 1086
Bairro Caiçara
CEP 30770-020
Fone 31 3327-5771
contato@editoraletramento.com.br
editoraletramento.com.br
casadodireito.com

Grupo Editorial
LETRAMENTO

SUMÁRIO

O INÍCIO DE UM SONHO   **9**

10	Por que escolhi cursar Direito?
12	*Office girl* de luxo
15	Artimanhas do destino
18	Conhecendo a nova equipe
21	Conto de fadas
23	Uma energia a mais
25	Vade Retro
28	Jogo de tabuleiro
29	J. defiro
34	Missão impossível
37	Felicidade de estagiária dura pouco
39	Fábrica de emoções
42	O curioso caso das hemorroidas
46	"O processo foi sequestrado!"
50	O amor surge nos locais mais inesperados
54	Então é Natal
56	Captando cliente na balada
59	Quem tem boca vai à Roma
60	O cliente é meu!
62	Um ano não tão novo assim
64	A culpa é da estagiária
66	Sacode a poeira
68	A saga continua
71	O famoso Q.I.
73	Até breve
74	Eu nasci pra isso
76	Me sentindo em casa
78	Protocolo aéreo
80	Parceiro de equipe
82	Papo de estagiário
86	Alô, Cristina

89	Renda extra
90	Bingo!
92	Vou te abandonar
95	Minha musa
97	Dr. Edenilson, seu cafajeste!
100	Garotas cariocas
103	As mil e uma noites
106	Onde estou?
108	Vossa Flatulência
110	"Misericuerdia"
113	A rainha dos motoboys
115	Conto do Vigário
117	O caso de 1 milhão de dólares
120	Uma história de terror
122	Vamos à luta
124	Sentença de morte
125	Execução
126	Segura essa marimba
127	O adeus
129	Reviravolta do destino
132	Um brinde!
135	Passatempo
137	Respiro em meio à selva de pedra
139	Vida nova

CONFORMIDADE   **141**

142	Puxando a capivara
144	O sócio instigado
147	Santa paciência
149	Pulso firme
150	Princesinha do *pop*
152	Em nome do Pai
154	Vaca
155	Paraíso

156	Sherlock Holmes
157	Dormir é para os fracos
160	Feminista é quem tem cabelo no sovaco
163	Irmãos são cobras
166	Não dou ponto sem nó
167	Requisitos para ser uma boa advogada
169	Meu braço direito
171	*Look* do dia
173	Onde se ganha o pão não se come a carne
176	Em boca fechada não entra mosquito
178	Afogando as mágoas

DEEP WEB DO MUNDO JURÍDICO   **181**

182	Ao acaso, concurseira
184	Do céu ao inferno
188	Freud explica
189	Boa noite Cinderela
192	Teste de fé
194	Redescobrindo a autoconfiança
196	Uma festa de arromba
198	O diabo veste *Chanel*
200	Corrida maluca
203	O mundo encantado
205	Superando o medo
207	Sem juízo
209	Foi bom enquanto durou
210	Carta na manga

RESILIÊNCIA   **211**

212	Fazendo a social
215	Pisando em ovos
216	Recomeço
217	Interrogatório
218	Surpresa

220	Nada mudou
222	Ambiente saudável
223	Disputa de egos
225	Prioridades
226	Pode tirar o cavalinho da chuva
228	Fortes emoções
230	Fazendo a egípcia
231	*La garantia soy yo*
232	Reunião de equipe
234	Segurando as pontas
236	Duquesa do *Compliance*
237	Cliente Unicórnio
239	Passando o pano
241	Foi sorte
245	Crise de pânico
248	Rainha do barraco
250	Casos de assédio
253	A omissão é a desgraça da sociedade
256	Cliente insatisfeito
258	O silêncio dos inocentes
261	Não sou obrigada
265	Vida que segue
268	Resiliência

VAMOS JUNTOS   **271**

272	Identificando os tipos de assédio
274	A conduta de constranger
277	Lidando com assédio sexual
281	Responsabilidade civil
283	Consequências jurídicas

REFERÊNCIAS   **287**

O INÍCIO DE UM SONHO

POR QUE ESCOLHI CURSAR DIREITO?

Minha infância foi cheia de altos e baixos, arrisco dizer que com muito mais baixos do que altos. O casamento dos meus pais nunca foi um exemplo de constância, ambos se casaram muito jovens, como era normal à época e tiveram quatro filhas para apimentar uma receita que já era explosiva. Minhas irmãs nasceram em "escadinha", com uma diferença de dois anos entre elas, já eu vim no susto, provavelmente resultado de alguma noite regada a festa e álcool.

Minha mãe relata que aquele foi um período particularmente difícil, pois o casamento já tinha acabado há anos e, trazer mais uma criança para aquele sofrimento, era suicídio. Já meu pai, não levava a vida familiar muito a sério; estava mais preocupado com a carreira e os estudos, pois acabara de adicionar a faculdade de Direito ao seu currículo. No entanto, os dois tinham um desejo secreto de que daquela vez eles teriam o tão sonhado Marcus Vinicius.

Destemida desde o útero, em nenhum momento permiti que meu sexo fosse revelado. Talvez assim, as coisas se abrandassem para o meu lado. Naquela época as ultrassonografias não eram tão boas quanto as de hoje, e eu me contentava em dar minhas "costas largas" para a imagem, fato que levou o médico a ter 90% de certeza de que eu seria homem. Pelo menos, durante nove meses consegui ludibriar minha família. Eis que no dia 14 de julho de 1984 – data de comemoração da queda da Bastilha – resolvi me revelar. Meu pai estava ansioso e tinha mandado decorar a porta do quarto da maternidade com a imagem de um garotinho segurando uma estrela. Nasci para estrear nesse mundo. Muito prazer, Lorena!

Essa parte da "decepção" meus pais me pouparam, mas consigo imaginar a frustração deles por ter colocado tanta expectativa num fator externo, afinal, daquele momento em diante o casamento deles, e assim todos os sonhos que tinham planejado para o tão sonhado menino ficariam apenas na memória. A verdade é que, na prática, essa acabou sendo a minha grande lição de vida, pelo menos até o momento: nunca coloque suas expectativas em algo que não possa controlar, seu destino cabe única e exclusivamente a você.

Durante a infância a relação com a minha mãe não era das melhores, minhas irmãs já eram crescidinhas e eu era aquela criança que "só dava trabalho". Meu pai era meu ídolo e melhor amigo, mas mal parava em casa. Para conquistar meu espaço, tinha que me impor: mantive uma posição de defensora dos direitos dos "fracos e oprimidos"; sendo a mais nova de quatro irmãs, temporã, acabei me transformando no que meus pais carinhosamente chamavam de "justiceira" da família.

Dizem que você se torna a média das cinco pessoas com quem convive mais. Pois bem, minha mãe é *workaholic*, para ela não existe tempo ruim; meu pai era político, amava o que fazia e o fez de coração; minha irmã mais velha, a Vanessa, um crânio; a segunda, Janaina, desbravadora; e pôr fim a terceira, Sofia, a mais sociável das pessoas que pode existir. A média disso tudo? Um trator justiceiro a 200km/h.

Sabia que cursaria Direito desde o momento em que assisti a formatura do meu pai. Tudo aquilo me deixou encantada. Coloquei na minha cabeça que essa seria minha missão na Terra. Contudo, o tempo passou, com ele veio a adolescência, fase de descobertas e festas, muitas festas. Os estudos não eram minha prioridade, era considerada uma aluna "da média", e só fui resgatar essa missão quando terminei o colegial.

Seguindo o caminho do meu pai, a Vanessa também cursou Direito na faculdade mais renomada do País. Sendo meu pai a minha luz e a minha irmã minha paixão, não me restavam dúvidas do caminho a seguir. Minha família ficou em êxtase porque teriam mais uma advogada em casa. Mas, como eu não poderia perder o costume de surpreender, o resultado foi FMU, ou seja, *Fui Mal* na USP. Acabei passando em uma faculdade considerada inadequada para os padrões de excelência dos meus familiares e tendo que ouvir isso constantemente.

Desde o início fui avisada de que o Direito era um mercado machista. Nunca me prendi a isso, mas não podia ignorar a realidade, ainda mais somada ao fato de que para ser considerada uma boa profissional, só existiam "duas instituições de ensino aceitáveis" e eu não estava cursando nenhuma delas.

De fato, a prática me ensinou que o mercado não estava para "peixa" e acabei me cobrando muito mais. Mas eu sabia que estava na profissão certa, que tinha escolhido para a minha vida, e estava disposta a enfrentar qualquer obstáculo que eventualmente surgisse.

OFFICE GIRL DE LUXO

Comecei a estagiar no primeiro semestre, antes mesmo de começarem as aulas, no escritório Butique que a Vanessa era sócia. Eu realmente me divertia com o estágio, porque podia colocar em prática tudo aquilo que borbulhava dentro de mim.

Meu trabalho consistia basicamente em ser *office-girl* de luxo: eu tirava cópia como ninguém e organizava arquivos de forma impecável. O mais engraçado é que fazia isso do alto do meu salto 10, me sentindo a própria advogada! Usava os terninhos que tinha herdado da minha irmã e andava com meu *Vade* embaixo do braço com a maior naturalidade do mundo. Eu tinha nascido para aquilo.

Sendo meu primeiro trabalho, tudo era muito novo e agradável. Estudava de manhã e estagiava no período da tarde. Dividia a bancada com o Thiago, *office boy* do escritório, e passava as tardes entre risadas e as tarefas administrativas.

Os dois sócios fundadores eram o que chamamos de "elitistas de faculdade", faziam questão de "colocar o Thiago no lugar dele" e me tratavam como "uma patricinha que provavelmente acabaria se casando com um marido rico e abandonando a profissão". Resumidamente, éramos descartáveis. Eu e o Thiago acabamos criando um laço de companheirismo. Ele estava juntando dinheiro para cursar Direito, e eu repassava com ele as matérias que tinha aprendido no dia. No mais, nos encobríamos nas tarefas diárias para que conseguíssemos dar conta do recado.

Nas horas vagas me distraia no Messenger e fazendo ligações ilimitadas pelo telefone do escritório. Uma das minhas melhores amigas, Karime, estava de férias com a família no Líbano e eu ligava diariamente para ela a fim de mantê-la atualizada com os acontecimentos da turma. Eis que o "inesperado" ocorre. Cheguei no escritório após uma manhã intensa na faculdade e um dos sócios estava aos gritos querendo descobrir quem havia feito aquele bando de ligações para o exterior, pois a conta de telefone estava absurda e ele não tinha encontrado o débito para nenhum cliente. Sinceramente, eu não sabia se ria ou chorava. Dois meses do meu suado trabalho como estagiária foram destinados a cobrir o rombo que causei na fatura. Daí tirei duas lições: a primeira foi nunca usar o telefone do trabalho para uso pessoal, a segunda foi que para tudo que você faz no ambiente corporativo existe um débito.

Ficava até tarde no escritório para esperar a minha irmã e pegar uma caroninha de volta para casa. Durante esse tempo, aproveitava para colocar a matéria em dia e ler os arquivos que me davam para organizar. O escritório era especializado em agronegócio e eu devorava os contratos como se fossem livros de romance. Tinha um carinho especial por dois casos, que lá na frente acabariam influenciando na minha jornada.

Uma dessas vezes em que eu e a Vanessa ficamos até tarde, as luzes do escritório começaram a piscar e a impressora começou a fazer barulhos aleatórios. Estava chovendo forte e eu e minha irmã saímos do prédio aos berros. Não havia um táxi na rua e tínhamos deixado nossas bolsas para trás. Caminhamos até a nossa casa, encharcadas e num salto enorme. Entre risadas e desespero, esse dia trágico ficou gravado como um dos mais cômicos desse período.

Na manhã do dia seguinte fui direto para o trabalho, afinal, todos os meus pertences tinham ficado lá na noite fatídica. Chegando no escritório, o Sr. Miguel, cliente que estava sob os cuidados da minha irmã, aguardava na recepção. Ele estava junto com o filho, Mateus, excepcional, um pouco mais velho do que eu, mas com idade mental de uma criança de oito anos. A Vanessa me deixou encarregada de ciceronear o Mateus enquanto ela e o Sr. Miguel tratavam das questões patrimoniais da empresa dele. Para mim, missão dada é missão cumprida com estilo.

Levei o Mateus numa lojinha de variedades que tinha perto do escritório e falei para ele escolher o que ele quisesse. Mateus acabou escolhendo uma "almofada de pum". Chegando no escritório um dos sócios fundadores, Bernardo, foi paparicar o menino. Mateus, então, disse para o sócio que precisava dele para testar um "projeto científico". Bernardo, superempolgado com a atenção do Mateus, filho de um dos maiores clientes do escritório, chamou todos para que presenciassem "o evento". Comecei a suar frio, pois imaginava o que estava por vir. Os olhos do Sr. Miguel brilhavam enquanto ele aguardava o teatro do filho. Mateus pediu para Bernardo se sentar na almofada que tinha sido preparada especialmente para ele e aí... Já dá para imaginar o que aconteceu.

Para alegria de Mateus, a almofada não só fazia barulho de pum, como também soltava um odor terrível! Ele e o pai dele caíram na gargalhada. Mateus começou a apontar para Bernardo e chamá-lo de peidorreiro. Minha irmã ficou estática e o sócio vermelho de raiva. O Thiago não aguentou e se retirou para o banheiro, onde se acabou de rir. Eu realmente estava em choque.

Bernardo tinha ficado tão possesso que não sossegaria enquanto não punisse o responsável por aquele "vexame" e nem preciso dizer que alguém, que não o filho do cliente, deveria levar a culpa por aquela situação. A Vanessa acabou se dando bem, porque o Sr. Miguel tinha ficado tão feliz com a reunião, que acabou enviando de presente para ela uma maleta de maquiagens da MAC. Para mim, restou uma caixa de *Chocolat du Jur* e o fim da minha trajetória no escritório.

Os seis meses em que fiquei na Butique serviram para abrir a minha mente do que estava por vir. Tão nova e já tinha vivenciado o bordão de que "a culpa é sempre do estagiário". Constatei que minha posição estava longe de ser um mar de rosas e que eu ainda não tinha maturidade e muito menos voz para lidar com aquele turbilhão de emoções. Ansiava por alguém que pegasse as minhas mãos e me mostrasse o caminho. Doce ilusão. A carreira que escolhi se mostrou um mundo medieval, onde é cada um por si e a ambição contra todos.

ARTIMANHAS DO DESTINO

Enquanto tomava sol e me deliciava com a caixa de chocolates que havia ganhado do Sr. Miguel, refletia sobre a minha saída da Butique. A cena tinha sido surreal e agora eu podia dar risada sem peso na consciência. A única coisa que lamentava daquela situação era que havia estremecido meu relacionamento com a Vanessa.

Lembrei que na Butique eles sempre falavam do escritório Campos & Castro, formado por um grupo de sócios de excelentes faculdades, que estavam ganhando muito dinheiro. Não conhecia muito do universo jurídico e procurava me recolocar no mercado, então, por que não enviar meu currículo para aquele escritório? A Vanessa deu risada, disse que havia comentado com seu sócio Bernardo da minha intenção e que eles concluíram que eu definitivamente não tinha perfil para trabalhar naquele lugar.

Pouco tempo depois, estava numa festa na casa da minha irmã Sofia. Ela tinha acabado de se mudar com o marido e estavam fazendo um *open house*. Fiquei conversando com uma mulher mais velha, parente do meu cunhado, que estava superinteressada na minha curta trajetória no escritório Butique. O apelido dela era Mila, uma advogada riponga e muito alto-astral. Contei da fatídica história da almofada e ela chorou de tanto rir. Mila pediu que eu enviasse meu currículo para ela, pois eu tinha um "perfil descolado" e ela tinha certeza de que eu me encaixaria no escritório em que era sócia. Logo, a Vanessa interveio:

— A Lorena não tem perfil para trabalhar no Campos & Castro! Ela é imatura e ainda não tem o inglês fluente.

Oi?! Para a minha surpresa, Mila era sócia do tão famoso escritório Campos & Castro. Como assim?! E como a minha irmã ousava queimar o meu filme?

Mila caiu na gargalhada mais uma vez. Como que uma estudante de primeiro ano teria algum tipo de maturidade e experiencia, se mal tinha saído das fraudas? No mais, para ela o inglês era completamente desnecessário, já que nem ela mesma tinha fluência na língua e era uma das sócias que mais faturava com seus clientes italianos.

Fui chamada para uma entrevista com a FAX – sigla com as iniciais do nome que facilitava a identificação do profissional –, advogada sênior de uma das equipes do contencioso cível. Mila era sócia da área trabalhista, mas acreditava que eu aprenderia muito mais com contencioso cível e, também, que essa era uma forma de se precaver de eventuais alegações de favoritismo.

FAX tinha o mesmo perfil de Mila, mas era um pouco mais fechada. No meu primeiro dia de trabalho encarregou a Iris, uma estagiária mais antiga, de me levar para o Fórum Central João Mendes e me treinar para as diligências. Iris, superboazinha, disse que não me sobrecarregaria logo no início, ela faria todas as fichas e eu só teria que analisar os andamentos de um único processo, depois, poderia ir embora.

Fiquei na fila do cartório esperando minha vez, era fim de tarde, e o Fórum estava lotado. Quando chego no balcão, peço pelo número do processo. O cartorário me trouxe de pronto:

— A falência da Concessionária Tiger, esse processo não para na prateleira. Este é o último volume, vai precisar de outro?

Fiquei estática. A única coisa que eu tinha nas mãos era uma ficha de acompanhamento e uma caneta com o logotipo do escritório. Não fazia ideia de quem era a Tiger, do que se tratavam os volumes e muito menos do que eu tinha que fazer com aquilo.

O cartorário parou na minha frente e ficou me encarando. Juninho era um preto de dois metros de altura e cabelo cheio de *dreads*. Com a voz grossa disse:

— A senhorita precisa de algo mais?

Eu caí no desespero e desembuchei a falar enquanto ria de nervoso, contava os perrengues, da "bondade" da minha colega e como eu não poderia decepcionar minha chefe no primeiro dia de trabalho.

Juninho delicadamente se compadeceu:

— Pqp, todo dia é isso! Não tenho paciência para principiantes! Senta aqui que vou te ajudar, depois você me paga um café.

E assim, Juninho me colocou sentada na mesa dele e pacientemente me ensinou a fazer o andamento processual. Fomos um dos últimos a deixar o prédio do Fórum, que já estava fechado há tempos.

Estava me sentindo plena, ansiosa para ver a cara da Iris quando eu chegasse no escritório com a missão cumprida. Fechei a noite convidando o Juninho para um rango na lanchonete ao lado do João Mendes. Comemos um PF, Juninho me levou ao ponto de táxi e entreguei o dinheiro do busão para ele ir embora.

Cheguei em casa só o pó, as meninas perguntavam como tinha sido meu primeiro dia e eu só tinha forças para tomar um banho e dormir.

No dia seguinte, acordei revigorada para a faculdade, estava me sentindo o máximo. Em um único dia Juninho tinha me ensinado a fazer andamento processual com base numa falência de 22 volumes! Não conseguia prestar a atenção na aula, juntei minhas amigas e fomos para o fumódromo, onde passei horas com as fichas de acompanhamento nas mãos descrevendo a aventura.

CONHECENDO A NOVA EQUIPE

Sai da faculdade e fui direto para o trabalho. Estava orgulhosa de ter tanto material e não via a hora de entregar para minha chefe. Fui recepcionada pela Iris, mas ela não podia me dar atenção pois precisava se organizar para a reunião de equipe. Fui pega de surpresa, mal tinha tido tempo de conhecer as pessoas com quem trabalharia e já tinha uma reunião agendada.

Sentei-me no computador que dividiria com outro estagiário, porque ainda não tinham preparado uma mesa para mim. Nesse meio tempo, Letícia, uma estagiária muito simpática, que lembrava a Joelma da banda Calypso, puxou assunto:

— Muito prazer, seja bem-vinda! Por gentileza, poderia me passar o amarelinho?

Olhei ao redor da bancada e vi um calhamaço de papel amarelo, entreguei para Letícia e aproveitei para perguntar para que servia aquele documento. Ela me explicou que os débitos das diligências e despesas em geral deveriam ser feitos através do amarelinho, onde preenchíamos os campos de finalidade, valores e cliente para cobrança.

Na Butique tinha aprendido que para tudo existe um débito e agora estava aprendendo como fazer esse débito. Enquanto aguardava a reunião, lancei a fatura do táxi que tinha gastado no dia anterior e separei o amarelinho para pegar a assinatura de aprovação do sócio responsável pelo cliente.

FAX tinha agendado aquela reunião para me apresentar e explicar como funcionava o andamento da equipe. Aproveitou para pedir *feedback* da diligência para Iris, que prontamente entregou as fichas do acompanhamento que tinha feito "sozinha":

— FAX, estão aqui minhas fichas, tinha prova na faculdade e não pude dar muita atenção para a Lorena, porém, expliquei para ela o procedimento e deixei ela responsável por acompanhar um único caso.

Nisso todos olharam para mim. Peguei minhas fichinhas com gosto e entreguei para FAX:

— Aqui está o acompanhamento da falência da Tiger.

Iris demonstrou surpresa.

— Por que tantas fichas? Só tínhamos que verificar se a habilitação do nosso cliente tinha sido deferida.

Para mim, ela estava falando grego! Em nenhum momento Iris especificou o que deveria ser feito, apenas me deixou na fila do cartório e evaporou. Contudo, levei na esportiva. Disse que tinha ficado com dúvida de quais informações seriam relevantes e tinha optado por atualizar todo o acompanhamento processual. Afinal, sou adepta da máxima: "na dúvida, não há dúvida", melhor pecar pelo excesso do que pela falta. No mais, tinha feito amizade com o Juninho que me deu uma aula de acompanhamento processual. Estava feliz e nada estragaria meu dia.

Na reunião conheci mais dois advogados plenos com quem trabalharia. Carla era o protótipo de advogada de grandes bancas, tinha vindo do famoso escritório Máximo e fazia questão de enfatizar isso a cada três palavras que dizia; Francisco sonhava em ser guitarrista e passava o tempo dando risadas das histórias da Carla. Eles dividiam sala e confidencias. Também fui apresentada ao Claudio, arrogante na fala e, assim como Iris, estagiário com tempo de casa. Essa era minha equipe.

A reunião acabou e Claudio aproveitou que tinha um tempinho livre para me convidar para uma aula. Colocou uma cadeira ao lado da dele, pegou uma dúzia de livros e começou a me explicar como funcionava a estrutura dos tribunais; quando me dei conta ele divagava sobre a inteligência dele, as teorias de doutrinador Fulano e Cicrano, como ele era bom em encontrar jurisprudência divergente, a peça que ele tinha escrito que o sócio não tinha mudado nenhuma virgula etc. Eu não fazia ideia do que ele dizia e toda aquela falação estava me matando de sono. Claudio, então, resolve me mostrar a peça exemplar que ele tinha escrito, abriu o arquivo e enviou para a impressora, pois facilitaria a minha compreensão e eu poderia grifar as minhas dúvidas. Claudio se levantou para buscar a impressão e quando voltou para a mesa só deu tempo de ver um vulto esparramando no chão.

— Muito prazer, eu sou o Raphael, estagiário da equipe da Lívia.

Raphael resolveu fazer uma brincadeira e puxou a cadeira de Claudio, que acabou ficando possesso, pois estava sendo desautorizado na frente da menina nova; e foi direto delatar o ocorrido para o sócio, enquanto todos da sala dos estagiários sêniores se acabavam de rir. Raphael não estava nem aí:

— O Claudio é assim mesmo, chato, a gente não aguenta ele dando uma de Hans Kelsen.

Nisso, Claudio voltou e disse que "o Dr. Marcos tinha ficado muito bravo e que não era para essa situação se repetir". Ninguém deu muita bola, Raphael pegou as coisas dele e foi para o Fórum, e eu aproveitei a deixa para voltar para a minha mesa.

FAX tinha separado esse dia para eu me ambientar, aprender a debitar horas e cadastrar os andamentos processuais no sistema. Fui apresentada ao Gustavo, o estagiário com quem eu dividiria mesa, até que organizassem nossos lugares. Assim como eu, Gustavo era novato, tinha começado a trabalhar naquela semana. Seu pai era um dos sócios seniores e ele se sentia superinseguro em tudo o que fazia, morria de medo do pai. Começamos uma relação de broderagem e organizávamos nossas agendas de fórum para que caíssem no mesmo dia e local. Dessa forma, ele me dava carona para cima e para baixo, e eu o ajudava com as diligências. Unimos o útil ao agradável.

Passaram-se uns dias e duas estagiárias novas entraram pra completar o quadro do contencioso cível. Jessica, uma garota linda, parecia modelo, e Marcinha, toda delicada feito uma princesa. Ambas faziam parte da equipe do Gustavo, que consistia nos três estagiários, a advogada sênior Helena e o recém nomeado sócio Leonardo. Estava completa nossa bancada de estagiários juniores: eu, Letícia, Gustavo, Jessica e Marcinha. Juntos, fomos nomeados de "gangue do contencioso".

Conhecendo a nova equipe

CONTO DE FADAS

As aulas com Juninho me tornaram craque em diligências em muito pouco tempo. Entre uma lição e outra, tomávamos café e dávamos um rolê pelo Fórum Central, para que ele pudesse me apresentar aos parças. Conheci praticamente todos os cartorários do prédio e aquele *lobby* me deixou confiante para realizar meu trabalho com maestria. Eu *amava* o que fazia.

Nossa gangue criou vida própria e nos organizávamos de uma forma que fosse benéfica para todos: fiquei responsável pelo João Mendes e arredores; Gustavo tinha preferência pelo Fórum de Santo Amaro, que era mais próximo de sua casa; Jessica e Marcinha preferiam os fóruns de outras comarcas, pois a diligência era bem mais tranquila e dava para ganhar uma grana extra com quilometragem; já Letícia tinha dado um *upgrade* na carreira e passava a maior parte do tempo interna, porque estava começando a escrever.

Em uma tarde de verão escaldante, como é usual em São Paulo, as nuvens começavam a se aglomerar. Iris teve um imprevisto e seria necessário que eu a substituísse; me deu oito volumes de um processo e me encarregou de entregar os autos no 1º TAC, pertinho do Fórum Central. Nunca tinha ido ao 1º TAC e tinha horror em pensar em atravessar a Praça da Sé sozinha, mas não tive opção. Esperava contar com Juninho para mais essa missão, mas ele não tinha ido trabalhar esse dia. Peguei o processo e me dirigi ao Centro esperando por um milagre.

Estava com uma saia rodada que ia até o joelho, salto e as duas mãos ocupadas segurando aqueles volumes, quando desci do táxi na lateral do João Mendes. Com passos curtos, me equilibrando entre o peso do processo e a altura do salto, atravessei a faixa de pedestre em frente ao prédio. Nessa hora começou uma ventania e minha saia foi parar na cabeça. Eu não tinha o que fazer: ou segurava a saia ou o processo, continuei a travessia fazendo a Marilyn Monroe e segui a caminho do Tribunal.

Assim que coloquei os pés na Praça da Sé, me assustei com a cena de uma mendiga nua que gritava cercada de policiais enquanto tentava agarrar as genitais deles; também tinha um mágico que tirava de dentro da cartola uma mão de zumbi que se mexia sozinha – era muita informação para processar. Caiu uma gotinha na minha testa. Era só o que me faltava! Estava começando a chover. Pensei em desmaiar, mas nem pra isso eu tinha tempo. A chuva veio forte e meu guarda-chuva se desfez em dois minutos. Resolvi correr para não ter o risco de molhar o processo e meu salto acabou quebrando na esquina do 1º TAC. Fiz a Cinderela e deixei o sapato no meio do caminho. Que dia horrível para se ir a uma diligência sozinha!

Cheguei no cartório descalça e entreguei o processo:

— Dra. a senhora precisa assinar a baixa da carga.

Olhei para os lados e não havia mais ninguém no balcão:

— É com você mesma que estou falando, querida.

Eu mal sabia o que era carga e muito menos quem tinha feito. O cartorário tira debaixo do balcão o *Livro de cargas* e pede para eu localizar o registro para a assinatura da baixa. Aquilo era uma bíblia e eu não tinha noção de onde procurar. Nesse momento chegou um advogado mais velho, daqueles que fizeram carreira esquentando a barriga em balcão de fórum:

— Boa noite, Sandrinho! Meu processo já voltou da conclusão?

Enquanto terminava de deixar suas coisas no balcão, olha para mim chocado.

— Menina, por que você está descalça? Tem uma mancha de barro na sua panturrilha.

Sandrinho, então, se debruçou no balcão para conferir a minha derrota. Comecei a rir compulsivamente, minha válvula de escape para os momentos de nervoso.

— Tive um dia do cão, já fiz a Marilyn, a Cinderela e agora estou a Gata Borralheira, tenham misericórdia.

Começamos a conversar e Sandrinho mostrou interesse pela parte da história em que tinha quebrado meu salto, pois ele já tinha passado por uma situação semelhante. Nós três ficamos jogando conversa fora enquanto Sandrinho contava das noites em que se vestia de *drag queen* e me ensinava como funcionava a baixa de carga. Acabei saindo do 1º TAC com a indicação de uma lojinha de sapatos próxima que tinha os preços em conta. Fui para a loja e só consegui me encantar por um par de Havaianas verdinho, com umas aves desenhadas – meu novo coringa de diligências. Voltei para o escritório de "chinelas" para terminar as obrigações do dia.

Tarde da noite só estávamos eu e Helena no escritório, ela passa pela minha mesa e encosta para conversar:

— Eu gosto de você, vejo que é aplicada, sempre a primeira dos estagiários a chegar e a última a ir embora. Gostaria que fizesse parte da minha equipe, pense nisso.

Agradeci, mas não tinha a intenção de trocar de equipe, tinha pouco tempo de casa e ainda estava me acostumando ao funcionamento do escritório. Sai de lá de madrugada, cheguei em casa esgotada e ainda tinha matéria para colocar em dia. Dormi 3h nessa noite. Apesar de muito cansada, ainda conseguia conciliar a faculdade com o estágio.

UMA ENERGIA A MAIS

Fui trabalhar renovada e juntei a gangue na copa para falarmos sobre o dia anterior, nossa tradição. Enquanto Jessica comia compulsivamente e Marcinha preparava um chazinho para acalmar, um advogado júnior da equipe de tributário nos interrompeu:

— Não pude deixar de escutar a conversa de vocês, entendo muito bem o que estão passando porque já fui estagiário e tenho a solução para esse probleminha de cansaço.

Silas nos apresentou ao mundo das anfetaminas. Jessica mal terminou de ouvir e foi para o banheiro vomitar, havíamos descoberto há poucos dias que ela sofria de bulimia. Marcinha saiu atrás de Jéssica para ver se ela estava bem e Gustavo não deu muita bola para aquele drogadinho. Eu resolvi testar os benefícios daquela maravilha.

Chegou sexta-feira, dia de levar os amarelinhos para a aprovação dos chefes de equipe. Deixei meu envelope na sala da FAX e fui para a minha mesa. Pouco tempo depois ela me chama e diz que para um daqueles débitos eu deveria pegar a aprovação do Dr. Marcos, sócio fundador, pois se tratava de um caso *pro bono*. Fiquei receosa, pois este era o sócio que Claudio tinha dedurado o Raphael, e eu tinha certeza de que ele seria indigesto. Atravesso o corredor em direção à sala do Dr. Marcos, meu coração dispara e eu não sabia se era devido ao medo ou às anfetaminas que Silas tinha me vendido. Chego na porta entreaberta suando frio.

— Com licença, Dr. Marcos eu…

— Lorena, minha querida, entre! Por favor, fique à vontade! Pode se sentar nessa cadeira em frente à minha mesa. Você chegou em boa hora, estou me preparando para tirar a carta de tarot do dia.

Dr. Marcos fecha os olhos e se concentra numa oração. Fico sentada observando a sala. Para todo canto uma imagem diferente de Buda e meus olhos começam a lacrimejar com a fumaça dos incensos. De repente senti uma paz, como se estivesse em outra dimensão.

— A Imperatriz! Excelente carta. – Abre um sorriso e continua. – Ando tão corrido que não tive a oportunidade de me apresentar, mas já sei tudo sobre os meus novos pupilos. Sempre que estou no escritório ouço as conversas da sua gangue e fico muito feliz por ter vocês aqui, trouxeram alegria para o setor.

Nessa hora fiquei envergonhada, pois a fama da gangue já tinha chegado aos sócios e não sabia dizer até que ponto isso era benéfico.

Ainda estava em transe com a figura do Dr. Marcos e seu sorriso largo, associado àquela aparência de bicheiro excêntrico mediúnico. Uma das raras ocasiões em que fiquei tímida.

— Dr. Marcos, estou aqui porque preciso da sua assinatura nesse amarelinho.

Estendi o papel e entreguei para ele. O Dr. Marcos fechou o sorriso e me interrompeu.

— Não me chame de Doutor! Aqui somos todos uma família e faço questão de ser chamado apenas pelo meu nome.

Que alívio! Pensei que ele tinha ficado bravo com o débito do amarelinho. Aliás, o amarelinho foi o de menos, pois o Dr. Marcos nem olhou para a fatura e deu um visto.

— Confio em você.

Fiquei encantada com aquele homem alto-astral, inteligente, bem sucedido, seguro de si. A combinação perfeita para se tornar meu ídolo! Conversamos mais um pouco e descobrimos que ele tinha se formado na mesma faculdade e no mesmo ano que meu pai, porém em turnos diferentes. No entanto, ele fez questão de enfatizar que era bem mais novo! Estava certo, aquela era a terceira faculdade que meu pai tinha cursado e Marcos não aparentava ser um vovô. Demos boas risadas juntos.

Sai da sala do Dr. Marcos com as energias renovadas. Estava acelerada pelas anfetaminas, mas sentia uma paz inexplicável. Peguei as minhas coisas e fui para o João Mendes zerar as fichas de acompanhamento processual. Começava pelo último andar e ia descendo as escadarias até o térreo. Diariamente eu passava por todos os andares daquele prédio. Consegui terminar tudo antes das 16h e voltei para o escritório para cadastrar os andamentos no sistema e fechar o débito de horas. Que dia maravilhoso! Seria uma das poucas vezes que conseguiria terminar tudo sem ter que varar no escritório. Liguei para as minhas amigas para marcar a balada da noite: ia ter uma festa na imperdível na Dance e não podíamos faltar!

Uma energia a mais

VADE RETRO

Estava fazendo hora no escritório, pensando no *look* que usaria à noite. Me programei para aguardar até umas 18h30min, para fazer uma moral. Eu era a única estagiária que estava no setor, porque geralmente a gente aproveitava a sexta-feira para sair do Fórum direto para casa. De repente, Claudio aparece na baia dos estagiários desesperado:

— Lorena, que bom que você está aqui. A Iris teve um problema e não vai conseguir fazer o protocolo em tempo. Combinei com ela de ir, mas acabei me enrolando aqui. Vou imprimir o documento e você voa para o João Mendes. O prazo é fatal!

Eu não tinha muita ideia do que era prazo fatal, mas considerando o desespero do Claudio, pude imaginar que era algo sério. O escritório ficava nos Jardins e sai de lá faltando vinte minutos para o Fórum fechar.

— Dada a urgência você pode usar o táxi que ficava no ponto em frente ao prédio.

Eu nem teria cogitado outra hipótese, ou ele imaginava que eu iria de ônibus para o Centro numa sexta-feira à noite e com um prazo fatal em mãos?!

Entrei esbaforida no único taxi que tinha no ponto:

— Pé na tábua que este prazo é fatal.

Os taxistas de lá já estavam acostumados com a rotina do escritório e o atencioso Sr. Tobias tratou de acelerar.

— Menina, que loucura! Como te entregam uma bomba dessa, nesse horário? Você deve ser nova, nunca te vi por aqui e, pelo visto, não vou ver mais. Se você perder esse prazo, com certeza será demitida!

Fiquei desesperada, o prazo era de um cliente do Dr. Marcos e eu tinha pavor só de pensar na hipótese de decepcionar o meu ídolo.

Claudio me ligava a cada dois minutos perguntando onde eu estava. O taxista pediu licença para pegar o telefone.

— Claudinho, pqp! Você quer ferrar com a vida da menina? Está tudo parado!

Faltava cinco minutos para fechar o fórum e ainda estávamos na metade da Av. Maria Paula. Desci do táxi no meio da rua e fui correndo em direção ao fórum. Quando cheguei, as portas do João Mendes tinham acabado fechar. Comecei a chorar, toca o telefone e Claudio diz que está com toda a equipe na sala da FAX aguardando por notícias; contei o ocorrido e ele começou a gritar.

— A LORENA PERDEU O PRAZO! A LORENA PERDEU O PRAZO!

Eu não acreditava no que estava ouvindo e fiquei enfurecida! Sempre levei meu trabalho a sério e nunca deixaria uma providência tão importante para a última hora. Resolvi que não ia engolir aquela desfeita. Liguei para o Juninho e contei o que tinha acabado de acontecer; por um milagre ele ainda estava no cartório, desceu e me buscou na porta do Fórum. Juninho pegou o prazo e deu uma risadinha.

— Nessa vara trabalha o Osmar, ele é *brother*, vamos lá que eu protocolo para você.

Sensacional. Eu estava vivenciando um milagre!

Liguei para a mesa do Claudio e a FAX puxou a ligação, Claudio tinha ido para a faculdade e ela estava muito descontente com o fato de eu ter perdido o prazo.

— Mas não adiantava chorar pelo leite derramado, era melhor eu ir para casa e segunda-feira conversávamos. – Disse FAX em tom de lamento.

— FAX, você não está entendendo, estou com o prazo em mãos! O protocolo foi feito! Estou a caminho do escritório.

Cheguei radiante no escritório, acreditando que seria recepcionada com festa. Entreguei o prazo para FAX, que puxou um sorriso de canto e disse:

— Parabéns, não fez mais que a sua obrigação. Agora pode ir curtir seu fim de semana.

Todo aquele estresse tinha detonado meu psicológico. Cheguei em casa, me arrumei e fui para a casa de uma amiga fazer o esquenta. A Antonela estava afogando as mágoas por um relacionamento que não dava certo e eu fui no embalo anestesiar a decepção que tinha tido com a minha equipe. Outras meninas da turma chegaram, ficamos doidonas e demos PT na balada.

Cheguei para trabalhar na segunda-feira desanimada e com ressaca moral. O Gustavo me recebeu com um sorriso de orelha a orelha.

— O Dr. Marcos está te procurando, já passou por aqui duas vezes.

Estava com medo de ser demitida e não queria contar para o Gustavo da correria que tinha acontecido na sexta-feira. Fiquei procrastinando na minha mesa até o Dr. Marcos aparecer.

— Lorena, a menina dos meus olhos, passei o dia procurando por você! Parabéns!

Eu já não estava entendendo mais nada, pois o Claudio era o queridinho da FAX e tinha se encobertado junto com a Iris para escaparem da perda do prazo. Se tinha alguém que levaria a culpa por qualquer erro seria eu!

— Dr. Marcos, me perdoe, não sabia da importância de um prazo fatal e acabei saindo do escritório em cima da hora.

— Minha querida, está com falsa modéstia? Para mim a culpa nunca é do estagiário! Se porventura aquele prazo tivesse se perdido, pode ter a certeza absoluta de que eu nunca teria ficado chateado com você, mesmo porque, minha recomendação é de não deixar os prazos para o último dia, quanto mais última hora! E a senhorita conseguiu cumprir com a missão impossível. A partir de agora será a estagiária de todos os meus casos!

Vade Retro

JOGO DE TABULEIRO

Fiquei em êxtase. A frase "a culpa nunca é do estagiário" ficava ecoando nos meus ouvidos como uma valsa. Gustavo convocou uma reunião da gangue na copa para saber de todos os detalhes e ficamos empolgados repassando os momentos de emoção.

A Jessica aproveitou para desabafar:

— A Helena me cobra demais, fica me xingando porque eu sumo para vomitar e disse que eu estou por um fio aqui na equipe.

Gustavo e Marcinha baixaram os olhos e eu não podia acreditar no que estava ouvindo. Me senti até mal por estar comemorando o elogio do Dr. Marcos. No entanto, me lembrei da vez em que a Helena tinha feito a proposta de eu ir para a equipe dela. Como eu estava acostumada com "chefes duros" e decepcionada com a minha equipe, pensei que aquela poderia ser a oportunidade ideal de sugerir uma troca. Eu iria para a equipe de Helena e Jessica iria para a equipe da FAX, teríamos a chance de recomeçar e todo mundo ficaria feliz. A gangue adorou a ideia e combinamos de esperar o momento mais oportuno para propor nossa troca.

Numa das raras tardes em que não ia para o Fórum, aproveitei para ir para a sala da Carla e do Francisco rever uns andamentos e jogar conversa fora. Eu e a gangue já tínhamos concordado que estava em tempo de propor a troca, e naquele momento acabei encontrando a oportunidade ideal de comentar sobre o assunto com os advogados da equipe. Carla adorava a Jessica e estava chocada com a insensibilidade da Helena, enquanto Francisco ria da história do prazo fatal. Chegamos a um consenso: Carla falaria com FAX e eu falaria com Helena para acertarmos os detalhes da troca.

Entre uma risada e outra uma garota tímida entra por engano na sala em que estávamos e pede desculpas, tinha acabado de vir de uma equipe de outro andar e ainda não sabia direito onde ficava a sala dela. Me ofereci para acompanhá-la. Durante o caminho, Cecilia me contou que era carioca, estava há pouco tempo em São Paulo e ainda não tinha se adaptado a tantas mudanças. Me identifiquei com a Cecilia de cara. Apesar da diferença de idade – eu era estagiária e Cecilia advogada recém-formada – éramos parecidas e tínhamos muito assunto em comum. Viramos grandes amigas.

J. DEFIRO

A troca de equipe com a Jessica tinha dado certo e meu relacionamento com as pessoas do escritório estava impecável. Somado a isso, tinha caído de vez nas graças do Dr. Marcos com as chamadas missões impossíveis. Estava feliz, dava conta de tudo com prazer e ficava com tempo de sobra para ajudar os amigos da gangue. Tudo estava perfeito.

Mas "felicidade de estagiário dura pouco", palavras de Leonardo, aquele sócio recém-nomeado, que chefiava a equipe da Helena. Leonardo tinha o costume de passar pela nossa bancada para reclamar do barulho e fazer piadinhas de mau gosto que só ele achava engraçadas, como: estagiário nem é gente; boa tarde, escraviários; quem vai ter a honra de me servir um cafezinho hoje?. Ele lembrava o Al Pacino novinho, mas se mostrou tão inconveniente que não suportávamos a imagem dele.

— Veja que sorte a minha, a queridinha do Marcos não está batendo cartão no Fórum hoje. Ouvi dizer que você é boa em missões impossíveis, então vamos testar. Tenho uma petição para ser despachada na 20ª Vara Cível do Central, e a Helena não vai conseguir voltar do Rio de Janeiro a tempo. Esse cliente não paga os honorários há meses e não faço questão de ir; será uma excelente oportunidade para você aprender a lidar com juiz. Ademais, você pode aproveitar para usar seu charme e desfilar suas pernas com essa saia.

Oi?! Que ele era sem noção a gente já sabia, mas definitivamente tinha passado dos limites. Eu estava de *tailleur*! Aliás, inspirada na minha irmã, sempre tive o costume de me vestir de forma adequada para a profissão, seguindo o protocolo. Inclusive, de unhas curtas e penteado discreto. Lamentável. Ficamos em silêncio na bancada, Leonardo pediu que eu me organizasse para a diligência, enquanto ele assinava a petição com o pedido de liminar para que eu fosse despachar.

Estava muito envergonhada com aquela situação. Meu estômago ficou embrulhado e eu não estava com a mínima vontade de trabalhar naquele ou em qualquer outro caso diretamente com o Leonardo, ele era deprimente. Peguei minhas coisas, puxei a saia mais para baixo e aguardei a volta do Leonardo para que eu pudesse ir para o Fórum.

— Está aqui a petição, leia ela no caminho para saber o que vai falar. Na dúvida, vai na parte dos pedidos e decora. Resumidamente, precisamos que essa liminar seja deferida. Ah, e antes que eu me esqueça, como o cliente está inadimplente, vamos considerar este caso como *pro bono*, você terá que ir de ônibus para o Fórum.

Leonardo esbugalha o olho e começa a rir com as mãozinhas na orelha.

— Cuidado com essa saia no busão, hein! Tem perigo de ser estuprada.

Meu Deus, que nojo daquele ser. Não podia acreditar que ele era sócio do escritório que meu ídolo tinha fundado.

Eu sou aquele tipo de pessoa que só consegue respeitar quem admira. E, para o meu conceito, aquele cara definitivamente não era digno de respeito. Contudo, era sócio e eu amava o escritório. No mais, era normal para a gente ter que lidar com piadinhas do gênero. Então, engoli meu orgulho e fui.

Cheguei no ponto de ônibus e estava um aglomerado de pessoas. Não tinha ideia de qual linha tomar e muito menos do ponto que eu deveria descer para chegar no João Mendes. Fiz amizade com uma senhora que não parava de reclamar. Ela elogiou minha roupa e peguei o gatilho para desabafar sobre as pérolas que tinha acabado de ouvir. Contei que precisava chegar no Fórum e ela me ofereceu ajuda; disse que ficaria comigo até o ponto em que eu deveria descer. Fiquei tão agradecida que não tinha palavras. Em muitas ocasiões Deus envia anjos para a nossa vida em forma de gente. Me senti abençoada.

No caminho do Fórum, dona Yolanda foi contando das desgraças dela e de como a vida tinha sido ingrata, enquanto eu procurava amenizar a situação e mostrar o lado bom de cada história. Tinha que estudar a petição, mas não ousava interromper a dona Yolanda! Uma mão lava a outra.

Cheguei no João Mendes e me dirigi ao andar da 20ª. Sentei-me em um dos bancos do corredor e comecei a ler a petição. Durante o caminho tinha tirado meu sapato e trocado pela Havaianas que comprei naquela diligência do 1º TAC. Quando terminei de estudar o material e decorar algumas falar que teria que dizer para o juiz, peguei minha sacolinha para colocar o salto. De forma alguma que eu faria meu primeiro despacho com chinelas nos pés.

Nisso, um senhor simpático parou do meu lado e começou a rir:

— Bons tempos o de estagiário, eu tinha um único sapato confortável para trabalhar, mas a sola vivia descolando. Então, carregava ele numa mochila e trocava quando saia para as diligências.

Me perguntou da faculdade, estudos, trabalho e ficou divagando sobre a época em que estagiava. Ele estava nostálgico. Sentou-se do meu lado e perguntou do que se tratava aquela petição enorme que eu não tirava os olhos. Falei que era um pedido de liminar e que aquela seria a primeira vez que eu despacharia com um juiz. Disse que estava receosa, mas que, caso ficasse nervosa, imaginaria a excelência sentada no trono. Ele não se aguentava de rir.

O senhor, então, pediu licença e me desejou boa sorte. Disse que adotaria minha tática do trono sempre que ficasse nervoso. Fui ao cartório para descobrir com qual juiz iria despachar, se o auxiliar ou o titular. A cartorária me indicou o gabinete do Dr. João, um homem muito honesto e de bom coração, que tinha pago o tratamento médico do filho dela. Fiquei um tanto quanto aliviada, afinal, esse fato ia contra aquela imagem de iniciante que tinha na cabeça de que todos os juízes eram intratáveis.

Cheguei na porta do gabinete e dei três batidinhas.

— Com licença, excelência, o Sr. teria um minuto para me ouvir? – Entrei na sala enquanto o juiz observava o horizonte e virava a cadeira bem devagarinho. – Dr. João, meu Deus, meu amigo do trono! Que vergonha!

— Seja bem-vinda, Doutora! Então quer dizer que hoje eu serei a vítima da sua imaginação? Pode ficar tranquila, vou te ouvir com paciência, não precisa usar a sua tática.

Me dirigi para a frente da mesa dele e comecei a relatar o caso e a importância do deferimento da liminar. Ele me pediu calma, e falou que tinha tempo para eu explicar direitinho a situação do meu cliente. Me senti mais confiante e comecei a falar com mais segurança no tom de voz.

— Caso interessante, Doutora. Então quer dizer que seu cliente está com a produção parada em virtude de uma inadimplência e que, se não for deferido esse pedido de liminar, ele será incapaz de produzir e assim não só não pagará a dívida existente, como também entrará em outras dívidas e corre o risco de falir?

O santo do Dr. João resumiu perfeitamente o que eu tinha acabado de passar meia hora falando.

— Isso mesmo, Dr. João!

— Entendido. Você foi muito bem, continue assim. E acredito que nem tenha precisado usar a técnica do trono, correto?

Começamos a rir. Dr. João fez uma cara séria, pegou a caneta e escreveu um garrancho. Eu não conseguia decifrar o que estava escrito, mas tinha ficado feliz com toda a atenção que tinha recebido. Agradeci, pedi licença e nos desejamos boa sorte. Fui ao cartório para protocolar a petição e tentar decifrar a letra do Dr. João. A cartorária, muito simpática, traduziu para mim: "J. Defiro."

— E isso é bom ou ruim?

— É excelente! Respondeu com um sorriso no rosto.

Sinceramente eu não sabia direito o que isso significava, mas me senti no direito de pegar um táxi na volta para o escritório. Cheguei na sala do Leonardo, estendi a mão com a cópia do protocolo e falei com muito gosto:

— "J. Defiro!".

Leonardo ficou em êxtase, pegou a petição e foi correndo para a bancada dos estagiários.

— Deem os parabéns para a Lorena, graças à saia J. Defiro ela conseguiu fazer o despacho com excelência! Vocês deveriam seguir o exemplo dela e se vestirem melhor, porque uma roupa pode ser a solução para todos os problemas.

Amado? Leonardo tinha conseguido se superar, em uma só frase conseguiu diminuir o meu esforço, me colocar como quenga e chamar os meus colegas de mal vestidos. Ah, e se tinha algum mérito ali era dele, porque "era ele quem tinha redigido a petição", frase que não cansava de repetir.

Aquilo tudo nem nos surpreendia mais, não dava para esperar algo diferente daquela pessoa. Peguei meu amarelinho com o débito do táxi e fui colher a assinatura dele. Leonardo estava no telefone falando com o cliente a contando de todo o esforço que ele tinha aplicado para conseguir aquela liminar. Fez sinal com a mão para que eu esperasse. Desligou o telefone e fez sinal para eu me adiantar.

— Leonardo, com licença, você poderia aprovar este débito? Estava muito tarde para voltar de ônibus e eu não sabia direito nem que ponto ou linha tomar.

— Lorena, eu avisei que esse cliente estava inadimplente. Se você resolveu pegar táxi foi por sua conta, infelizmente não posso aprovar esse débito.

Leonardo estava certo, realmente tinha me avisado que não era para gastar com táxi, mas fui inocente e acreditei que poderia amolecer o coração dele. Afinal, se ele achava que eu corria o risco de ser estuprada com aquela saia de dia, quem diria voltando do Centro à noite.

Peguei meu amarelinho e pedi licença. A sala do Dr. Marcos ficava ao lado da sala de Leonardo, ele me viu passar e me chamou.

— Minha querida, já fiquei sabendo da sua proeza, você não cansa de me surpreender. Meus parabéns, menina! Mas porque você está tão chateada, deveria estar comemorando!

Eu não consigo esconder minha cara de insatisfação quando fico chateada. Meu pai costumava dizer que meu bico enorme me dedurava.

— Dr. Marcos, fiquei chateada porque acreditei que após a minha diligência, poderia me dar ao luxo de voltar de táxi, mas errei. O Dr.

Leonardo já tinha me avisado que eu deveria fazer a diligência de ônibus. Contudo, fiquei receosa de voltar sozinha tarde da noite daquele Centro. Mesmo porque o preço de um ônibus ida e volta era praticamente o preço da corrida.

Dr. Marcos começou a rir.

— Não liga, o Leonardo é pão-duro. Me dá esse débito aqui que eu aprovo na minha conta. Toma, pega o amarelinho e entrega para a minha secretária Gislaine que ela sabe o que fazer. Agora, trate de colocar um sorriso no rosto e vá comemorar!

Feliz da vida agradeci e fui saindo da sala do Dr. Marcos. De repente ele me chama:

— Lorena, só mais uma coisa. Sempre que precisar pegar um táxi e o cliente não reembolsar, pode vir aqui que damos um jeito. Não quero mais te ver com a carinha triste, preciso de você 100% para as minhas missões impossíveis.

Maravilhoso. Não era à toa que eu idolatrava o Dr. Marcos! Entreguei o amarelinho para a Gislaine e convidei a gangue para uma *happy hour*. Fomos beber num boteco que ficava próximo ao escritório. Todos éramos bons de copo então pedimos uma garrafa de vodca com energético.

Jessica não pôde ir porque tinha tido um problema. Sabíamos que provavelmente era algo relacionado à bulimia, mas ela dificilmente se abria conosco. Marcinha contou que estava cada vez mais preocupada com a Jessica, porque ela não parava mais no escritório e a Carla não estava mais dando conta de encobrir suas faltas; FAX já estava ficando incomodada com a situação e queria a cabeça de Jessica. As únicas coisas que seguravam Jessica no trabalho eram o carinho de Carla e, óbvio, a nossa gangue. Costumávamos nos dividir para cobrir as diligências da Jéssica e FAX não sentir tanto a falta dela. Teve mês em que ela só apareceu uma semana, mas conseguimos deixar o trabalho dela em dia. Gustavo aproveitou para nos contar um comentário lamentável de Leonardo na copa:

— Essa daí ainda só não foi demitida porque é gostosa, se fosse baranga já estava na rua.

MISSÃO IMPOSSÍVEL

Na semana seguinte o Dr. Marcos me chamou na sala dele.

— Lorena, tenho mais uma missão para você. Estamos trabalhando na captação de um cliente, mas precisamos saber exatamente do que se trata o processo e se há alguma maneira de revertermos a sentença. Vamos peticionar como terceiro interessado e pedir carga dos autos. No entanto, acho difícil o juiz deferir, porque o processo está em fase de recurso.

— Dr. Marcos, pode deixar! Farei o possível.

Peguei a petição e segui para o Fórum. Chegando lá fui ao cartório do processo para descobrir com qual juiz eu deveria despachar. O cartorário, muito mal educado, me indicou o gabinete do auxiliar e me alertou:

— O Dr. Rogério não recebe estagiários, mas você pode tentar a sorte.

Segui minha tradição das batidinhas na porta e o pedido de "com licença, excelência". Estava muito bem vestida e não aparentava ser estagiária, e o juiz não precisava saber a minha posição. Tinha decidido não comentar se ele não perguntasse.

— Aguarde um minuto, Doutora, estou em uma ligação.

Nesse tempo fiquei feito uma estátua em frente à mesa do Dr. Rogério, enquanto ele conversava com seu colega no telefone, agendando a pescaria do feriado.

— Pronto. O que lhe traz aqui?

Me olhava de cima para baixo com um olhar soberbo enquanto acendia um cigarro. Expliquei a situação e ele fez pouco caso, mas, caso ajudasse, iria deferir a carga pelo período de 2h, assim eu teria tempo de me familiarizar com o processo. Tudo bem, melhor isso do que nada; em 2h eu poderia tirar cópia dos autos. Só tinha um problema: eu ainda estava no início do curso e para fazer carga precisaria de uma carteirinha de estagiária. Além do mais, tinha convenientemente me esquecido de comentar com o juiz esse detalhe.

Ok. Daria um jeito. Liguei para o Raphael, estagiário do escritório que estava no João Mendes e já tinha carteirinha e pedi que ele me encontrasse no cartório enquanto eu solicitava os autos. O cartorário invocado pegou a petição, deu uma risadinha e falou:

— Boa sorte para analisar 40 volumes em duas horas, Doutorinha! – Ele foi buscar o processo.

Não era possível! Será que Deus estava testando a minha fé? Fiquei desesperada e liguei para o Juninho:

— Preciso de você.

Raphael chegou e ficou chocado com a quantidade de documentos, no fim do corredor a minha luz. Juninho veio caminhando em minha direção com um carrinho de supermercado.

— Lorena, você me dá trabalho! Para tirar tantas cópias em 2 horas precisei mobilizar meus amigos da The Flash, copiadora que fica aqui atrás do Fórum. Não sei se vai dar, mas o Zezinho me disse que estava separando oito meninos para se dedicarem a isso. Vamos correr!

Saímos desesperados pelo João Mendes com o carrinho de supermercado. Demorou para chegar um elevador em que coubéssemos nós quatro: eu, Raphael, Juninho e o processo. Lá pela quinta tentativa chega um elevador parcialmente vazio: o Raphael não cabia! Acabei liberando-o e marcamos de nos encontrar em duas horas, em frente ao cartório.

Chegamos na copiadora e uma grande parte dos profissionais estava mobilizada para aquela tarefa.

— Lola, você sabe que esse tanto de cópia vai ficar caro, né? Essa copiadora tem praticamente o mesmo preço das xerox do tribunal, mas foi a forma que encontrei para te ajudar nesse curto espaço de tempo.

Não tinha pensando nisso. Caso o Dr. Marcos não aprovasse, teria que passar um cheque bumerangue, mas em hipótese alguma iria suspender toda aquela mobilização, não tínhamos tempo para dúvidas! Deixei o cheque calção e fui para a rua ligar para o Dr. Marcos.

— Dr. Marcos, boa tarde. Desculpe interrompê-lo, mas tenho uma notícia boa e uma ruim para te dar. Qual você gostaria de ouvir primeiro?

— Lorena, aconteceu algo com você, você está bem?!

Meu Deus, o Dr. Marcos não cansava de ser perfeito! Eu preocupada com as cópias e ele sempre preocupado com a saúde dos seus pupilos.

— Estou bem, Dr. Marcos! Obrigada por se preocupar. – Desembuchei a falar. – A verdade é que conseguimos a carga, mas o juiz só liberou o acesso aos autos por duas horas. São 40 volumes e acreditei que esse tempo era muito exíguo para qualquer análise do processo. Liguei para o Raphael fazer a carga e para um colega cartorário me ajudar com as cópias. Contudo, tinha esquecido do detalhe maior, que é o valor desse xerox. O Juninho conseguiu uma copiadora atrás do Fórum, mas o valor

Missão impossível

por unidade é praticamente o valor que pagaríamos se solicitássemos as copias via Tribunal. Eu sei que fui impulsiva, me perdoe, mas passei um cheque bumerangue. Se for necessário pode descontar do meu salário.

Dr. Marcos cai na gargalhada.

— Sensacional! Sabia que poderia contar com você! O cliente está vindo para uma reunião no fim da tarde e vai adorar nos ver com as cópias do processo. Saiba de uma coisa, você tem carta branca comigo. Confio em você! Pode passar o seu cheque com confiança e ainda dar uma caixinha de 50 reais para os copiadores. Mande uma mensagem para a Gislaine avisando o valor total que ela já transfere para sua conta.

Eu não me aguentava de admiração por aquele cara, pqp! Já me sentia segura para trabalhar com ele por inúmeras razões, mas o fato de ter me dado carta branca, fez com que ele garantisse minha fidelidade e adoração pelo resto da vida. Até hoje trago comigo essa segurança que o Dr. Marcos me passava e vou admirá-lo para sempre.

Cópias prontas, faltavam apenas cinco minutos para dar o horário determinado pelo juiz. Corri para o cartório e o Raphael já estava me aguardando na porta. De repente o Dr. Rogério, juiz que deferiu a análise dos autos, aparece no balcão, olha para o relógio e dá uma bufada. Prazo cumprido.

O Raphael me ofereceu carona de volta para o escritório. Agradeci, mas salientei que antes precisávamos buscar as cópias do processo. Enquanto eu acertava as contas na copiadora, Raphael foi buscar o carro dele que estava num estacionamento próximo. Os copiadores ficaram tão felizes com a caixinha que se ofereceram para levar as cópias até o estacionamento. O Raphael tinha um daqueles Fiat Strada com cabine estendida: lotamos a parte de trás com as cópias e voltamos para o escritório. Missão cumprida.

FELICIDADE DE ESTAGIÁRIA DURA POUCO

Quanto mais caia nas graças do Dr. Marcos, mais Leonardo fazia questão de me requisitar, afinal, eu estava na equipe dele. Se eu quisesse continuar trabalhando com o Dr. Marcos, sem dor de cabeça, teria que dar um jeito de administrar melhor o meu tempo. E, para dar conta de conciliar as tarefas, a anfetamina acabou alçando o *status* de minha melhor amiga.

Cecilia me convidou para almoçar alegando que eu estava distante ultimamente, além do mais poderíamos aproveitar aquele tempo para colocar o papo em dia e dar uma conferida nas promoções que estavam rolando na Oscar Freire. Acabamos indo eu, Cecilia, Carla e Jessica. As promoções estavam irresistíveis e, para termos tempo de conferir, resolvemos comer um lanchinho rápido na padaria da esquina.

— Carla, você está com um verde nos dentes!

— Meu Deus, alguém tem um espelho? Em qual dente?

Carla correu para o retrovisor de um carro estacionado e enfiou a mão na boca.

— Pronto, estou plena novamente! Obrigada, Lola! Amiga de verdade é aquela que avisa do verde no dente.

Demos muitas risadas e fomos às compras! Foi tudo tão gostoso que não vimos o tempo passar. Enquanto enlouquecíamos com as peças de roupas nos atualizávamos sobre nossos perrengues no escritório.

— Não aguento mais aquele Leonardo. Além de arrogante, faz umas piadas machistas muito sem noção. – Carla disse.

— O pior é ser mão de vaca. Acredita que ele me fez pagar as cópias a mais que tinha tirado de um processo? – Cecilia desabafou.

— Pois vocês não viram nada. Esses dias ele veio me dizer que entendia meu problema de vomito porque mulher gorda era muito feia. – Jessica acrescentou.

— Meu Deus! Que horas são? O Leonardo vai me matar! Fizemos mais de uma hora de almoço! – Falei assustada.

— Lorena, dá um tempo! Você sempre faz cerão. É só uma horinha a mais de almoço? Toma, prova essa blusa que é a sua cara! Relaxa um pouco e aproveita o momento: "o que é um c* para quem já está cagado?". – Carla me repreendeu.

— Ok. Essa é a última peça que vou provar. Vamos terminar logo aqui. – Respondi.

Voltamos para o escritório desfilando pela Oscar Freire com nossas sacolinhas nas mãos. Nada como um *look* novo para melhorar o humor. Chego na bancada dos estagiários e Leonardo está prostrado em cima da minha mesa.

— Lorena, são 14h30min, você está atrasada. Quero ver como irá repor o tempo que passou dando voltinhas pelo bairro, estou de olho. Pegue isso aqui. Preciso que você vá para Barueri despachar essa petição. A empresa do nosso cliente foi penhorada com tudo dentro e estamos pedindo a liberação dos bens moveis. Conseguindo um "J. Conclusos" é suficiente. Não aguento mais aquele cara me ligando. Ah, esse cliente não paga táxi… E não adianta revirar os olhos, garota. Vou esperar você retornar do Fórum.

Realmente não consegui esconder minha insatisfação. Não bastasse o cara pegar no meu pé, fazia questão de dificultar todo o meu trabalho. Mas tudo bem, sabia que ao menos em relação ao táxi não teria grandes problemas.

FÁBRICA DE EMOÇÕES

Chegando no Fórum de Barueri fui direto despachar. O prédio não era dos melhores e parecia um labirinto, encontrei o gabinete que haviam me indicado. Apresentei-me à juíza e comecei a falar.

A Dra. Caroline era uma juíza supersimpática e foi toda ouvidos durante o tempo em que eu explicava o teor do pedido.

— Entendi, Dra. No entanto, não consigo me lembrar desse processo, posso olhar a petição? – Ela passou os olhos pelo documento e abriu um sorriso. – Está explicado! Sou a juíza titular e esse processo está sob os cuidados do auxiliar. Adauto, vem aqui por gentileza! Acompanhe essa Doutora até o gabinete do Sergião e diga que fui eu que encaminhei.

Nos despedimos com um sorriso largo e Adauto me acompanhou até o gabinete do juiz auxiliar.

— Seu Sergião, minha chefa pediu que eu trouxesse essa Doutora aqui.

— Adauto, compadre! A Caroline não me dá sossego mesmo.

— Diga, Doutora, o que te traz ao meu gabinete? – E puxou uma cadeira para que eu me sentasse. – Minha esposa me ensinou que sempre devemos oferecer um assento para as mulheres. Deve ser por causa desses sapatinhos que vocês usam. Pra mim, só serve para matar barata em canto de parede. Mas a patroa falou, tá falado.

Discorri brevemente sobre o caso e entreguei a petição para que o Dr. Sergio pudesse verificar os detalhes.

— Voltei de férias essa semana e ainda estou me readaptando aos casos. Enquanto estava ausente, o juiz que me substituiu transformou a minha vara numa zona. Esses moleques de hoje pensam que são deuses. Agora, a todo momento aparece um advogado aqui com pedido de reconsideração. – O Dr. Sérgio se voltou para seu escrevente e perguntou:

— Lembro muito bem desse caso. Estava em fase de avaliação de bens. Deixa-me ver aqui. Por que será que aquele moleque deferiu a penhora? Humm. A exequente alegou que seu cliente estava se desfazendo dos bens. Ué, mas pelo que está demonstrado aqui o valor do bem imóvel supre a execução. Não vejo necessidade de manter os bens móveis penhorados. Tudo certo. Pedido deferido!

— Cristiano, hoje é dia de qual oficial de justiça?

— Dr. Sergio, a Keila está dando mole por aí. Parece que a parte não compareceu para cumprimento da diligência.

— Ok. Veja se ela pode cumprir esse ofício. A fábrica é aqui perto.

— Precisa de algo mais, Doutora?

— O senhor foi incrível, Dr. Sergio! Agradeço e desejo boa sorte na recuperação dos seus processos. Ah, e um beijo especial para a sua esposa!

Até ali tudo certo. No entanto, não estava preparada para cumprir o ofício naquele dia. Eu nunca tinha feito isso e qualquer caso que envolvesse Leonardo me deixava de cabelos em pé. Enquanto Cristiano procurava a Keila pelo Fórum, liguei para Leonardo. Ele estava em outra ligação e pedi que a secretária deixasse um recado.

Fui apresentada a Keila, uma oficiala baixinha e com cara de trambiqueira.

— Deixa eu ver isso aqui, Doutora. Ah sim, é a fábrica Olimpika, fica aqui pertinho. Fui eu que cumpri o primeiro ofício. – Olhou para o relógio e continuou. – Pois é, Doutora, mas você sabe como funcionam as coisas, já está tarde e eu tenho filhos em casa. A não ser que a senhorita queira colaborar com a minha família, não será possível cumprir esse ofício hoje, ele terá que ir pra fila e só Deus sabe quando conseguirei dar conta.

Eu não podia acreditar naquilo! Já tinha deixado vários recados para o Leonardo e nada dele retornar. Ok, eu precisava tomar uma atitude, ou eu iria embora para ser chamada de ineficiente ou arriscaria meu bumerangue mais uma vez.

— Veja bem, Keila, sou estagiária e não tenho autoridade para colaborar com a sua família. Também não consigo falar com o meu chefe, mas para garantir a minha boa-fé e o cumprimento desse ofício hoje, te dou um cheque.

Ela pegou o cheque e muito simpática, disse:

— Quem me garante que isso terá fundos? – Depois de uma risada macabra devolveu o cheque e falou que se resolveria com meu chefe, pois ela já estava acostumada a tratar com advogados.

Fomos para a fábrica no carro dela. Durante o caminho, Leonardo me ligou:

— Lorena, você pode me dizer por que deixou cinco recados com a minha secretária? A não ser que minha mãe tenha morrido, isso é completamente desnecessário!

Desembestou a gritar enquanto eu escutava muda. Keila, que conseguia ouvir os gritos de Leonardo, pediu licença e pegou meu telefone. Se apresentou e disse que não tinha tempo para advogado egocêntrico.

Fábrica de emoções

— Estou com a sua estagiária a caminho da fábrica. Recomendo que peça ao seu cliente para trazer caminhões aqui porque os bens móveis são máquinas de produção e será impossível a garota carregar isso. Também preciso de uma caixinha para o mercado e como você é arrogante, decidi duplicar o valor.

E assim, desligou o telefone. Passados uns quinze minutos, Leonardo me ligou novamente, dessa vez falando mais baixo.

— Já pedi para o Diogo avisar o cliente. Alguém deve ter avisado a exequente, porque o advogado deles me ligou e está indo para Barueri tentar atravessar a nossa petição. Toma cuidado com essa oficiala, a partir de agora quem irá tratar diretamente com ela será o Diogo, deixe que eles se resolvam. Estou mandando o Diogo para a fábrica, assim que ele chegar quero que você pegue um táxi para o escritório.

Devo ter feito alguma coisa certa, porque era realmente um milagre Leonardo liberar o uso de táxi. Fiquei conversando com a Keila enquanto ela confirmava os bens que seriam liberados. Tirando a parte profissional, até que ela não era má pessoa.

A fábrica estava com cheiro de mofo e cheia de pó. Comecei a espirrar e a sentir dor de cabeça. De repente, ouvimos um barulho tremendo lá fora. Fomos conferir e era o cliente chegando com uma frota de caminhão e operários para fazer a retirada dos bens. O cliente veio na minha direção e me deu um abraço:

— Muito obrigado, Doutora!

Era um senhor de meia idade, com os olhos mareados e fiquei com vontade de chorar. Retribui o abraço com compaixão.

— Eu sou apenas a estagiária.

— Doutora, Deus ouviu minhas orações! Hoje você foi a luz na minha vida.

Enquanto esperava a chegada de Diogo e observava aquela correria de operários, fui para um canto e comecei a chorar. Não tinha me dado conta do quanto estava cansada e do quanto toda aquela pressão estava acabando com meu psicológico. Muitas vezes era tratada como um objeto descartável que não fazia mais do que a obrigação e sequer ouvia um obrigado. Sabia que estava me cobrando demais por não estudar nas melhores faculdades, mas toda aquela situação já estava passando dos limites. Era tarde, eu estava esgotada, me sentindo mal e ainda teria que voltar para o escritório para prestar contas para o Leonardo.

Fábrica de emoções

O CURIOSO CASO DAS HEMORROIDAS

No dia seguinte acordei doente e não aguentei ir para a Faculdade. Isso me deixava chateada, pois desde primeiro semestre levava os estudos a sério. Minha faculdade era fácil de entrar e difícil de sair. Ok. Mais tarde ligaria para a Antonela e pediria para ela me passar a matéria. Eu precisava dormir. Acordei meio-dia e fui para o banho, fiz tudo com muita calma porque meu horário de entrada no escritório era somente as 14h e queria aproveitar o tempo em casa. Meu telefone começa a tocar, era Leonardo perguntando por que eu ainda não tinha chegado no escritório.

— Leonardo, meu horário de entrada é as 14h. Acordei doente e não fui para a faculdade, estou aqui repondo as energias para ir trabalhar.

— Lorena, você esqueceu que ontem abusou no seu horário de almoço? Venha imediatamente para cá, preciso de você.

Sai de casa sem almoçar. Minha mãe ficou resmungando que eu não parava mais em casa, que precisava dar atenção aos meus familiares, sair um pouco com os amigos e que eu estava com cara de doente há tempos. Realmente, a rotina, associada ao uso das anfetaminas estavam me fazendo secar. Acabava me esquecendo de comer a passava os dias a base de Coca-Cola Zero e cigarro.

Cheguei no escritório e dei de cara com a Cecilia.

— Lola, como você está magra! Pode me contar o segredo!

— Ceci, estou tomando uns remédios que um advogado daqui me indicou. Tenho tido muito mais energia e ainda por cima emagreci. Minha mãe comentou isso comigo hoje! Deve estar fazendo muita diferença mesmo. O bom é que nunca fiquei tão magra e estou cabendo em todas as roupas da minha irmã Janaina.

— Ah, as anfetaminas do Silas! Comecei a tomar na semana passada. A maioria dos advogados aqui do escritório usa; se não toma antidepressivo, é cliente do Silas. Que bom que emagrece, estava com medo dos efeitos colaterais.

— Lorena, você não tem tempo de ficar de papinho no corredor. Entrou um caso do Hospital Amigo e precisamos que você vá buscar maiores informações. Passa na sala da Helena que ela te explica tudo. – Leonardo bravou.

Eu e Cecilia nos entreolhamos e nos despedimos com um leve aceno. Fui para a sala da Helena que me recepcionou com um sorriso. Ela era uma versão feminina de Leonardo, um pouco melhorada. Uma das vezes em que levei uma lembrança, ela ficou com os olhos cheios de lágrimas e me agradeceu.

— Nunca tinha ganhado nada de ninguém no escritório.

Depois desse dia, fiquei tocada. Quem sabe o problema de Leonardo fosse insegurança? Sabemos que a equipe geralmente segue o perfil do chefe, então, se eu estava conseguindo lidar com a Helena, conseguiria lidar com Leonardo! Até um obrigada ela já tinha me falado. Mas nada adiantava, meu jeito era completamente incompatível com o dele e eu deveria me contentar com engolir sapos.

Nesse tempo entro em devaneio e minha mente foi para uma das conversas que tinha tido com o Dr. Marcos na sua sala exotérica.

— Lorena, desde cedo aprendi que existem chefes e existem líderes! Chefes mandam e líderes inspiram. Se algum dia se sentir chateada com algo, pense nisso. Você nasceu para liderar e dificilmente será aceita por um superior que não tenha o mesmo perfil. Se apegue a isso.

— Lorena, acorda!

— Desculpe, Helena, estava aqui pensando na morte da bezerra.

— Sei, sei. Você deve estar pensando no estagiário da Lívia, né? Tenho visto ele rondando por aqui mais do que o normal. Você está saindo com ele?

— O Raphael? Está falando sério? Nunca! Adoro o Rapha, mas somos completamente diferentes. Ele é todo surfistinha e me acha toda patricinha. Incompatibilidade de gênios.

— Ahãm.

Nesse momento o Raphael passa em frente a sala da Helena e nos cumprimenta. Ele estava lindo e era extremamente simpático.

— Viu só, Lorena? Esse menino nunca me deu nem bom dia e agora passa por aqui todo cheio de sorrisos? Vocês dois não me enganam.

— Helena, estou falando a verdade. Se tivesse algo com o Raphael não teria por que esconder.

— Teria sim. Aqui no escritório é proibido relacionamento entre colaboradores. Estou de olho em você. Bom agora vamos ao que interessa. O Hospital Amigo está sendo processado por erro médico. Só sabemos que se trata de uma ação de responsabilidade civil e que o valor da causa é milionário. O Diretor jurídico ligou para o Leonardo hoje de manhã e precisamos saber do que se trata antes de agendarmos uma reunião. Ele comentou que também teríamos que advogar para o médico, mas não deu mais detalhes do processo.

O processo tramitava perante uma vara próxima àquela em que Juninho trabalhava. Passei lá para trocarmos ideias e tomarmos um café enquanto a fila do cartório diminuía. Era fim de ano e Juninho estava me contando empolgado dos presentes que eles ganhavam dos escritórios de advocacia. Entendi o recado. Precisaria conversar com o Dr. Marcos sobre as lembranças que daríamos para os auxiliares da justiça. Me despedi de Juninho e fui para a fila do cartório em que tramitava o processo do Hospital.

— Boa tarde. Por gentileza, gostaria de consultar um processo.

— Qual o número?

— Este aqui. – Entreguei a fichinha da diligência.

A cartorária teve um acesso de riso.

— Pessoal, o processo da hemorroida!

Os funcionários do cartório vieram todos conferir quem estava consultando os autos.

— Cuidado, cenas fortes!

Quando peguei o processo em mãos três cartorários ficaram de espreita para conferir como eu reagiria. Ação de indenização por danos morais, dos fatos: o autor foi internado para realizar uma operação da vesícula e operaram as hemorroidas dele; por ter sido "estuprado", pedia uma indenização de 1 milhão de reais.

Até aí tudo bem. Comecei a folhear o processo que estava cheio de fotos do ânus do paciente e de relatórios psiquiátricos dizendo que ele estava se sentindo violentado. Não tinha como explicar aquilo para Leonardo. Provavelmente ele diria que eu estava ficando louca!

— Preciso de cópias desse processo.

— Só pelo tribunal.

— Por favor, como vou explicar isso aqui para o meu chefe? Ele vai achar que estou enlouquecendo!

— Faça uma solicitação de cópias pelo tribunal, pague a guia que eu levo para a copiadora agora. Pelo menos não terá que esperar os dias úteis.

— Ok, vou lá pagar a guia. Pode providenciar as cópias que eu já volto.

Fui pagar a guia no Banco do Brasil que ficava localizado no subsolo do prédio. O telefone não pegava direito e não conseguia falar com Leonardo para pegar a aprovação para aquelas cópias. Resolvi pagar na fé e na coragem! Sabia que corria o risco de ele não autorizar o reembolso, mas era um risco que eu estava disposta a aceitar para o bem do meu psicológico.

Com as cópias do processo em mãos voltei para o escritório.

— Helena, é um processo de erro médico, como o assunto é delicado, optei por já tirar as cópias.

— Tudo bem, Lorena, assim não terei que ir ao fórum fazer a carga dos autos para elaborar a contestação. O Leonardo autorizou né?

— Então...

— Poxa, Lorena! Dessa vez tudo bem. Vai me economizar tempo, mas não faça mais nada antes de nos consultar.

Toda vez em que atuava em algum caso do Leonardo me dava vontade de jogar tudo para o alto e "ir para a praia viver da minha arte com as coisas que a natureza dá". Ele não nos dava o mínimo de autonomia e fazia questão de colocar defeito em tudo. A Helena não era muito diferente, só não tinha brigado comigo porque aquelas cópias chegaram em boa hora. Enfim, sacode a poeira, eu tinha gostado do processo das hemorroidas e iria me divertir trabalhando nele. Nada como fazer do limão uma limonada.

— Lorena, Lorena, você não vai acreditar! O cliente acabou de ligar para o Leonardo pedindo a cópia integral dos autos. Se você não tivesse tirado essas cópias teria que voltar para o fórum. Que sorte, hein? Pode ficar o resto do dia aqui no escritório para me ajudar com as jurisprudências desse caso.

Eis uma boa notícia. Era o primeiro passo para eu começar a escrever.

"O PROCESSO FOI SEQUESTRADO!"

Estava em um relacionamento abusivo com o escritório. Quanto mais eu sofria, mais eu me sentia desafiada a me superar. Amava meu trabalho, mas era movida pela força do ódio. Não tinha um dia de paz.

Meu telefone toca, na outra linha minha amiga:

— Karime, você sabe que tenho trauma de telefonema com você.

— Lola, é sério! Fora que quem está te ligando sou eu. Dessa vez você não terá que gastar o seu salário com ligações para o exterior. – E caiu na risada. – Não posso rir, é sério mesmo. A empresa da minha mãe está sendo processada por um grupo de ex-funcionários, eles estão pedindo uma nota! Não confiamos no nosso advogado usual para cuidar desse caso e como você só fala do seu escritório, sugeri para a minha mãe que contratássemos vocês. Sei lá, você sempre dá um jeito pra tudo e preciso da sua ajuda. Não quero ser presa!

— Karime, calma, pelo que você me disse é um processo trabalhista e não criminal. Você não corre o risco de ser presa. Faz o seguinte, vou falar com a sócia responsável pela área e logo retorno pra você.

A Mila foi a primeira pessoa que veio à minha cabeça. Estava angariando meu primeiro cliente e gostaria de presenteá-la com o mesmo voto de confiança que ela tinha dado a mim. Como a equipe de Mila ficava em outro andar e eu não podia sair da minha bancada sem dar satisfação, pedi permissão para a Helena para me ausentar por um tempo.

— Como assim uma estagiária está trazendo cliente? Só acredito quando ver a procuração assinada. Mas vai lá, não custa nada tentar.

Corri pelas escadas do prédio e passei batida pela secretária da sócia.

— Mila, Mila, preciso falar com você!

— Lorena, quanto tempo! Fiquei sabendo que se tornou a queridinha do Marcos. Parabéns! Meu sexto sentido não falha, vocês são muito parecidos.

— Muito obrigada, Mila! Você não imagina o quanto sou grata por ter me indicado aqui. Aliás, sei que nunca vou conseguir te agradecer a altura, mas talvez eu tenha um caso interessante para indicar.

Contei da ligação da Karime e fizemos uma *call* com ela e a mãe dela. Elas estavam tão desesperadas que agendaram uma reunião para aquele dia mesmo.

— Parabéns, Lorena! Se pegarmos esse cliente você será a primeira estagiária a realizar essa proeza. Nem mesmo o Leonardo tem clientes dele no escritório.

Voltei para a minha mesa e pedi à Helena que me liberasse de diligências naquele dia, pois teria que estar presente no escritório para recepcionar a minha amiga.

— Falei para o Leonardo dessa sua novidade. Você não cansa de surpreender. Infelizmente não vou poder te liberar, porque surgiu um caso urgente e precisamos que você vá para o Fórum, mas se você conseguir terminar em tempo, pode voltar para a sua reuniãozinha.

Nosso cliente era o exequente num processo e, no prazo para embargos, o executado fez a carga e nunca mais devolveu os autos. Um tempo depois peticionou alegando que os autos haviam sido "sequestrados". Minha missão era despachar com o juiz um pedido de devolução imediata dos autos, sob pena de multa por litigância de má-fé.

Eu não podia acreditar naquilo. Se o processo estava "sequestrado" há tanto tempo, porque eu teria que ir exatamente naquele dia para o Fórum e, por Deus, quem vai sequestrar um processo? Bizarro.

Fui despachar com o juiz, um gordinho simpático que me lembrava o ator Danny DeVito. Vou chamá-lo de Dr. Danny.

— Excelência, temos um caso exótico aqui. O Executado alega que o processo foi sequestrado.

— Desculpe, acho que não entendi direito, pode repetir?

— Excelência, temos um caso exótico aqui. O Executado alega que o processo foi sequestrado.

— Por gentileza, pode repetir? É a idade, acho que não estou ouvindo direito.

— O processo foi SEQUESTRADO!!!

— Meu Deus, obrigado pela minha audição. Eu ouvi corretamente, não devo estar tão velho assim. Deixa-me ver isso aí. – Gentilmente puxou a petição das minhas mãos.

— É isso mesmo. Inacreditável. Mais de 30 anos de carreira e nunca tinha visto isso. Vivendo e aprendendo. Deve haver algum engano. Vamos lá no cartório para averiguar.

Seguimos para o cartório e o Dr. Danny perguntou ao escrevente sobre a situação daquele processo.

— Pois é excelência, o processo de conhecimento está aqui, mas a execução não voltou mais. Quando publicamos o despacho solicitando a devolução dos autos, eles peticionaram com essa alegação de sequestro.

Nisso o Dr. Danny se debruçou no processo de conhecimento, tirou um isqueiro do bolso e acendeu.

"O processo foi sequestrado!"

— Então quer dizer que o processo foi sequestrado? Só falta me mandarem uma foto assim – e fez pose com o isqueiro aceso – para pedirem o resgate. Isso é palhaçada.

— Excelência, tive uma ideia. Tenho mania de tirar cópia dos processos e acredito que a execução não tenha me escapado. O que acha de fazermos a "reconstrução dos autos"?

— Ótima ideia. Vou deferir o pedido e no despacho determino que o cartório providencie a reconstrução dos autos. Vocês peticionam com a cópia integral e damos andamento ao processo de execução. Quero ver o que o executado irá fazer sem o valor do resgate. É cada uma.

Dr. Danny aproveitou que estava no cartório e ficou perguntando como estavam as coisas, porque era época de correição. Usei a deixa para agradecer e pedir licença, pois tinha um compromisso inadiável no escritório.

Cheguei no escritório com prazo de folga para a reunião, ainda faltava 1h30min para a Karime chegar. Falei com a Helena sobre o caso e ela mandou eu voltar com as cópias para o Fórum naquele minuto. Corri para o arquivo para achar a pasta do caso. Tínhamos um andar inteiro só de arquivo, sem contar um espaço locado fora. Como que eu ia encontrar aquilo em tão curto espaço de tempo, meu pai?

Evandro – "o menino do arquivo" – só trabalhava com pedidos feitos com antecedência. Então, eu deveria fazer uma solicitação ou aguardar até um momento em que ele pudesse me ajudar. Já estava desistindo da minha reunião quando ouço a risada do Raphael.

— E aí, galera, trouxe um engradadinho de cerveja pra vocês! Não acredito que meu coringão perdeu para o seu time! Na próxima aposta vou querer dobrar o valor: serão dois engradados. Esse que perdi e mais um que vou ganhar de vocês.

Evandro deu um tapinha nas costas do Raphael e entregou as pastas que ele tinha acabado de pedir.

— Está aqui meu caro, comigo é assim, ligou, pegou.

Oi?! Eu estava plantada a um tempão esperando o Evandro me ajudar e o Rapha, em cinco minutos, já estava com tudo em mãos.

— Me perdoa, Lola, passei batido por você, mas meu coringão é minha vida. Está precisando de ajuda?

Comecei a ponderar sobre a beleza e a simpatia do Rapha, somadas ao fato de que ele era surfista e corintiano roxo. Botei na balança e não tinha jeito, eu tinha um defeito imperdoável pra ele: ser são-paulina.

— Rapha, eu preciso encontrar uma pasta, pegar as cópias que estão nela, juntar na petição que já está na minha mesa e entregar o documento em mãos para o escrevente da 33ª, tudo isso em menos de uma hora.

— Estou indo para o Central, posso fazer isso para você.

— Não adianta, o caso é do Leonardo e provavelmente ele vai querer que eu mesma faça.

— Não tem problema! Só tenho que verificar uma juntada de AR. Vamos juntos e nos ajudamos. Prometo te trazer de volta em 45 minutos. Evandro, desce a pasta da Lola!

Fomos para o João Mendes e deu tudo certo. Cheguei no prédio do escritório exatamente na hora em que a reunião estava agendada e encontrei a Karime lá embaixo.

— Amiga, passou uma avalanche por cima de você? Está toda descabelada e seu rímel borrou.

— Karime, são os ossos do ofício. Vou subindo para dar um tapa na maquiagem e encontro vocês na sala de reunião.

Corri para o elevador e me dei conta de que tinha esquecido o Rapha para trás, mas ele entenderia. Eu precisava me apressar.

Na reunião tudo fluiu muito bem e a mãe da Karime não só deixou a procuração e contrato com o escritório assinados, como também pagou a primeira parcela dos honorários. Que dia lindo! Mila me chama:

— Lorena, você tem direito a 20% de *client fee*, você sabe o que é isso?

— Mila, esse foi meu presente para você por ter me indicado aqui. Faço questão que aceite.

— Lorena, o faturamento que essa cliente trouxer virá para a minha área, e fico muito feliz com isso. Mas o *client fee* é seu e, olha, você vai gostar da quantia.

— Uma quantia considerável?

— Você vai ficar bem feliz!

— Isso quer dizer que posso ir para a Oscar Freire agora?

— Sim! Você merece!

Uhuuu! Estava radiante em poder gastar o meu dinheiro no que eu bem entendesse, sem precisar dar explicação da fatura do cartão de crédito para ninguém. Precisava comemorar minha alforria. Não tinha muito tempo para pegar as lojas abertas então deixei um recado para a gangue me encontrar no boteco da esquina porque aquele dia a *happy hour* seria por minha conta.

O AMOR SURGE NOS LOCAIS
MAIS INESPERADOS

Estava entretida na aula de penal quando meu telefone começou a tocar.

— Lorena, é o Claudio. Tem um oficial de justiça aqui no escritório para te citar. Falei com o Dr. Marcos e demos um perdido nele, dizendo que você só fazia trabalhos *freelancer*.

— Meu Deus, Claudio?! Estou sendo processada? Vocês conseguiram descobrir do que se trata?

— Ainda não, mas já liguei para o Raphael que está no Fórum e pedi para ele pesquisar pelo seu CPF.

— Socorro! Estou indo para o escritório.

Voltei para a sala e recolhi as coisas rapidamente. Entrei no primeiro táxi que vi pela frente e fui direto para o Campos & Castro.

— Claudio, estou nervosa. Não tenho ideia do que se trata.

— O Raphael disse que tem a ver com alguma comunidade que você criou no Orkut. Ele está no Fórum de Pinheiros tirando foto do processo. Todo mundo aqui está em alvoroço aguardando notícias. Você está "famosa".

Na hora me dei conta do que se tratava. Tinha criado uma comunidade no Orkut sobre Direito de Família e um figurão da sociedade ficou incomodado com a repercussão que tinha dado o comentário da sua ex-mulher. Os programas de fofoca começaram a noticiar o barraco e ele entrou com uma ação de indenização por danos morais, solicitando a retirada dos comentários do ar, sob pena de multa. Eu me lembrava muito bem do comentário, mas não era nada relevante a ponto de ser processada.

Raphael chegou no escritório e baixamos as fotos do processo. Jesus amado! O comentário que estava ensejando o processo não era aquele da repercussão e sim um comentário de baixo calão feito por um perfil *fake*, que inclusive já tinha sido deletado. O engraçado é que o comentário tinha sido feito exatamente na madrugada anterior à data da propositura da ação. Tudo correu muito rápido.

Fui até o Dr. Marcos, que me acalmou.

— Para ser uma advogada completa, é preciso passar por todos os estágios do judiciário e você foi contemplada mais cedo. Vamos ver o lado positivo! Agora você sabe qual a sensação de ser processada e conseguirá entender o desespero dos seus clientes com compaixão. No mais, eu conheço o advogado do autor, estudou comigo na faculdade. Já liguei para ele e deixei recado. Fica em paz que vou ver o que posso fazer para te ajudar. Pode ir trabalhar tranquila, porque assim que eu resolver você será a primeira a saber.

O inconveniente do Leonardo não perdeu a oportunidade de fazer piada com a minha desgraça.

— Não se preocupe, estagiário é tudo pobre, o máximo que ele pode executar é o pouco da dignidade que te resta... Estagiário nem é gente. Aliás, preciso que você vá ao Fórum de Santo Amaro entregar uns autos, pois o Gustavo está cobrindo a Jessica numa diligência para Campinas; aproveita para fazer o acompanhamento dos nossos casos que tramitam por lá. Ah, e tem que ser de ônibus.

Aquele dia já estava tão zoado que eu não via a hora de acabar. Peguei o processo, as fichas de acompanhamento e fui almoçar num restaurante por quilo nas proximidades.

— Lola, posso me sentar com você.

— Rapha! Claro! Que dia, hein? Muito obrigada pela sua ajuda.

Raphael ria todo desengonçado e contava das aventuras daquela manhã para conseguir as informações necessárias e obter as fotos do processo.

— Eu achei demais! Não acredito que você está sendo processada pelo Tony.

— Pois é, eu também não e isso acabou com meu dia. Para completar, o Leonardo me mandou para o Fórum de Santo Amaro de ônibus com todos esses volumes de processo e não faço ideia de como chegar lá.

— Eu teria que ir para o Fórum de Santo Amaro amanhã, mas posso me organizar para irmos juntos hoje, se não for um problema. Além do mais, posso te dar carona e você vai me contando dos detalhes desse processo.

— Rapha, vai salvar o meu dia! Você é demais!

Saímos do restaurante e o Raphael foi para o escritório buscar as coisas necessárias para a diligência. Chegamos até o prédio onde ele deixava o carro estacionado.

— Puxa, cadê meu carro? Ah, esqueci que hoje era meu rodízio. Mas tudo bem, eu sei ir de ônibus para lá.

— Rapha, como assim você esqueceu seu carro? – Ele começou a rir de nervoso.

— Isso acontece... às vezes.

O amor surge nos locais mais inesperados

Fomos para o ponto de ônibus. Eu vestia com um tubinho cinza escuro, meia calça e salto fino, em uma mão equilibrava o processo e na outra segurava minha bolsa, que era enorme. O Rapha estava com uma mochila de campista, tudo o que se pode imaginar ele carregava naquela mala.

— Tenho qualquer coisa aqui. Anos de Fórum. Hoje em dia não sou mais pego de surpresa: guarda-chuva, sapato e camisa extra, máquina fotográfica, fichas, moletom, remédios, livro pra faculdade etc.

Subimos no ônibus. Fomos para a parte detrás que estava mais vazia e nos seguramos – ao menos tentamos nos segurar – naqueles ferros altos. Durante o caminho foi sacode pra todo lado. Chegando na Avenida Santo Amaro, o ônibus deu uma freada brusca: acabei me desequilibrando e fui jogada para cima do Raphael. A mochila dele amaciou a nossa queda, enquanto os volumes do processo espatifaram pra todo lado. Numa cena de filme ficamos nos olhando por segundos, que pareceram uma eternidade.

— Moça, acho que seu vestido rasgou.

Saí daquele transe e fui tentar me levantar. Meu vestido tinha vindo parar na cintura, mas graças a Deus não tinha rasgado e todos os passageiros estavam olhando pra gente. Umas garotas simpáticas recolheram nossos pertences e nos ajudaram a se recompor.

— Aperta o botão, aperta o botão, esse aqui é o ponto que precisamos descer. – Raphael disse agitado.

Descemos do ônibus e caminhamos em direção ao Fórum. Para atravessar a faixa que ficava em frente ao prédio, Raphael fez um gesto para me dar a mão.

— Rapha, eu sei atravessar a rua!

— Desculpe, força do costume.

Eu e o Rapha dividimos as tarefas para terminarmos mais rápido. Em menos de duas horas tínhamos zerado tudo.

— Nunca terminei um Fórum tão cedo, o que acha de comermos um lanche?

— Rapha, preciso voltar para o escritório. O Leonardo vai me matar. Ademais, o Dr. Marcos ficou de me dar o *feedback* do processo.

— O Leonardo não precisa saber que já terminamos, e o Dr. Marcos é camarada, conhece meus pais há muitos anos. Pode ficar tranquila que ele vai resolver seu problema. E, eu pago o taxi! Você é minha convidada.

Falou a palavra mágica. Eu não aguentaria mais nenhum minuto de busunga. Meu telefone toca, era o Dr. Marcos.

— Lorena, resolvemos seu processo. Vamos fechar um acordo. Você tira a comunidade do ar e eles desistem da ação, fica bom pra você? Amanhã você minuta a petição e passa para eu rever. Pode terminar o seu Fórum com calma e ir direto pra casa. O dia foi longo, você merece.

Deus tinha tido misericórdia. Após um dia do cão, as coisas estavam começando a clarear. Entramos no táxi e sugeri um restaurante mexicano em conta, próximo à minha casa.

Nos sentamos numa mesa externa e pedimos umas entradas variadas. O garçom sugeriu os *shots* de margarita da casa, e começamos a virar de estômago vazio. Demos muitas, muitas risadas. Conversamos sobre família, faculdade, trabalho, viagens de *surf* do Raphael e sonhos de futuro. Após quatro horas de falação e muito loucos dos *shots*, Raphael me lascou um beijo na boca. Batemos nossos dentes e fiquei sem graça.

— Lola, estamos loucos. Vamos tentar mais uma vez.

E assim, fechei o dia com um dos beijos mais maravilhosos da minha vida.

O amor surge nos locais mais inesperados

ENTÃO É NATAL

Conversava com o Dr. Marcos para acertarmos os detalhes das lembranças que daríamos de Natal para fazer uma social com os cartorários.

— Lorena, vamos entregar panetones. O Leonardo optou por uma safra comum para os estagiários do setor, mas como você se dedica com exclusividade às missões impossíveis, achei melhor encomendarmos panetones de alto padrão, personalizados com a logo do escritório. Faça uma lista de todos os cartorários com quem você tem contato e passe para a Gislaine para que ela faça o pedido.

Sou supersociável e o difícil seria pensar num cartório em que eu não conhecia ninguém. Comecei a redigir a lista e depois, se necessário, cortaria algumas pessoas. OMG! Mais de 50 nomes, isso porque foram somente os primeiros que vieram à minha cabeça, certamente tinha me esquecido de muita gente. O problema é que nos Fóruns, tudo era uma questão de politicagem, ou eu presenteava todos de forma igual ou era melhor não favorecer nenhum. Caso contrário, meu processo ficaria esquecido para sempre. Não poderia correr o risco de queimar o filme.

— Dr. Marcos, pensei bem e acho melhor irmos de panetone comum.

— Como assim, Lorena?

— Minha lista ficou muita extensa e tenho receio de gerar diferença de tratamento.

— Estava pensando em cem panetones, você acha que precisamos pedir mais?

— Dr. Marcos, você não cansa de me surpreender! Dá e sobra!

— Então, qual o problema? Passa na sala da Gislaine e avisa ela que já pode fechar o pedido. Se precisar de algo mais, me avise.

Com os panetones em mãos, convoquei o Raphael para me acompanhar nas diligências natalinas. O carro dele era espaçoso e isso nos economizaria muito tempo e dinheiro de táxi. O primeiro cartório agraciado foi o que Juninho trabalhava, aliás, para ele eu dei dois panetones! Estava me sentindo a verdadeira Mamãe Noel. Juninho se empolgou e me emprestou o carrinho de supermercado que ele usava para carregar os processos. Dessa forma, fui passando de vara em vara do João Mendes para entregar as lembranças.

Na metade do percurso os panetones acabaram. O Raphael já tinha feito três viagens e me ajudado na distribuição dos 100 panetones.

— Rapha, meu Deus! Ainda falta metade, sem falar nos outros fóruns.

— Fala com o Dr. Marcos, tenho certeza de que isso não será um problema.

— Tenho vergonha.

— Deixa que eu falo.

Raphael pegou o telefone e ligou no celular pessoal do Dr. Marcos.

— Marcos, aqui é o Raphinha! Estou ajudando "sua estag" a distribuir os panetones aqui no Central, mas as caixas acabaram. Precisamos de mais, seria possível?

— Que orgulho dos meus estagiários, sabia que não me decepcionariam. Pode falar com a Gislaine que ela encomenda o quanto vocês precisarem. O mais importante é não deixar faltar ninguém. Já ensinei que os primeiros juízes de um processo são os cartorários, então, devemos tratá-los a pão de ló.

Pedi licença para falar e peguei o telefone.

— Dr. Marcos, mas o que os outros sócios [Leonardo] irão pensar?!

— O que os outros pensam é problema deles. Seja você!

Missão cumprida.

Então é Natal

CAPTANDO CLIENTE NA BALADA

Mais uma tarde de correria no escritório, e eu mais atarefada do que nunca porque, entre um prazo e outro, estava fazendo sala para a Gabriela, uma colega de sala que eu havia indicado para estagiar na nova equipe do contencioso. Não queria me atrasar pois à noite tinha marcado com um amigo de ir para a Dance. O Raphael não poderia ir, mas eu já tinha dado a minha palavra para o Zé e aquela festa seria "imperdível".

— Lola, passo na sua casa meia-noite.

— Zé, não posso voltar tarde. Marquei de dormir na casa do Rapha. Vou ficar lá apenas umas horas; o tempo necessário para dar uma curtida e você encontrar sua ficante.

— Ok. Aproveitamos para colocar o papo em dia. Estou com um problema na minha empresa e preciso tirar umas dúvidas.

A balada estava cheia e o som bombando. Encostamos num canto do bar principal enquanto a Cibele, paquera do Zé, não dava o ar das graças.

— Estou apaixonado, Lola. Dessa vez é pra casar!

— Zé, você sempre está apaixonado.

— Estou falando sério. Preciso que você me ajude. Ela acabou de sair de um namoro de anos e só me dá foras, falou que não quer saber de compromisso agora.

— Ok, deixa comigo, mas me conta daquele seu probleminha.

— Então, preciso que você dê uma olhadinha no meu processo.

— Do que se trata?

— Problemas societários.

— Você já tem advogado?

— Ainda não. Fomos citados no começo da semana.

— Zé, deixa de ser doido, pode estar correndo prazo!

— Eu sei lá como isso funciona, meu pai largou a empresa na minha mão e ainda estou me familiarizando com tudo.

— O que acha de marcarmos uma reunião lá no escritório? Eu falo com o sócio da área e te aviso o melhor horário. E faça o favor de aparecer na reunião com a cópia da citação.

— Fechado! Olha a Cibele ali, que gata!

Começamos a conversar com a Cibele, tão simpática, que me perdi no tempo.

— Socorro! São quase quatro da manhã, preciso ir embora.

— Lola, eu vou levar a Cibele para comer um lanche, você não quer ir conosco?

— Obrigada, mas o Rapha vai me matar. Onde vocês vão comer?

— New Dog.

— Perfeito, é Itaim, perto da casa dele. Me dá uma carona?

— Bora.

Para ser sincera o Raphael nem me viu chegar. Ela tinha um casal de labradores que me recepcionaram e fiquei na sala brincando com eles. Acabei dormindo no sofá com a cabeça em um *dog* e abraçada com a outra. Acordei de manhã e fui para o quarto dele, que estava no banho.

— A balada foi boa, hein?

— Acho que arrumei mais um cliente.

— Hahaha, está falando sério? O Leonardo vai ter um treco! Você já tem mais cliente que ele, que tem um total de zero – Ele fez um sinal de zero com as mãos.

— Para com isso, Rapha. Estava pensando em deixar ele como responsável pelo caso do Zé, quem sabe assim ele dá uma amenizada para o meu lado.

— Será que o Dr. Marcos não vai ficar chateado?

— Claro que não! Ele é bem resolvido e já tem cliente de sobra. Além de que, ele é partidário de uma boa politicagem. Tenho certeza de que irá entender.

— Tem razão. Você já está começando a pensar como ele, "Dra. Marquinha".

Nos arrumamos e saímos para passear com os *dogs*. Ele iria direto para o escritório e eu passaria em casa para me trocar. No caminho de casa liguei para a secretária do Leonardo, para verificar a agenda dele. Pedi que ela reservasse um horário mais para o fim da tarde, pois eu tinha uma captação em andamento e precisaria de um sócio responsável. Cheguei no escritório e Leonardo já me aguardava na bancada dos estagiários.

— Veja só se não é a estagiária sócia. A Eliane me contou que a Srta. reservou um espaço de captação na minha agenda. Posso saber do que se trata?

— Pois é Leonardo, um amigo está com problemas na empresa e precisa de advogado. Como você é especialista em contencioso societário, pensei que seria o sócio ideal para ficar responsável pela ação. Eles já foram citados e acredito que o prazo esteja correndo, sendo assim, achei melhor agendarmos uma reunião o quanto antes.

— Boa iniciativa. Pode marcar com seu amigo, hoje estou tranquilo.

Combinei com o Zé às 18h no escritório. Ele estava tão radiante da noitada com a Cibele que até tinha esquecido do processo. No período da tarde, fui com a Gabi para o Fórum, para ajudá-la com as fichas e apresentá-la em alguns cartórios. Diferentemente do que tinha sido feito comigo, fiquei ao lado da Gabi ficha por ficha até que ela começasse a pegar o jeito.

— Gabi, na dúvida, tira foto de tudo.

Voltamos para o escritório em tempo para a reunião. Fiquei ansiosa esperando o Zé na recepção até que Leonardo aparece.

— Lorena, você é estagiária, não pode participar da reunião.

— Mas...

— Depois eu te conto o que aconteceu.

O Zé chegou para a reunião, mas não tive a oportunidade de encontrá-lo. Leonardo tinha pedido que eu fosse para o Fórum de São Bernardo do Campo, e ainda por cima de ônibus. Era um caso pessoal de um sócio do tributário, famoso por cortar "o dia do suco" e eu não tinha coragem de lançar o débito de um eventual táxi para o Dr. Marcos.

Captando cliente na balada

QUEM TEM BOCA VAI À ROMA

Foi literalmente uma viagem! Me senti a caminho da Coreia do Norte, mas quem tem boca vai à Roma. Era tanto metrô, trem e ônibus, que já não sabia mais onde estava. Parte do caminho um homem de aparência horrível grudou em mim, ele tinha uma energia estranha e me inspirava medo. Ficou perguntando o que eu fazia, para onde eu ia, o que eram aqueles papéis que eu estava carregando. Falei que eu era filha de delegado com juíza, namorada de um promotor e já tinha feito tratamento psicológico para raiva, pois quase tinha matado um ex com um golpe de jiu jitsu. Não sei de onde tirei tanta inverdade e não sei como ele acreditou, porque no ponto seguinte ele disse que precisava descer. Fiquei aliviada.

Cheguei no Fórum de SBC e terminei a diligência em quinze minutos! *Quinze!* Demorei horas para chegar lá pra confirmar que o processo estava concluso. Que desperdício de tempo! Fiquei puta da vida, cheguei a cogitar que o Leonardo tinha inventado aquela diligência só para que eu não estivesse presente no escritório quando o Zé chegasse. Até hoje tenho minhas dúvidas.

Estava escurecendo e deliguei meu celular para não correr o risco de ser assaltada. Cheguei em casa com a força do ódio. Quando liguei o telefone, tinha uma centena de mensagens. O Raphael tinha mobilizado a minha família, porque tinha certeza de que eu havia sido sequestrada e o Zé queria contar da reunião e do jantar que ele teria com a Cibele. Não estava com cabeça para ninguém. Liguei para o Raphael para avisar que estava bem e mandei uma mensagem para o Zé dizendo que retornaria no dia seguinte. Tomei um banho e capotei.

O CLIENTE É MEU!

No dia seguinte acordei com uma ligação do Zé.

— Lorena, são 8 da manhã, levanta dessa cama!

— Zé, pelo amor, faltei na primeira aula porque ainda estou me curando da ressaca de quarta e tive um dia de cão ontem.

— Lola, estou namorando! Você vai ser a madrinha do meu casamento.

— Que bom, amigo. Agora preciso dormir, senão não estarei viva até lá.

— Escuta! Gostei do seu escritório. Os honorários são salgados, mas senti confiança. Agora além de seu amigo, sou seu chefe. Temos que sair para comemorar.

— Verdade! Quase me esqueço. Deu tudo certo na reunião?

— Deu sim. O Leonardo disse que o caso era delicado, mas nada do que ele já não tivesse visto; e que seria possível fecharmos um acordo futuramente.

— Graças a Deus. Então hoje ele vai estar de bom humor. – Comecei a rir. – Zé, me deu até vontade de me levantar, te ligo mais tarde. Ah, e parabéns pelo namoro, ficarei muito feliz em ser madrinha do seu casamento.

Talvez o Leonardo não estivesse botando fé que fecharíamos esse caso, mas agora, cliente novo pra casa, certamente ele ficaria feliz. Cheguei no escritório e fui direto para a sala do Leonardo:

— Já fiquei sabendo da novidade!

— Qual novidade?

— Oras, do nosso cliente!

— Meu, você quer dizer. Estagiário não pode ter cliente.

— Leonardo, até onde eu sei, estagiário não pode ser responsável por cliente, mas a captação e o *client fee* são liberados.

— Preciso verificar.

— Eu ganhei o *cliente fee* do caso que indiquei para a Mila.

— A área dela é diferente da minha, aqui as coisas funcionam de outra forma.

Fiquei chocada! O cara estava querendo roubar o meu cliente? O auge do sem noção. Fui para a sala do Dr. Marcos.

— Dr. Marcos, você teria um tempinho? Estou encucada com uma coisa aqui e preciso tirar uma dúvida.

— Diga, minha querida.

— Gostaria de saber como funciona a captação de cliente no nosso setor.

— Ah, sim! Ouvi dizer que temos um caso novo. – Ele deu uma piscadinha. – Você está de parabéns. A captação funciona da mesma forma para o escritório inteiro. Um socio fica responsável pelo cliente, e quem fez a captação leva 20% de *client fee*.

— Então...

Dr. Marcos fez cara de paisagem enquanto eu contava sobre a minha conversa com Leonardo, mas sabia que estava chocado.

— Fica tranquila, pode deixar que eu resolvo isso. Certamente ocorreu algum mal-entendido, porque o Leonardo não está acostumado com captação ainda.

Nem preciso dizer que no dia seguinte já estava com meu *client fee* na conta, né? Aproveitei aquele bônus para fazer umas compras de verão, porque passaria o réveillon na casa de praia do Raphael, com a família inteira dele. Eu tinha que estar perfeita!

UM ANO NÃO TÃO NOVO ASSIM

O Leonardo não me liberou para emendar o feriado, então, peguei uma carona com o cunhado do Raphael que ia descer dia 31. Fui direto do trabalho e foram horas de estrada. Cheguei derrotada na praia e ainda tive que fazer social com a família dele. Mal aproveitei a virada. No dia seguinte, os pais dele, festeiros que só, programaram um luau na praia. A casa estava lotada com convidados e a família do Rapha, que era enorme. Todos estavam na área externa da casa e resolvi sair à francesa para tirar um cochilo. Quando passo pela cozinha a funcionária me chama.

— Menina, estou com um problema, será que você pode me ajudar?

— Claro, Cida, o que aconteceu?

— Está todo mundo altinho lá fora e eu preciso de alguém para ir buscar os galões de água. Só percebi agora quando fui preparar a mamadeira da Alice. Já que o povo só bebe álcool, acabei não me dando conta.

— Pode deixar, Cida. Você sabe onde está a chave do carro do Raphael?

— Não sei não, mas a do carro da dona Leonor está aqui.

Não teria problema ir ao mercadinho do outro lado da avenida. Eram só umas quadras e ninguém notaria que eu tinha acabado de tirar a carta. No mais, o carro era automático e eu aproveitaria para fazer a social de salvadora da pátria com a mamadeira da criança. Chamei os *dogs* e fomos nós três ao mercadinho. Peguei os galões e coloquei no carro, tudo perfeito. Som alto na caixa e cachorros na janela.

Entrando para fazer a curva na esquina da casa do Raphael um carro veio com tudo na minha porta. Foi tão rápido que mal notei o acidente. Os carros ficaram presos. Um senhor desce e começa a gritar. Não conseguia baixar o som, os cachorros foram para a janela latir para o senhor e uma menininha gritava no banco traseiro do carro dele.

— Meu senhor, calma. Deixa-me desligar o som. – Desci do carro pela porta do passageiro e abri a porta para os cachorros que foram direto para a casa.

— Minha filha está nervosa por sua culpa!

— Meu senhor, eu estava fazendo a curva no local correto, o senhor que veio com tudo na porta do carro.

— A minha filha está gritando, a culpa é sua!

— Meu senhor, aguarda um minutinho que eu vou chamar os meus sogros. No mais, pode ficar tranquilo que eu pago o conserto do seu carro, mas por gentileza, se acalme e trate de acalmar sua filha.

Meus sogros eram demais, mas eu não podia negar que estava desapontada comigo mesma. Fui querer fazer a social e acabei causando um constrangimento em frente à família inteira do Raphael. Realmente, a culpa não tinha sido minha, mas era melhor evitar maiores aborrecimentos. Graças a Deus nada aconteceu com o carro do senhor, mas o carro da minha sogra ficou com um risco na porta e eu iria pagar por aquilo. Era um Volvo novinho, que, inclusive, eu tinha ajudado a escolher. Adeus, bônus.

Acabou que o pessoal não deu muita bola para a situação e voltou a festar, talvez motivados pelos momentos de emoção, todo mundo tenha exagerado um pouco mais na dose. Eu e o Raphael ficamos loucos e ele não tinha condição de pegar estrada aquela noite.

— Lola, a Lívia é tranquila, posso chegar um pouco mais tarde. Fora que os prazos estão suspensos, então, não teremos nada de urgente para fazer. Tenta falar com a Helena, você nunca faltou e sempre faz hora extra, tenho certeza que ela será compreensiva. Acordamos às 5h, devemos chegar no escritório umas 10h330min.

— Tem razão, Rapha. Só vamos chegar um pouco mais tarde, mas não deixaremos de ir. Vou ligar para ela amanhã de manhã.

O trânsito estava terrível e a previsão era de que chegássemos no escritório às 12h. Liguei para a Helena:

— Bom dia, Helena! Estou ligando para avisar que chegarei um pouco atrasada devido ao trânsito, mas no máximo às 12h estarei aí!

Helena me responde aos gritos, assim como eu, não deve ter tido uma passagem de ano tranquila.

— Que irresponsabilidade! Seu horário nas férias é 9h! Por isso que não pode ter namoro entre colaboradores. A Lívia veio falar comigo que liberou o Raphael para chegar mais tarde, mas não é porque um chefe é liberal que outro tem a obrigação de ser. Quando chegar aqui vá direto para a sala do Leonardo, vamos falar com ele sobre isso.

Tudo bem que devemos ser responsáveis com o trabalho, mas não conhecia ninguém que se dedicasse tanto ao escritório quanto eu. Sempre se antecipando aos prazos e disponível para qualquer tipo de missão. Francamente, fiquei chateada.

Cheguei no escritório e levei um carão dos chefes. Nada mudou. Feliz ano novo!

A CULPA É DA ESTAGIÁRIA

O ano foi mais do mesmo: chefes exóticos, missões impossíveis e muito cansaço. Era tanto esgotamento que já tinha ultrapassado a barreira física e começado a interferir no emocional. Minha relação com o Raphael estava se degradando – porque eu não tinha tempo para ele – e peguei a primeira DP na faculdade. Estava um fiapo de gente, minhas unhas só se quebravam e meus cabelos começaram a cair aos tufos. Era muita informação a ser processada ao mesmo tempo, para uma estagiária que tinha acabado entrar no terceiro ano da faculdade.

A essa altura já tinha aprendido que cliente meu só teria como responsável o Dr. Marcos, não queria mais o risco de passar perrengue com *client fee*. Acabei levando mais três casos não tão relevantes assim, mas que me garantiram um excelente bônus, que gastei inteiro em médicos. Ficava fazendo *check-up* porque tinha a sensação de que ia morrer a qualquer momento. Fui diagnosticada com depressão e comecei a tomar ansiolíticos.

Certa manhã, enquanto me concentrava na aula de penal, chega uma mensagem de Leonardo escrito: "Você perdeu um prazo!". Oi?! Eu sabia que aquilo era *impossível,* pois se tem alguém que é obcecada com trabalho, esse alguém sou eu.

Respondi a mensagem perguntando sobre qual prazo ele estava falando, certamente tinha havido um engano. Logo em seguida ele respondeu que se se tratava do caso Eximia. Saí da sala de aula de pronto e liguei para o Leonardo:

— Sim, me lembro desse caso. Seria aberto o prazo de recurso e tirei cópia integral do processo para a Helena. Inclusive, as custas já foram pagas. Foi você quem assinou o amarelinho do débito.

— Você está mentindo! – Leonardo disse aos berros.

— Leonardo, estou no meio de uma aula. Tenho certeza de que estamos falando do mesmo processo. Podemos resolver isso quando eu chegar no escritório?

— Lorena, venha para cá imediatamente, senão você será demitida.

Eu já não aguentava mais as loucuras de Leonardo e Helena, ele era o bolo e ela a cereja que coroava a desgraça. Tomei umas gotas do meu ansiolítico, pedi licença para o professor e fui para o escritório. Cheguei esbaforida e fui direto para a sala do Leonardo, onde ele e Helena estavam à minha espera.

Helena, aos prantos e com o rosto vermelho, apontava para mim e dizia que era para eu provar o que tinha dito. Para mim era muito simples, pedi para o administrativo o débito que tinha lançado para aquele cliente, chamei a pasta do caso – que tinha a cópia integral dos autos – e entreguei a fichinha de acompanhamento – com a assinatura da Helena no campo onde informei que o prazo começaria a correr. Ponto para a estagiária!

— Veja, está tudo aqui, como eu havia dito. Me perdoem, mas foi completamente desnecessário me tirar da aula. Semana que vem entro em provas e já peguei uma DP, não posso mais bobear com a faculdade.

— Você está querendo dizer que a faculdade é mais importante que seu trabalho? Se o salário não faz diferença para você, faz para outras pessoas. Você é uma ingrata! – Leonardo falou.

— Leonardo, me desculpe, mas sempre fui muito solícita e educada com todos. No entanto, infelizmente, essa é a realidade. Levo meu trabalho muito a sério, mas para me tornar advogada um dia, também preciso me formar na faculdade. Acho que o ideal agora não seria focar em mim e sim no prazo que perdemos.

— A culpa foi sua! Você sabia que a Helena estava cheia de trabalho e deveria ter avisado que o prazo estava se aproximando. É sua responsabilidade verificar os protocolos!

— Perdão? Avisei desse prazo antes mesmo de ele começar a correr; tomei todas as providências necessárias e ainda teria que ter controlado a agenda da Helena. Não faz sentido. Quer me culpar, tudo bem, mas esses argumentos não convencem.

— Eu não aguento mais a sua insubordinação, você está demitida.

— Sinto muito. – Pedi licença e fui para o banheiro para chorar.

SACODE A POEIRA

Tinha me afastado dos amigos, da família, perdido meu namorado, pegado DP na faculdade, tudo isso para me dedicar ao trabalho que agora eu também tinha perdido. Estava sem nada e nem ninguém, me sentindo desolada. Comecei a suar frio e tomei mais umas gotinhas do meu ansiolítico. Chorava compulsivamente e não conseguia parar. Tinha medo do julgamento dos meus familiares, que provavelmente teriam alguma palavra de desaprovação para encerrar a derrota com chave de ouro. Estava desejando a morte.

Após me recuperar um pouco fui lavar o rosto, quando levantei a cabeça vi a secretária do Dr. Marcos pelo espelho.

— Lorena, eu ouvi tudo que aconteceu na sala do Leonardo e liguei para o Dr. Marcos. Ele está em Brasília, mas pediu para você não tomar nenhuma atitude, pois você irá trabalhar exclusivamente com ele. Fique calma. Ligue para ele, mas antes vamos na copa para você tomar um chá de camomila.

O Dr. Marcos também era o sócio responsável pela área criminal e, para me bloquear do Leonardo, achou melhor que eu passasse a trabalhar apenas nos casos dele. Me senti aliviada, acolhida, mas aquela sensação de quebra ainda me consumia por dentro.

Fiquei pouco mais de um mês com o Dr. Marcos. O interessante é que processo criminal sempre chama a atenção da mídia, e acabei pegando carinho por três casos que dominavam os tabloides da época. Contudo, tinha que aguentar diariamente as piadinhas sem graça do Leonardo e a tortura que ele me impunha por ter sido desautorizado na sua decisão de me demitir. Obviamente ele não bateria de frente com o Dr. Marcos, mas não custava nada ele me alfinetar por isso.

Eu já tinha contado do episódio para a minha família, que dizia que eu tinha que me segurar no estágio para fazer currículo, que aquele tipo de situação era completamente normal, eu que era geniosa. Conversava bastante com a minha terapeuta sobre meu desgosto e sabia que o certo a se fazer era deixar o escritório. Eu podia amar o meu chefe, o local, a gangue, mas estava infeliz, foi bom enquanto durou. A gota da água foi um dia em que redigia a minuta de um *habeas corpus* e a Helena chegou gritando na minha mesa.

— Lorena, o Leonardo mandou você para o Fórum agora. Precisamos que você vá despachar uma petição. Se vira lá com seu amigo cartorário porque é na vara dele. Ah, e tem que ir de ônibus.

Cara, eles tinham me demitido! Eu estava trabalhando numa minuta para o Dr. Marcos e tinha outras providências para tomar. Não estava acreditando. Fui para o João Mendes despachar com o juiz, consegui o deferimento, voltei para o escritório e pedi demissão. Que alívio! Fiquei tão feliz de ter tirado aquele peso das costas. Fui falar com o Dr. Marcos que, mesmo chateado, entendeu completamente a minha decisão:

— Pelo menos eu tentei, Lorena. Esse peso não terei na consciência. Sinto muito que tudo tenha corrido dessa forma, mas pode contar comigo. Me diga onde você quer trabalhar que eu te indico.

— Dr. Marcos, quero trabalhar no Máximo.

— Por isso que eu gosto de você, Lorena! Pensa grande, contudo, não tenho relacionamento com nenhum sócio de lá. Me manda seu currículo que vou indicar para uns amigos, pode ser?

— Agradeço, Dr. Marcos. O importante é sacudir a poeira e recomeçar.

Demos um abraço apertado e fui me despedir dos outros colegas de trabalho.

Com a gangue, marquei uma *happy hour*. Deixei a despedida da Helena e o Leonardo por último, pois se tudo desse errado eu já afogaria as mágoas Com a Helena foi tranquilo, ela só me teceu elogios e disse que eu tinha sido a melhor estagiária com quem ela havia trabalhado. Não sei se foi pela emoção, mas todo o ressentimento que eu sentia dela se esvaiu e demos um abraço caloroso. Futuramente, nos tornamos grandes amigas. Só faltava o Leonardo.

— Com licença, Leonardo, vim me despedir.

— Assim de uma hora para a outra? – E soltou mais uma das piadinhas. – Já vai tarde. Tem algum outro estágio em vista? Tenho certeza de que você nunca irá trabalhar num escritório melhor que o nosso, ainda mais com a sua faculdade. Que decepção, tinha tanto potencial.

— Pois é. Realmente foi uma honra trabalhar aqui, mas minha carreira está apenas começando. Ao menos já posso dizer que tenho experiencia em captação de cliente.

— Humm. Sorte de principiante. Até mais.

Nada que eu não imaginasse. Peguei minhas coisas e fui encontrar o pessoal. Gustavo ficou responsável por carregar a minha caixa de pertences e deixar as meninas em casa, caso déssemos PT. Foi uma noite e tanto. Se a orelha do Leonardo não caiu aquele dia, não cai nunca mais.

A SAGA CONTINUA

Atualizei meu currículo e enviei para o Máximo, recebi uma resposta automática informando que não estavam contratando no momento, mas o arquivo seria mantido no banco de talentos. De boa, o não a gente já tem, não custa nada tentar. Mas eu queria mesmo trabalhar lá e fui atrás da humilhação. Procurei na internet todos os sócios responsáveis pela área de contencioso e enviei meu currículo diretamente para eles. Dessa vez, recebi uma negativa cordial e personalizada. Mas estamos na pista. Me empolguei com essa tática, comecei a pesquisar os melhores escritórios de advocacia e passei a tarde enviando currículo.

Perdi a conta de quantas portas foram fechadas na minha cara, mas também consegui cavar algumas entrevistas. Para algumas propostas, eu me dava o luxo de recusar, seja pela área de atuação, seja pela proposta absurda, seja pela localização do escritório. Teve semana que fiz entrevista todos os dias. Isso foi bom, porque minha rotina acabou não sendo muito afetada. Ia para a faculdade de manhã e passava as tardes fazendo as entrevistas e/ou provas de admissão.

Ouvi todo tipo de proposta que se pode imaginar.

— Aqui só damos auxílio refeição e transporte, mas você terá a oportunidade incrível de aprender com os melhores da área.

— Em nosso escritório, estagiário faz de tudo, atende telefone, serve café, mas também tem tempo para estudar quando não está em diligência.

— Não imaginava que você se sairia bem na prova, mas infelizmente só estamos com vagas abertas para estagiários homens.

— Só contratamos estagiário em período integral e você estuda de manhã.

— Acabamos de abrir o escritório e você terá autonomia para tocar essa área. – Interessante, porém, eu estava no terceiro ano de faculdade e não tinha ideia de como fazer aquilo.

Desiludida, porém, perseverante estive no Campos & Castro para uma reunião com um dos clientes que tinha levado. O Dr. Marcos, muito justo, fez questão de me convidar, mesmo porque eu ficava em cima do andamento dos processos que tinha levado para lá. Cheguei mais cedo para ter tempo de socializar com os amigos do escritório, afinal, não tínhamos nos encontrado desde a minha saída, em torno de um mês. Dei de cara com o Leonardo e resolvi aguardar embaixo do prédio. Não havia necessidade de me expor, minha cota de desgostos já estava suprida.

Sentei-me na área externa de convivência e acendi um cigarro. Meu telefone toca e na outra linha o Raphael me perguntava como estavam indo as coisas. Relatei os perrengues e começamos a rir. Nessas horas sempre é melhor rir do que chorar.

— Mas Lorena, o Dr. Marcos não disse que te ajudaria?

— Sim, mas eu fiz questão de dizer que gostaria de trabalhar no Máximo.

— Eu sei, mas ele não disse que enviaria seu currículo para uns contatos dele?

— Sinceramente, Rapha, não sei se ele está tão disposto assim a me perder. A Cecilia está fazendo um *lobby* para eu ir trabalhar com a sócia do imobiliário e ele ficou empolgado com a possibilidade. Então, talvez esteja esperando para ver o que dá.

— Seria incrível se desse certo, imagina a cara do Leonardo?

— Confesso que fiquei empolgada, mas não sei se teria estômago para voltar a conviver com ele.

— Preciso ir, Lola. Mais tarde nos falamos. Topa um sushi?

— Combinado!

Desliguei o telefone e me sentei num dos banquinhos da área externa. Comecei a divagar como sobre seria a minha vida se voltasse para o Campos & Castro. Ao menos estaria perto do Dr. Marcos e poderia voltar a acompanhar de perto os casos dos meus clientes.

— Me desculpe, senhorita. Não pude deixar de ouvir sua conversa ao telefone. Muito prazer, meu nome é Mauro.

— Muito prazer, Mauro. – Comecei a rir. – Realmente é inevitável, às vezes acabo falando muito alto. Você trabalha por aqui?

— Estou aguardando meu sócio para subirmos para uma reunião, e você?

— Também estou aguardando uma reunião.

— Ouvi você dizer que gostaria de trabalhar no Máximo, correto?

— Sim, sim. Meu sonho é trabalhar lá. É o melhor escritório do Brasil e fica do ladinho de casa.

— Minha filha também estuda Direito. Sei como funciona, tudo muito complicado. Semana passada ela chegou em casa chorando porque o chefe tinha gritado com ela.

— Infelizmente, isso acontece.

— Então, talvez eu consiga te ajudar. Um dos meus melhores amigos é socio do Máximo e amanhã irei encontrá-lo no clube. Eu sou diretor do SPFC e ele é um dos cativos que vivem por lá. Se você quiser, posso entregar seu currículo para ele.

— O senhor está me dizendo que além de ser o anjo que Deus colocou na terra pra mim, ainda é diretor do meu time de coração? Óbvio que eu aceito a sua ajuda!

— Toma aqui meu cartão. Envie seu currículo nesse *e-mail*. Também faço questão de convidar você e seus amigos para assistirem a um jogo de camarote. Vou te apresentar a minha filha.

Estava me sentindo adorável. A reunião foi ótima e ainda me sobrou tempo para jogar um tarot com o Dr. Marcos. Contei pra ele do ocorrido na espera da reunião e pedi que ele tirasse uma carta para confirmar se a ajuda do Mauro seria efetiva.

— Lorena, uma das melhores cartas do tarot! O sol. Vai que é sua!

A saga continua

O FAMOSO Q.I.

Enviei o currículo para o Mauro e em menos de uma semana recebi resposta do Máximo: "Lorena, boa tarde, aqui é o Samuel do RH. Recebi seu currículo de um dos sócios e gostaria de saber quando você tem disponibilidade para vir fazer uma prova.". Respondi prontamente: "Olá, Samuel. Minhas tardes estão livres, é só marcar.".

Passei horas numa salinha fazendo a prova e entreguei. Fiquei receosa de como tinha me saído na parte de inglês, pois sabia que para trabalhar num escritório daquele porte, esse era um requisito fundamental. Fiquei quase um mês sem notícias e estava perdendo a esperança. Após esse período recebo uma ligação do Samuel:

— Lorena, desculpe a demora em te retornar, mas gostaria de saber quando você pode vir aqui para conversar com o Dr. Ricardo, sócio que encaminhou seu currículo para o RH.

— Samuel, só um segundo. Você está me dizendo que eu passei na prova?

— Sim, querida. E agora você precisa passar na entrevista com o sócio.

— Que alegria!

— Podemos marcar amanhã às 16h?

Estava extasiada. Fiquei ansiosa pesquisando na internet quem era o Dr. Ricardo, e pensando em qual *look* eu usaria para entrevista. Mandei um *e-mail* para o Mauro para contar da novidade e agradecer. Ele disse que aquele fim de semana serial o ideal para comemorarmos, assistindo de camarote mais uma vitória do nosso time. Deu carta branca para chamar quantos amigos quisesse e eu optei por levar a gangue, a Antonela que também era são-paulina e o Raphael, corintiano roxo.

A entrevista no Máximo foi ótima, o Ricardo me apresentou a área dele e disse que eu poderia escolher entre trabalhar com ele ou com um outro sócio que estava precisando urgente de estagiário. Nunca tinha tido contato com a área do Ricardo e, apesar de não temer novos riscos, preferi o conforto de ir para um lado que eu já conhecia – contencioso e consultivo securitários. No mais, Seguros & Previdência era o assunto da moda e a área estava bombando.

— Combinado, então. Vamos agendar uma entrevista com o Tadeu. Combina com o Samuel do RH que eu vou avisar o Tadeu que você optou pela área dele.

Passei no RH e informei o Samuel da decisão do Ricardo. Ele, muito receptivo, deu risada.

— Se você já ficou ansiosa com a demora para agendarmos uma entrevista com o Ricardo, vai ter que se segurar, porque é impossível arrumar um tempo com o Dr. Tadeu, ele também é o CEO do escritório.

— Sem problemas, consegui me segurar até agora, não serão mais uns dias que irão me matar.

O fim de semana foi perfeito, com mais uma vitória do meu time. Todo mundo se divertiu, menos o Raphael, que estava puto da vida porque o time dele perdeu aquele clássico. Depois desse jogo me restou uma míngua chance de salvar o relacionamento com ele.

Um mês se passou e nada de notícias do Máximo. Mais uma vez minhas esperanças estavam se escasseando. A Cecilia me ligou toda empolgada, dizendo que ela e o Dr. Marcos tinham se empenhado no *lobby* e que eu começaria no setor imobiliário do Campos & Castro na segunda-feira. Aceitei aquele destino como uma oportunidade de recomeço, afinal, mesmo não estando animada de ter que rever o Leonardo diariamente, não poderia ficar com espaço em branco no currículo.

Nunca me esqueço desse dia. Fui trabalhar com um terno inteiro branco e todos estavam muito felizes. A área ficava em outro andar e, por mais que amenizasse a presença do Leonardo, também não estaria próxima dos meus amigos. Para coroar o meu retorno, mais uma missão. Fui para o Fórum despachar uma petição para o Dr. Marcos e fazer o acompanhamento dos processos do imobiliário. Deu tudo certo, mas estava sentindo um vazio enorme. Enquanto descia a escadaria do João Mendes, meu telefone tocou.

— Lorena, aqui é o Samuel, tudo bem? Desculpe a demora, mas o Máximo está uma loucura. Não conseguimos agendar uma entrevista com o Dr. Tadeu, mas ele precisa de alguém para ontem, porque dois estagiários da equipe foram embora e o que sobrou foi efetivado para advogado júnior. Você poderia começar amanhã?

— Claro! Amanhã estou aí!

ATÉ BREVE

Pela primeira vez na minha vida considerei a minha felicidade em primeiro lugar. Fui egoísta de sequer cogitar em ficar no Campos & Castro, ainda mais depois de todo aquele *lobby* que a Cecilia e o Dr. Marcos tinham feito, mas tinha acabado de me livrar de qualquer tipo de medicamento e não queria arriscar passar por tudo de novo. Estava bem comigo mesma. Além de tudo, trabalhar no Máximo era o meu sonho!

Saindo do Fórum encontrei o Raphael e contei a novidade. Ele começou a chorar, e disse que a nossa história definitivamente acabava ali.

— Você é muito ambiciosa.

Caíram umas lágrimas dos meus olhos, mais por ele do que por mim. Ao contrário do que tinha ouvido lá no início, eu não pretendia arrumar um marido e desistir da minha carreira. Eu estava trilhando meu caminho.

Voltei para o Campos & Castro e comuniquei a minha decisão. O pessoal ficou triste, mas entendeu. Sabiam que eu teria a chance de ser muito mais feliz. O Dr. Marcos ficou enfatizando que as previsões de tarot dele eram certeiras, não era à toa que eu tinha tirado a carta do sol. Cecilia queria ir junto comigo. Foi um fim de tarde agradável, mas eu precisava ir embora para me preparar para o dia seguinte.

Cheguei em casa e contei para a minha mãe da novidade; ela ficou surpresa, pois já estava começando a pensar que era mentira a minha história com o Máximo. Nem me dei ao trabalho de ficar chateada, precisava estar 100% para o grande dia.

EU NASCI PRA ISSO

No Máximo só contratavam estagiários a partir do terceiro ano, ou seja, eu teria que recomeçar no zero. Sabia que não teria a mínima chance de ficar interna e escrever, mesmo porque a equipe estava sem estagiários e tinham acabado de efetivar o que sobrou. Também não tinha ninguém da minha faculdade lá, seria preciso conquistar novas amizades.

Fui recepcionada pelo Sandro, um dos sócios da equipe. Ele era baixinho e usava uns óculos fundo de garrafa; olhava para cima pra falar comigo. Sandro me apresentou o resto da equipe que consistia em mais dois advogados seniores, Edenilson e Carlos, e os sócios Renato e Tadeu. Todos muito simpáticos.

— Lorena, é um prazer ter você conosco. Vi que estagiava no Campos & Castro, você está acostumada a fazer Fórum?

— Sandro, essa é praticamente a minha especialidade.

— Ótimo. Perdemos dois estagiários e o Daniel acabou de ser efetivado, precisamos de alguém que nos ajude nessa parte. Aliás, hoje você irá passar a tarde com o Daniel, para que ele possa te familiarizar ao ambiente e te explicar como funcionam as coisas na equipe.

Daniel voltava do banheiro com um código civil na mão e o Sandro não perdeu a oportunidade de fazer uma piada, coisa que acabei me acostumando, pois quando se trabalha apenas com homens, você aprende que eles não perdem a oportunidade de se zoar entre si.

— Por isso que você demora no trono, Daniel? – olhou para o Carlos e começaram a rir. – Quem vai cagar com um código civil na mão?

Não aguentei e comecei a gargalhar. Daniel ficou envergonhado e os outros advogados caíram na risada. Sandro me pediu mil perdões por ter deixado escapar aquela piada. Eu tinha nascido para aquela equipe.

O clima era bem mais leve, e eu estava me sentindo bem, como há muito tempo não me sentia. Tinha conquistado um sonho e meus olhos não me deixavam esconder a satisfação.

— Muito prazer, Lorena. Sou o Tadeu, sócio responsável pela equipe. Me desculpe por não ter conseguido agendar uma entrevista, as coisas estavam o caos por aqui.

Já estava habituada ao ambiente, feliz. A equipe era superunida, deixava qualquer um à vontade para falar sobre tudo que considerasse relevante. Era uma família que se apoiava.

— Daniel, explique para ela como funciona o sistema de débito de horas, porque o treinamento dos novos estagiários só será no fim da semana e, como você sabe, temos muita coisa para fazer até lá. – Completou Dr. Tadeu.

Daniel era alto, loiro e com uns olhos de cor violeta; tinha porte de sócio e se vestia muito bem. No entanto, tudo que ele tinha de lindo, tinha de arrogante. Estava sofrendo da crise de "advogado recém formado/efetivado" que acha que sabe tudo. Passei a tarde com o Daniel, que não conseguia esquecer a história do banheiro e ficava o tempo inteiro se autoafirmando.

— Me formei em uma das melhores faculdades com honras, era monitor do professor de Civil, passei na OAB de primeira, já sabia que seria efetivado no começo do quinto ano, sou um dos estagiários mais antigos do escritório, estou nessa equipe desde o começo, sou seu chefe.

Escutei pacientemente e nas breves pausas que ele dava para pegar um ar, eu tentava coagi-lo a me explicar o sistema. Estava ansiosa para mostrar serviço. Ele me contou que não fazia Fórum há tempos, mas que gostava quando tinha que fazer diligência, porque o escritório tinha uma frota de táxi exclusiva para atender aos profissionais e ele aproveitava para estudar no banco de trás – que benção, aquela frase era música para os meus ouvidos, tinha me livrado dos ônibus. O dia foi tranquilo e fui liberada mais cedo para ir para casa. No dia seguinte, faria meu primeiro Fórum pela equipe! Eu nasci pra isso.

Eu nasci pra isso

ME SENTINDO EM CASA

Era estranho e ao mesmo tempo reconfortante como eu me sentia em casa. Como se eu já tivesse pertencido àquele escritório e estivesse retornando após uma longa jornada. Olhava para os advogados mais velhos e tinha a sensação de conhecê-los. Tudo fluía de forma perfeita.

O Dr. Giusepe, um senhor de uns 70 anos de idade, era a alegria do Máximo e, também, o sócio responsável pela recepção dos novos colaboradores. Passou a tarde de sexta conosco, contando sobre a história da fundação do escritório e de como ele tinha a certeza de que seríamos os sócios do futuro. Me identifiquei com ele de cara e acabei me divertindo durante o treinamento. O Dr. Giusepe, então, me convidou para um chazinho na sala dele, queria saber mais sobre a minha história. Acabamos nos tornando confidentes.

Voltei para a minha mesa, que era linda e tinha até plaquinha com o meu nome. A bancada tinha oito lugares espaçosos e eu me sentava entre dois estagiários de diferentes equipes. À minha frente ficavam as salas de Edenilson e Carlos, e de uma advogada peruona, filha de um ministro do STF. Na parte de trás, eram as salas dos Drs. Tadeu, Sandro e Renato e, mais à minha direita, ficava a baia dos advogados juniores, onde se sentava Daniel. À minha esquerda ficava o "aquário das secretárias". Tudo muito bem dividido e estruturado.

Estava concentrada lançando as minhas horas quando ouço um barulho muito alto de pum. Olhei para trás e o Lucas estava abaixado pegando as cópias de um processo; ele fez sinal de silêncio com a mão e disse:

— Shiiiu, se você falar algo eu vou dar na sua cara.

A garota que se sentava ao lado dele, começou a rir e disse:

— Lucas, a menina nova vai pensar que você é doido. Não liga, ele é assim mesmo. Muito prazer, Camila, mas os garotos me chamam de Camilinha. Deve ser porque sou muito alta. – Ela se levantou para mostrar a sua altura de 1,55cm. – Todo mundo está corrido essa semana, porque precisamos fechar as horas do mês, mas na semana que vem você está convidada para a nossa *happy hour*.

Lucas e Camilinha foram os meus primeiros amigos no escritório, era difícil socializar ali na bancada porque ninguém parava na mesa, já que todo mundo vivia em diligência.

Nas primeiras semanas me concentrei em colocar em dia os andamentos processuais. Há algum tempo a equipe estava defasada nessa parte, então tive que me dedicar exclusivamente às diligências. Teve dia que fiz diligência em cinco Fóruns diferentes, mas isso não era problema, já que eu tinha um taxista à minha disposição. Aliás, os taxistas acabaram se tornando grandes aliados pois, além de fazerem a corrida, me acompanhavam na diligência, faziam papel de segurança, de caixa – quando faltava dinheiro para algo, tais como cópias e custas –, carregavam os volumes dos processos, ficavam na fila quando necessário. Uma verdadeira mão na roda. Meu trabalho estava fluindo como nunca.

Me sentindo em casa

PROTOCOLO AÉREO

Era uma tarde ensolarada e a bancada de estagiários estava cheia. Um daqueles dias milagrosos em que conseguíamos ficar internos. Um garoto passava pelo andar colhendo a assinatura dos sócios, desesperado, porque o comandante Ayrosa poderia chegar a qualquer momento e ele não podia correr o risco de perder aquele prazo. Os sócios foram muito solícitos e davam risadas entre si. Até aí, tudo normal. Essa era basicamente a rotina do contencioso.

De repente começa um movimento estranho. "Salsicha", estagiário que se sentava do meu lado, ria compulsivamente enquanto mostrava uma foto do celular para o "Scooby", o outro estagiário da bancada. Os dois eram inseparáveis.

— Mano, olha isso aqui! Lorena, me passa seu número que vou te enviar essa foto.

Salsicha, cala a boca que eu vou dar na sua cara. – Lucas disse.

Maricas, me passa seu telefone também, vocês não vão acreditar nisso. – Salsicha respondeu.

Gente! Meu amigo do Arvoredo acabou de me enviar a foto do Dimas, estagiário do trabalhista, perguntando quem era o cara do "protocolo aéreo"? – Camilinha nos contou.

Mas o que está acontecendo aqui? Eu também recebi uma foto da minha turma do Sensato & Oliva do cara lá no terraço com uma petição na mão. – Carlos disse.

Daniel se dirigiu à nossa bancada e começou a gargalhar, enquanto se preparava para nos dar uma lição de moral.

— Vejam esse cara que ignorante, caiu na pegadinha do protocolo aéreo. Está até agora no terraço, esperando o helicóptero para protocolar um prazo em Campinas; vai ficar lá até amanhã. Ainda não se tocou que é um trote. Todo mundo foi para o gazebo presenciar esse vexame, e agora as fotos começaram a rolar por todos os escritórios de advocacia de São Paulo.

— Meu Deus, que sacanagem. – Eu disse espantada.

— Isso é normal em qualquer escritório, os estagiários precisam passar por um batismo. Você e a Camilinha foram poupadas por serem mulheres "o sexo frágil", mas todos os meninos aqui da bancada já passaram por isso. – Daniel me explicou.

O meu até que foi tranquilo, apesar de tortuoso. Me mandaram pegar a assinatura do Dr. Norberto, um sócio daqui que tem uns 200 anos, num prazo fictício e fiquei na sala dele 1h esperando-o acordar do cochilo, para então ele me dizer que aquilo provavelmente era um engano e cair no sono novamente. – Salsicha nos contou.

A Suelen, secretária do Dr. Tadeu, começou a gritar conosco e o Daniel nos defendeu. Nisso o Dr. Tadeu sai da sala dele e nos dá uma bronca enquanto segurava a risada.

— Vamos parar essa barulheira. O Dimas se deu bem, agora está nacionalmente famoso e vocês precisam voltar ao trabalho se quiserem chegar perto de uma façanha dessas.

Realmente, o Dimas tinha ficado famoso. Quando cheguei na faculdade, alguns colegas vieram perguntar se eu conhecia o estagiário do "protocolo aéreo". Eis aí um cara que conseguiu virar a sorte a seu favor.

Protocolo aéreo

PARCEIRO DE EQUIPE

Tinha uma rotina pesada, mas estava tão feliz que nem ligava. A contragosto do Dr. Tadeu, que achava importante nos dedicarmos aos estudos, transferi minha faculdade para o período noturno. Basicamente minha rotina se baseava em trabalho – faculdade – trabalho, pois muitas vezes eu saia da aula e voltava para o escritório, a fim de terminar as pendências do dia. Dessa forma, eu conseguia dar conta dos meus seis chefes.

Vi passar muitos estagiários pela equipe, mas não duravam uma semana. Eu tinha a experiência adquirida no Campos & Castro e acabei me adaptando para fazer as coisas de forma mais rápida. Minha mãe sempre diz que quando nos concentramos no que estamos fazendo, o tempo rende muito mais. E, de fato, eu vivia concentrada. Não sossegava enquanto não terminasse minhas tarefas, pois nunca gostei de deixar nada para o amanhã, afinal, tinha aprendido na raça que cada dia guardava uma surpresa diferente.

Começou um estagiário novo na equipe. Edgard vinha de uma faculdade tradicional e queria começar a escrever logo, seu sonho era ser juiz, mas precisava trabalhar para pagar o aluguel. Acabei me apegando a Edgard, pois ele tinha conseguido superar a maldição de uma semana e, certamente se tornaria alguém com quem eu poderia contar. A rotina tinha ficado mais leve e eu estava conseguindo ir da faculdade direto para casa, coisa que não fazia há tempos. Agora, eu e Edgard dividiríamos o Fórum e eu teria tempo de começar a redigir alguma coisa.

— Edgard, com o tempo você vai conquistar seu espaço e poderá começar a escrever.

— Lorena, se eu pudesse escolher, ficaria apenas estudando. Meu sonho é prestar concurso e trabalhar pouco. Pegar alguma comarca no litoral e construir uma família com a minha namorada.

— Deus me livre! Eu não me imagino estudando para concurso. Eu quero ser sócia aqui do escritório. Consegue visualizar que chique?! – Comecei a desfilar com cara de sócia.

— Quando eu me tornar juiz vou ter o prazer de recebê-la no meu gabinete.

— Ah querido, até lá já terei meus estagiários para fazerem isso.

Nossa parceria estava fluindo de vento em poupa. Nem vi o mês passar. Estava amando ter um companheiro de equipe. Pouco mais de um mês e Edgard me convida para almoçar.

— Hoje eu pago, tenho uma notícia para te dar!

Pensei que a namorada dele estivesse gravida ou que ele tinha agendado uma data para o casamento.

— Lorena, fui aceito no Arvoredo, começo daqui a dez dias.

— Você só pode estar brincando! Ficou louco? Trabalhamos no melhor escritório do Brasil.

— Eles são excelentes e estão mudando para um prédio aqui perto. Vou ter uma salinha só pra mim.

— Não acredito que você vai nos abandonar!

— Lola, terei a oportunidade de ganhar mais e não precisarei me dedicar a Fórum. Vou para a área consultiva. Vai ser muito mais tranquilo e terei mais tempo para estudar.

— Entendo, fico feliz por você, mas chateada por perder meu parceiro.

— Se tem alguém que consegue se virar é você! Pedi esses dias a mais para que possa se programar com o Sandro e arrumarem alguém para me substituir.

— Agradeço, seu traidor.

Começamos a rir, mas eu estava desolada de perder meu parceiro, ainda mais agora que as coisas estavam começando a se encaixar. Recomeçaram as entrevistas e não tínhamos sorte com ninguém. Edgard foi embora e levou com ele toda a minha paz.

Parceiro de equipe

PAPO DE ESTAGIÁRIO

Começaram dois estagiários novos na equipe do Lucas. Henrique, filho de um advogado figurão, e Julia, uma preta linda que namorava um grafiteiro famoso.

Lola, vamos levar os novos "estags" para almoçar, chama a sua equipe. Ah, esqueci, sua equipe de estagiários é só você. – Lucas brincou.

Eu já tinha me acostumado com esse tipo de piada. Qualquer programação de estagiários eu era "adotada" pela equipe de alguém da bancada, para não me sentir sozinha. Lucas queria passar uma imagem de grosseirão, mas tinha um coração de ouro. Durante o almoço Lucas me puxou de canto para contar um segredo.

— Lola, preciso te contar uma coisa, mas você tem que me prometer que não vai falar pra ninguém. Mesmo porque você nem teria pra quem contar. – E deu uma risada maquiavélica. – Mas é sério.

— Claro, amigo! Aconteceu alguma coisa?

— Sim! Estou namorando.

— Que bom! Fico feliz por você.

— Você não está entendendo, estou namorando um *homem*.

— Ah, sim. Na verdade, até imaginei que fosse isso, mas não queria comentar nada antes de você dar abertura.

— Como assim, eu dou muito na pinta? Pelo amor de Deus! Se alguém no escritório descobrir eu tô fodido. Você já viu algum gay por lá? É um escritório tradicional e nossos chefes são supermachistas.

— Para ser sincera, acredito que o Dr. Giusepe seja gay, mas nunca ninguém tocou no assunto.

— Eu tenho certeza de que o Dr. Giusepe é gay, mas ele tem 100 anos de idade, ninguém fala nada.

— Lucas, apesar de ser um escritório conservador, todo mundo se trata com muito carinho no nosso andar. Não acho que você deva se preocupar com julgamentos. Uma vez um ex-chefe me disse "seja você mesma" e eu levo essa frase pra vida.

— Tenho medo de ser zoado ou demitido.

— Eu não vou contar para ninguém, mas no dia que você resolver se revelar, pode ter a certeza de que estarei do seu lado.

— Não pretendo me revelar. Você sabe que a galera pega pesado. Não vão querer uma bicha na equipe.

— Lucas, nunca mais ouse pensar assim. Um dos homens mais inteligentes que conheço é gay e está muito bem resolvido com isso. Disse que um dos maiores arrependimentos da vida dele foi não ter se aceitado antes. Esse homem é meu parente e posso te garantir que ele está muito mais feliz hoje.

— Não estou preparado.

— Você não tem obrigação de falar da sua vida pessoal para ninguém. Quando se sentir seguro, você conta, até lá, pode me considerar sua confidente.

— Não me sinto seguro.

— Então não conte nada pra ninguém. Vamos encontrar uma solução, mas agora me conta do seu bofe.

— Estou apaixonado, conheci ele no banheiro do shopping!

Lucas começou a me contar do namorado e de como tinha sido emocionante se descobrir. Conversamos tanto que mal tocamos na comida.

— Vocês dois estão de casinho aí? – Salsicha disse em tom de conspiração.

— Estamos falando de trabalho. – Tentei despistar.

— A Julia mal entrou e ganhou um trote do Paulão, chefe dela. – Salsicha nos contou.

O que foi dessa vez? – Eu perguntei.

Ele me pediu para encontrar uma folha de almaço preta. Isso não existe. – Julia revelou o trote.

— Nem liga, esquece essas bobagens. – Eu respondi de forma calorosa.

— Eu encontrei na *deep weeb* e encomendei. – Julia respondeu orgulhosa.

— Fala sério?! Scooby falou em um tom muito surpreso.

— Acho que o Paulo está com preconceito pra cima de mim, já que só existe papel almaço branco e eu sou preta! – Julia disse bem brava.

— Menina, vou dar na sua cara. Para de arrumar problema onde não tem. Você não sabe o que é preconceito. – Lucas disse, incrédulo.

— E quem é você para me dizer isso? Todo filhinho de papai, certamente nunca passou sufoco na vida. – Julia respondeu em um tom mais alto.

— Eu sou gay, minha filha, *bicha*! – Lucas falou sem pensar.

A mesa ficou em silêncio. Lucas prontamente se arrependeu do que tinha falado. Julia ficou estática.

— Vamos parar com isso, pessoal. Todos estão com os ânimos alterados. É muita correria com trabalho e estudos, se formos começar uma guerra entre nós, ninguém vai aguentar. – Eu disse tentando acalmar os ânimos.

— Lucas, a gente já desconfiava. Fala aí, Salsicha. – Scooby falou dando de ombros.

— Deixa de ser insensível, ele está chorando. – Camilinha disse de forma amigável.

— Turma, vamos fazer um pacto. Não abriremos a boca sobre hoje com ninguém. A partir de agora, somos um time e iremos nos ajudar, e papo encerrado. – Falei bem segura de minhas palavras.

— Já que estamos nos revelando, preciso contar uma coisa. A peruona descobriu que eu faço caixa 2 com o boleto de táxi. – Scooby falou deixando todos surpresos.

— Cara, você não precisa disso. – Salsicha falou.

— Você que pensa, com esse dinheiro eu consigo pagar meu lanche na facul. Meus pais estão desempregados e a grana está curta. – Scooby nos contou se justificando.

— Por que você não falou comigo, eu te emprestava uma grana? – Salsicha respondeu se solidarizando com o amigo.

Você não entende. – Scooby respondeu lamentando.

— E como foi que ela descobriu? – Camilinha perguntou intrigada.

— Devo ter deixado escapar algo para o Daniel e ele me dedurou. – Scooby nos revelou.

— No escritório do meu pai demitiram um "estag" por causa disso. Até que é normal. – Nos surpreendemos com a voz de Henrique.

— Henrique, você não abriu a boca o almoço inteiro e quando abre só fala bosta. – Lucas disse estarrecido.

— Melhor que ficar gritando no meio do restaurante que é bicha. – Henrique respondeu de forma afrontosa.

— Galera, não vamos começar de novo. Temos que voltar para o escritório. O que acham de fazermos uma *happy hour* para continuarmos nosso papo? Eu consigo faltar na faculdade, depois pego a matéria com uma amiga. – Eu falei tentando, novamente, acalmar os ânimos e tentando criar algum vínculo de amizade.

— Minha família foi viajar, estou sozinho em casa. Podemos fazer um *get together*, o que acham? – Henrique pelo menos agora abriu a boca para falar algo positivo.

— Fechado. – Concordamos todos.

Saímos do escritório direto para a casa do Henrique, que morava numa mansão no Jardim Europa. Ficamos bebendo na churrasqueira, com vista para piscina e em pouco tempo estávamos melhores amigos. Nesse dia, foi criado um laço de cumplicidade entre todos, que perdurou por muito tempo.

ALÔ, CRISTINA

Na semana seguinte Scooby foi demitido. Ficamos todos superchateados e nossa bancada estava em clima de velório. Dr. Tadeu me chama:

— Lorena, sei que vocês estão tristes, mas não dava para manter o Scooby aqui. Vai começar um estagiário novo no lugar dele, que trabalhava com a minha esposa. Ele chegou em São Paulo há pouco tempo e precisa ser ambientando. Conto com você para isso.

Eu não estava no clima e muito menos os outros estagiários. Mas o Dr. Tadeu precisava de mim e eu tinha um amor platônico por ele. Eu adorava tanto aquele homem, que não poderia decepcioná-lo.

— Galera, vai começar um "estag" novo no lugar do Scooby.

— Tá louco? O cara acabou de sair! Deveriam colocar um "estag" na sua equipe e não o substituir dessa forma. – Salsicha disse assustado.

— Somos descartáveis, Salsicha. Sai um, entra outro, é assim que funciona o sistema. – Julia disse a realidade.

— No escritório do meu pai tem fila de currículo. – Henrique abriu a boca.

— Cala a boca, Henrique. Você só fala do MDM. Vai trabalhar com o seu pai, então! – Lucas disse estarrecido.

— Lá não pode mais trabalhar familiares. – Henrique se explicou.

— Deve ser a desculpa que seu pai arrumou para te tirar de lá, porque você é muito chato. – Lucas desabafou.

Lorena: Gente, vamos parar? Agora que estamos indo tão bem não tem por que brigarmos. Vamos ver qual é a desse menino novo. – Eu disse tentando acalmar os ânimos dos meninos, como sempre.

No dia seguinte Igor começou. Ele era supertímido. Marquei um almoço com a turma, mas todos arrumaram uma desculpa pra não ir. Fomos apenas nós dois. Igor contou que tinha trabalhado com a esposa do Dr. Tadeu menos de um mês, mas que não tinha se adaptado ao cartório em que a Dra. Cida era juíza.

— O pessoal do cartório me travava como o "caipira protegido" e eu não consegui me enturmar com ninguém.

— Infelizmente algumas pessoas podem ser más, mas não se prenda a isso. Eu sofri pra caramba no escritório em que trabalhava, e hoje estou superfeliz aqui. Tenho certeza de que você vai amar.

— Eu sou de Cuiabá, lá não tem escritório desse porte. Estou com um pouco de receio.

— Igor, fique tranquilo. Logo, logo você se adapta. Somos uma família e o Dr. Tadeu é um lorde.

Voltamos para o escritório e o telefone começou a tocar. Eu e o Igor dividíamos a linha. Como ele era novo, provavelmente a ligação seria pra mim. Atendi de forma automática:

— Lorena.

— Quem? Meu pai, esse telefone não é do Igor?

— Oi?

— Meu filho! Eu preciso falar com meu filho e ele não atende o celular.

— Ah, sim. Só um minutinho que acabamos de retornar do almoço.

— Quem é você?

— Sou a Lorena, muito prazer! Eu e seu filho dividimos a linha de telefone.

— Menina, ele está bem aí? Estou tão preocupada. Ele é meu bebê.

— Fica tranquila, senhora...

— Cristina, meu nome é Cristina.

— Pois então, fique tranquila Cristina, aqui no escritório todos são ótimos e seu filho é um doce. Aguarde um instante que vou passar pra ele.

Foram longas semanas da Dona Cristina ligando, no mínimo, cinco vezes por dia. Eu sentia que tinha algo diferente no Igor, mas não conseguia decifrar o que era, então resolvi protegê-lo e não deixei que passassem o trote de boas-vindas nele. O pessoal já estava ficando irritado e bastava o telefone tocar que já começavam a zoar dizendo: "Alô, Cristina", imitando o *gingle* de um programa do passado que levava esse nome.

— Menino, deixa de ser folgado! Sua mãe liga o dia inteiro e você nunca atende o telefone. Coitada da Lorena, além de ser a única estagiária da equipe dela, ainda teve que virar sua telefonista particular. – Lucas bravou.

— Me desculpe, eu não ouço. – Igor respondeu com vergonha.

— Como assim não ouve? O telefone está tocando praticamente do lado da sua orelha. – Lucas disse como se aquele fato fosse bastante óbvio.

— Pois é, eu sou surdo dessa orelha, sinto muito. – Igor se explicou extremamente envergonhado.

Após um silêncio ensurdecedor Lucas caiu na gargalhada.

— Seja bem-vindo à turma, aqui não tem um normal.

Nesse dia Igor foi acolhido pelos outros estagiários.

— Pessoal! – Henrique deu um grito tão alto que até o Dr. Tadeu saiu da sala dele para ver o que estava acontecendo. A Britney raspou o cabelo!!!

— Meu Deus! Eu preciso ver isso, sou fã dela! – Eu disse agitada e já digitando para encontrar notícias e fotos sobre.

E assim fechamos mais um dia normal de trabalho.

RENDA EXTRA

Vez ou outra me ligavam do Campos & Castro para que eu ajudasse em alguma missão impossível. De início, levei de boa, dava um jeito de encaixar a diligência com os outros Fóruns que fazia e demonstrava minha gratidão pelo tempo em que tinha trabalhado por lá. No entanto, começaram a me requisitar cada vez mais e aquilo estava começando a me atrapalhar. Recebi uma ligação de Leonardo que disse:

— Preciso disso pra hoje. Você sabe o quanto é importante manter as portas abertas e ninguém garante que você vai ficar no Máximo o resto da vida. Se me ajudar, sabe que terá para onde voltar.

O Leonardo ainda me dava pavor, mas eu não tinha coragem de dizer não para ele. Minha irmã Sofia foi almoçar comigo e contei o que estava acontecendo.

— Lorena, esse cara não tem noção, mas ele está certo, você precisa deixar portas abertas. Tenho uma ideia: que tal você começar a cobrar pelo seu trabalho?

— Isso seria uma boa, mas não tenho ideia de como fazer.

— Simples, você diz que o ajuda, mas irá cobrar pela consultoria.

— Boa ideia, não custa nada tentar.

Me enchi de coragem e quando Leonardo me ligou novamente me impus:

— Leonardo, tudo bem? Então, vou conseguir te ajudar, mas a partir de agora vou cobrar consultoria... – Na sequência eu falei um valor que achava justo.

— Você está louca? Ainda é estagiária e já está com essa audácia toda.

— Sou estagiária mesmo, mas não trabalho mais para você. Você é sócio, mas está me procurando. Algo de errado não está certo.

— Dessa vez vou deixar passar, mas não vou me esquecer disso.

— Ok. Fala para o seu advogado me encontrar no Fórum com meus honorários que eu despacho a petição.

Deu tudo certo e ainda acabei ganhando um dinheiro extra. Aliás, muito dinheiro extra, já que minhas consultorias de Fórum não pararam por aí.

BINGO!

Todo mês tínhamos uma festa de confraternização no gazebo: muitos *drinks*, petiscos e bingo! O Dr. Giusepe era o responsável por organizar as festividades e o fazia com gosto. Esse dia passei na sala dele para o nosso chá usual e ele estava desesperado.

— Lorena do céu, a Amanda, que sorteava o bingo, foi demitida. Não sei o que fazer.

— O que aconteceu, Dr. Giusepe?

— Guerra de egos, Lorena, você ainda não tem idade para entender isso. Se poupe enquanto tem tempo.

— Poxa, Dr. Giusepe, fico chateada pelo senhor.

— Estou pensando em adiar nosso bingo. Não sei o que fazer. Veja! Os brindes já estão todos aqui.

— Dr. Giusepe, se o senhor quiser, posso ser sua "binguete". Sei que não me comparo à Amanda, mas dá pra segurar as pontas e manter a festinha em pé.

— Estava aguardando você dizer isso. Toma, essa é a lista dos meus amigos que são sorteados todo mês.

Começamos a rir, pois a lista consistia em três advogados da velha guarda, que só iam aos bingos para ganhar uma garrafa de vinho, garrafa essa que o Dr. Giusepe escolhia a dedo.

— Tirando esses três, o sorteio pode correr normalmente. Veja, aqui estão os vinhos deles. Deixa separadinho dos outros brindes. No mais, organize o bingo como bem entender.

Fiquei superempolgada com a minha nova função e queria que todo o escritório estivesse presente no evento! Passei de mesa em mesa convidando o pessoal e entregando um número para o sorteio.

Lorena, sabemos que esse bingo é batizado, nem vem com esse papel. – Sandro me disse desconfiado.

— Não fale assim, temos que honrar a velha guarda. São apenas três advogados com idade para serem seus avós. Tem que ter consideração. De resto, garanto que o sorteio correrá nos conformes.

O gazebo começou a lotar cedo. O senhor Jaime, copeiro que cuidava dos comes e bebes, começou a se desesperar com a quantidade de gente.

— Fique despreocupado, Jaime. Enquanto tiver bebida, te garanto que ninguém vai lembrar da comida. Pode focar nos *drinks*.

— Vou mandar comprarem mais cerveja.

— Aposta na caipirinha, sobe mais rápido.

— Já sei, tenho umas garrafas de uísque aqui. Para hoje não consigo organizar caipirinha, poque precisamos de frutas e um barman, mas se o Dr. Giusepe autorizar, preparo isso para a próxima festa.

— Dr. Giusepe, o que o senhor acha dessa ideia?

— Lorena, você nasceu pra isso. Jaime, a Lorena tem carta branca. A partir de agora ela será minha binguete oficial.

Tudo certo. A festinha foi um sucesso. A partir desse dia, contamos com casa cheia em todas as confraternizações: desde o mais novo estagiário, até o sócio mais antigo. Uma vez que começávamos, a festa não tinha hora para acabar.

VOU TE ABANDONAR

Lucas andava mais ansioso do que o normal. Quando perguntávamos o motivo ele ficava esquivo. Alguma coisa estava acontecendo e precisava descobrir o que era. Talvez ele estivesse precisando da minha ajuda e tivesse vergonha de falar. Combinamos de conversar no período da tarde, mas o Daniel me encarregou de uma diligência urgente.

— Lorena, saiu a sentença do processo de divórcio da faxineira aqui do andar. Preciso que você vá ao Fórum da Penha, mas tem que ser de ônibus.

— Socorro, sou traumatizada com essas diligências de última hora. Acho superválido caso *pro bono*, mas fazer bonito às custas do estagiário é sofrido. Se ao menos pudesse programar para amanhã, seria mais fácil, assim eu descubro como chegar lá.

— Eu já peguei as informações necessárias, está aqui. – Esticou um papel com as explicações dos ônibus que eu deveria tomar.

— Ok, Daniel, mas esse Fórum é longe. As diligências que tinha programado para hoje vou adiar para amanhã. Não tem problema?

— Claro que não, pode ir que já falei com o Dr. Tadeu.

— Então tá bom, vou sair agora para não me atrasar.

Estava na porta do elevador quando dei de cara com o Dr. Tadeu:

— Veja se não é minha estagiária preferida?

— A minha também, mesmo porque é nossa única estagiária! – Sandro exclamou.

— Trouxemos um presente pra você. – Dr. Tadeu me entregou um guarda-chuva de sapinho, daqueles de criança.

— Amei, muito obrigada! – Eu disse, realmente muito agradecida.

— Compramos de um ambulante aqui embaixo. Hoje está com cara de que vai chover e esse guarda-chuva dá conta de andar pelo Centro sem ficar encharcada.

— Hoje vou para o Fórum da Penha ver o caso da Dona Elizete.

— Como assim vai para a Penha? Eu mandei o Daniel lá. – Sandro disse surpreso.

— Não sei o que vocês combinaram, são seis chefes para uma estagiária só. Minha obrigação é cumprir ordens. – Eu comecei a rir.

— O Daniel não toma jeito, vamos lá falar com ele. – O Dr. Tadeu disse bastante sério.

Então, o Dr. Tadeu pediu que eu o acompanhasse até a mesa do Daniel.

— Daniel, por que a Lorena está indo para o Fórum da Penha no seu lugar? – Dr. Tadeu disse.

— Dr. Tadeu, preciso terminar um prazo e ia acabar me enrolando. – Daniel se justificou.

— Mas esse caso é *pro bono*, você disse que iria com o seu carro. – Dr. Tadeu o questionou.

— Mandei a Lorena ir de táxi, vou pagar do meu bolso. – Daniel respondeu de imediato.

Que descarado! Fiquei quieta, mas a minha vontade era falar da mentira.

— Não precisa pagar do seu bolso. Lorena, vá de taxi e debite no meu pessoal. – O Dr. Tadeu disse muito solicito, e completou dizendo: Daniel, não faça mais isso!

Fui para a Penha feliz da vida, afinal, não tinha me preparado psicologicamente e nem fisicamente – o famigerado salto alto – para sair de ônibus naquela tarde que foi uma das mais chuvosas do ano. O Fórum em si foi tranquilo, queria terminar as coisas rápido para chegar no escritório em tempo de pegar o Lucas lá.

Cheguei e encontrei o Lucas se preparando para sair para a faculdade.

— Amigo, não vou ter paz enquanto você não me contar o que está acontecendo! – Eu disse assim que o vi.

— Lorena, eu vou te abandonar!

— Como assim? Você foi demitido!?

— Vira essa boca pra lá, sua baranga. Eu fiz *lobby* para entrar na equipe da Dra. Neide, aquela socia fodidona de societário. Ainda não contei pra ninguém, preciso criar coragem. Ela quer que eu comece o quanto antes.

— Não sei direito quem é essa sócia.

— É aquela bonitona, que bebe todas nas festinhas do gazebo.

— Nossa, ela é plena! Nunca imaginei que seria sócia daqui. Pensei que o escritório só tivesse sócios homens.

— Pois então, está sabendo e fique com a sua boca fechada, porque ela acha que eu sou "homem".

— Ok, não precisa fazer o louco. Você sabe que não abro a minha boca.

— Eu sei, mas estou nervoso e preciso descontar em você.

— Ainda bem que já me acostumei com essa sua forma delicada de demonstrar amor.

— E pensar que tudo começou com um peidinho?

Nos abraçamos e meus sentimentos se confundiam entre um *mix* de felicidade e um sentimento de tristeza, por perder um grande amigo de baia. Lucas estava muito feliz, então não deixei transparecer.

MINHA MUSA

Nossas tardes na bancada tinham ficado mais tristes sem a presença do Lucas, mas tentávamos nos organizar para almoçarmos juntos toda semana. Lucas estava radiante com a nova chefe, porque ela era bem relacionada e poderia abrir muitas portas para ele. Os casos em que trabalhavam eram demais, ele até indicaria a gente para participar de uma investigação.

— Temos uma investigação de um cliente americano. Vamos precisar arrecadar pessoas no escritório para participar. – Lucas me contou.

— Estou dentro, pode me indicar que arrumo um jeito. Falo hoje mesmo com o Dr. Tadeu. – Eu disse de prontidão.

Vamos ter que trabalhar no fim de semana, o prazo é muito curto, mas acho que o Dr. Tadeu não vai implicar se não for atrapalhar sua rotina na equipe.

— Claro que não! Vai ser uma excelente oportunidade para eu aprender.

Cancelei toda a programação do fim de semana. Finalmente teria a oportunidade de trabalhar com a tão famosa Dra. Neide Cristina.

Estávamos fechados numa das salas de reunião, quando ela surgiu. Supergentil e com voz de seda, vestindo um terno Escada, salto Louboutin e bolsa Chanel a tiracolo; imponente, radiante.

— Muito prazer, queridos! Sou a Dra. Neide. Caso tenham alguma dúvida, falem com o Lucas. Estou na minha sala logo mais à frente. Trouxe um lanchinho para vocês e uma champanhe para brindarmos mais tarde.

Fiquei encantada. Neide Cristina era tudo que eu sonhava para a minha vida, uma luz para os meus olhos. Era linda, inteligente, bem vestida e relacionada, referência na área em que atuava, e à época uma das únicas sócias mulheres de grandes escritórios de advocacia. Naquele momento eu decidi que ela seria a inspiração que eu precisava para seguir com confiança o meu sonho.

Conseguimos fechar a investigação no mesmo fim de semana e a Dra. Neide nos convidou para uma confraternização no apartamento dela. Tudo era muito refinado e o pessoal ficou em êxtase com a quantidade de comes e bebes que tinham à nossa disposição. A Dra. Neide ficou degustando seu champanhe numa poltrona, enquanto todos se acabavam de beber. Tentei puxar assunto, mas entre umas risadas e outras ela mal falava comigo.

— Lorena, deixa de ser puxa saco. A Neide já está muito louca e sequer vai lembrar do seu nome amanhã.

— Lucas, deixa de ser recalcado, essa mulher é tudo o que eu sonhei pra minha vida.

— E você deixa de ser inocente, nem tudo são flores. Um dia te conto.

Já estava de madrugada e a segunda-feira nos aguardava com mais um dia de labuta. Deixamos a Dra. Neide adormecida na poltrona e fomos embora. Eu sabia que depois daquele dia minha vida não seria mais a mesma. Teria a Dra. Neide Cristina como meta de sucesso.

DR. EDENILSON, SEU CAFAJESTE!

O Dr. Tadeu estava em alvoroço, porque aquela tarde o presidente da seguradora Forbes, uma das maiores clientes do escritório, faria uma palestra para os colaboradores. Minha tarefa era terminar o relatório de auditoria dos processos do cliente para que os sócios pudessem estar por dentro dos acontecimentos.

O Edenilson enviou uma minuta de Excel que passei a manhã inteira atualizando. Nos dávamos superbem, mas vira e mexe ele me enlouquecia com sua desorganização. Muitas foram as vezes em que eu faxinei a sala dele, organizando pastas e arquivos que estavam jogados aleatoriamente pelo chão. Até uma barata encontrei dentro do armário! Inadmissível. Mas não conseguia ficar brava com o Edenilson, ele era um amor de pessoa.

— Pronto, Edenilson. Acabei de enviar o relatório atualizado para o Daniel revisar. Precisa de algo mais?

— Por enquanto não, Lorena. Só veja se você encontra a pasta do caso da companhia aérea pra mim, porque preciso terminar um prazo hoje.

— A pasta está em cima da sua mesa, eu mesma coloquei aí anteontem.

— Achei! Quando mexem nas minhas coisas fico perdido. Eu consigo me encontrar no meio da minha desorganização.

— Edenilson, você disse que adorava as minhas arrumações na sua sala.

— Lorena, Lorena. E desde quando alguém se atreve a dizer não para você? Você manda na equipe inteira!

— Sou uma só! Se a gente não se organizar não consigo dar conta.

— Não estou reclamando, no seu lugar trabalhavam três. Pra mim está ótimo assim.

— Dá pra vocês dois pararem com esse tititi? Lorena, você me enviou o relatório errado! Esse aqui é de dois anos atrás. – Daniel falou comigo.

— Como assim? Atualizei o relatório que o Edenilson encaminhou para o meu *e-mail*.

— Você deveria ter conferido! Veja só. – Daniel apontava para a tela do computador. – O atual é este aqui e precisamos dele atualizado para ontem.

— Dr. Edeniiilson, seu cafajeste! Não acredito que fez isso comigo!

Todos na bancada caíram na risada. Nem mesmo Daniel conseguiu se segurar.

— O Edenilson é gênio, você tem que dar um desconto. A gente está aqui para isso. Pode sentar sua bundinha na cadeira porque a palestra é às 15h. Cancela o almoço que trago um sanduiche para você.

Daniel conseguia ser grosso e adorável ao mesmo tempo, tudo dependia do humor dele. Tirando o fato de ser recém-efetivado, ele tinha uma história de vida interessante e, desde o dia em que contou, passei a enxergar ele com carinho. Aquele menino tinha sofrido e não era pouco.

Chegamos em tempo para a palestra e eu era a única estagiária presente. O Sandro recomendou que eu ficasse apenas de ouvinte. O presidente da Forbes, Sr. Oswaldo, era um homem incrível, conforme ele falava ia encantando a plateia. Foram abertas as perguntas e todos queriam mostrar conhecimento, então rolou pergunta técnica, de faturamento, mercado etc. Levantei a mão, e o Sandro esbugalhou os olhos.

— Diga, senhorita, o que gostaria de saber? – Oswaldo me perguntou.

— Senhor Oswaldo, você disse que começou como *office-boy* na empresa e hoje é presidente. Certamente deve haver muitos colegas da época em que começou, que não alcançaram o seu sucesso. Como lidar com essa diferença?

— Excelente pergunta, Dra.! Esse é um questionamento que me faço diariamente. Acordo às 4h da manhã para meditar e me concentro em ouvir as lições do dia, hoje me veio a frase: "Quer conhecer um homem, de poder a ele", e agora eu entendo o porquê. A verdade é que as diferenças de posição existem, mas no fim do dia somos todos iguais, somos seres humanos. Se eu não tivesse tido humildade no caminho, não teria chegado onde cheguei. E, para manter minha posição, tenho que ser mais humilde ainda. A perseverança me trouxe aqui, mas é a humildade que me mantém.

Todos começaram a bater palmas efusivamente. O Dr. Oswaldo encerrou a palestra e veio falar comigo.

— Gostei muito da sua pergunta, você segue algum tipo de religião?

— Na verdade, eu acredito em tudo. Sou "espiritualizada". Aprendi com a minha mãe.

— Então somos irmãos de jornada!

Nisso o Sandro interrompe a conversa.

Dr. Edenilson, seu cafajeste!

— Sr. Oswaldo, essa é a nossa estagiária do setor. Ela quem corre para cima e para baixo com nossos prazos.

— Fico feliz que a empresa esteja sob os cuidados de uma equipe especial, do começo ao fim. Olhe bem para essa garota, você está olhando para sua futura sócia.

Fiquei toda orgulhosa, ainda mais com os parabéns do Sandro, que saiu contando para os quatro ventos as palavras do Sr. Oswaldo, o que acabaram me rendendo um abraço do Dr. Tadeu e do Daniel. Fechei o dia feliz.

Dr. Edenilson, seu cafajeste!

GAROTAS CARIOCAS

A Cecilia, que trabalhou comigo no Campos & Castro, me convidou para passarmos a virada de ano no Rio de Janeiro. Íamos ela, eu, Carla e Helena. O pai da Cecilia era meu camarada e tinha deixado uma garrafa de *Perrier Jouet* de presente pra mim, não poderia recusar aquele convite!

Aquela viagem foi como um descarrego, desde o meu primeiro estágio que não conseguia tirar um dia de folga, mas o Dr. Tadeu deixou que eu emendasse dois dias. Foi uma semana de descanso, baladas, risadas e revelações. Consegui resgatar 100% da minha relação com a Helena, que não cansava de dizer que sentia minha falta.

Montamos nossa barraca no posto 9 e começamos a conversar. As meninas reclamavam do comportamento de Leonardo que, ao que tudo indica, estava cada vez pior.

— Gosto dele, mas ele me suga demais. Não tem vida e não deixa que ninguém tenha. – Helena desabafou.

— Querida, então trate de se vigiar que você está indo para o mesmo caminho. Quando eu trabalhava lá, você parecia uma versão feminina dele. – Eu admiti.

— Eu sei... Já até te pedi perdão. – Helena disse envergonhada.

— Você não precisa me pedir perdão, você precisa se cuidar. É jovem, inteligente, bonita, tem que aproveitar enquanto há tempo. Todo aquele estresse dá rugas. – Eu disse carinhosamente.

— Eu fiz *botox*, vejam só! – Carla comentou sua novidade ao prestar atenção na palavra "rugas" em meio a nossa conversa.

— Eu não estou aguentando mais. Lorena, veja se consegue uma vaga pra mim. – Cecilia disse como se implorasse.

— Ceci, não conheço muita gente da sua área, mas vou perguntar para o Dr. Tadeu se ele pode nos ajudar. – Eu a respondi.

— Lorena, você é muito bocó. O Tadeu é amigo do João Paulo e eu não suporto aquele cara, até porque sai de lá por causa dele. "Diga-me com quem andas que lhe direi quem és." – Carla diz de forma bem sincera.

— Eu tenho uma admiração por ele! O cara é um lorde, superatencioso e gentil.

— Você quer pegar o sócio? – Helena me pergunta alarmada.

— Está louca? Sou "estag" e ele é muito mais velho que eu, fora que é casado com filhos e sou completamente contra destruir uma família. Se fosse para pegar alguém seria o advogado júnior da minha equipe. – Eu lhes disse a verdade.

— Aquele tal de Daniel? Você não disse que ele era insuportável? – Cecilia me perguntou em dúvida.

— Sim, ele é insuportável, mas essa é apenas a máscara que ele usa para esconder o sofrimento que já passou. – Eu lhes contei a minha percepção.

— Lorena e sua vida de Poliana. Nunca vi você odiar ninguém. – Carla brincou.

— Eu odiei o Leonardo! – Eu disse prontamente.

— Odeia nada! Sempre que ele precisa de ajuda você resolve. – Helena disse.

— Eu cobro consultoria. – Eu as lembrei.

— Duvido que você não goste dele. – Helena rebateu.

— É uma relação sadomasoquista, de amor e ódio. – Cecilia complementou.

— É assédio moral, isso sim, mas a Lorena ainda é nova pra entender. Aliás, esse é o motivo de eu estar saindo do escritório, vou para o Quiromattos. – Carla nos contou.

— Carla! Você disse que não contaria pra ninguém até assinar com eles. – Cecilia falou surpresa.

— Já está praticamente fechado. E, Lorena, aproveitando que você vai levar o currículo da Cecilia pro Máximo, mude você também de equipe. Onde você está você nunca vai começar a escrever. Sua equipe está saturada, começa a mexer seus pauzinhos. Vou falar com o Marcelo, que era meu chefe de setor. Ele manda naquela área e não sei como não te descobriu até agora. Você tem o perfil que ele adora: é abusada e excelente no que faz. – Carla me aconselhou.

— Pode falar, mas não prometo nada. Primeiro vou me empenhar no currículo da Ceci. – Eu disse.

Ficamos torradas de sol e não aguentamos sair à noite, bem paulistanas. No dia seguinte passaríamos a virada na casa de umas amigas da Cecilia. As meninas eram umas irmãs socialites e a festa prometia ser uma das melhores do Rio de Janeiro.

Estávamos deslumbrantes com nosso tom vermelho torrado destacado pelo branco do *look*. De fato, chamávamos a atenção na festa.

Naquela noite, eu e a Cecilia conhecemos dois irmãos que jogavam polo e eram lindos. Enquanto a pista bombava ao som de *Sexy Back* de Justin Timberlake, beijamos nossos príncipes.

Voltei da praia apaixonada e ficava revendo as fotos do meu paquera no computador.

— Lorena, amor de verão não sobe a serra. – Daniel disse.

— Que foi, Daniel, está com ciúmes da Lorena? – Edenilson zoou o Daniel.

— Eu sabia que essa pegação no pé era amor. – Carlos entrou na zoeira.

— Deixa de bobeira. A Lorena é estagiária. – Daniel se defendeu.

— Daniel, temos praticamente a mesma idade. Pode admitir que você está de recalque. – Eu entrei na brincadeira.

— Lorena, eu sou seu chefe. – Daniel disse finalizando o assunto.

— Olha ele, o chefe! Dr. Tadeu que se cuide. – Carlos disse, mas ninguém rendeu mais conversa.

AS MIL E UMA NOITES

A Julia tinha acabado de ser demitida e os chefes dela pediram a minha ajuda, para não pesar para o Igor. A verdade é que a Julia realmente não teve seu trabalho valorizado, pois, apesar de sua contratação "para inglês ver", era uma mulher num ambiente machista e negra num mercado racista. Aceitei ajudar porque – além de não ter outra opção – queria mostrar serviço e tinha adotado o Igor como meu chaveirinho. Ademais, já tinha decidido que passaria o resto da minha vida naquele escritório, então, quanto mais pessoas conhecessem o meu trabalho, melhor.

Nesse meio tempo também entrou um sócio novo na minha equipe, ou seja, agora eu tinha sete chefes diretos e mais os dois chefes da Julia para conciliar. Certeza de que nesse período criei umas dez personalidades para dar conta do recado. Não tenho noção de como eu conseguia.

Camilinha e Henrique também mudariam de equipe, iriam para o mesmo setor de Lucas e aquela perda estava acabando comigo, a companhia da turminha deixava a jornada mais leve. Talvez eu devesse começar a cogitar algo novo, como a equipe do Marcelo, ex-chefe da Carla, mas precisava amadurecer a ideia. Ele já tinha me mandando dois *e-mails* convidando para um café, mas aproveitei para enviar o currículo da Cecilia e disse que eu estava muito atarefada.

Lucas estava distante, reclamava de tudo e não ia mais para as *happy hours* porque não podia beber, em virtude dos remédios que estava tomando. Fiquei surpresa quando ele apareceu na minha mesa para me pedir um favorzinho.

— Lorena, aquela louca trouxe dois estagiários para um intercâmbio no Brasil e eles estão na minha casa.

— A Dra. Neide?

— Sim! Ela está me enlouquecendo. Já terminei meu namoro e comecei a tomar ansiolíticos, e mesmo assim nada está bom. Ela controla a minha vida.

— Lucas, deixa de ser ingrato, a mulher é uma ídola.

— Você vai me ajudar ou vai ficar defendendo-a?

— Diga, o que você precisa?

— São um indiano e uma alemã. Preciso que você saia com eles hoje. Aproveita que você é sociável e leva os gringos para alguma balada. Não se atreva a voltar antes das 3h da manhã, porque meu ex vai em casa pra gente conversar. Comprei umas coisas e tenho certeza de que vou reconquistar ele.

— Lucas do céu, como você joga esses gringos na minha mão de uma hora pra outra?

— Eu sei que você se vira, faz isso por mim, por favor?

Liguei para a minha mãe para avisar que chegaria tarde. Avisei o Dr. Tadeu da minha missão e ele me liberou para chegar no dia seguinte depois das 10h. Faltei na faculdade para levar os gringos para uma *happy hour*, mas precisava arrumar algo que nos prendesse ao menos até às 3h. Sherazade e Elke eram supersimpáticos e não demorou muito para que nos tornássemos melhores amigos.

Sherazade se empolgou na *happy hour* e começou a pedir garrafas de champanhe. Ele estava acostumado a esbanjar como um *shake* árabe e eu e a Elke fomos no embalo. Quase meia-noite liguei para o gerente da Dance para perguntar o que rolaria naquela noite, que me disse:

— Pode vir que hoje a festa é das boas, vou separar uma mesa pra você.

Chegamos na balada e Sherazade pediu garrafa de vodca com energético, para dar um *up* no nosso ânimo. Ficamos muito loucos. Elke se engraçou com uma menina na pista enquanto Sherazade já beijava a terceira boca da noite. Vi um rosto conhecido no bar, aparentava ser o João Paulo, sócio do Máximo que a Carla tinha pavor. Como não tinha certeza fiquei na minha, mas resolvi parar de beber, para não correr o risco de dar bafão. Graças a Deus, porque os gringos ficaram muito loucos e não tinha o que os tirasse eles da pista. Eram quase 5h da manhã e nada deles acalmarem. Aquele horário não rolava ligar para o Lucas, que não tinha dado um sinal de vida durante a noite. De duas uma: ou se acertou com o namorado ou dormiu anestesiado de tristeza, mas não seria eu quem o acordaria.

Mandei uma mensagem para minha mãe avisando que levaria os dois gringos para dormir em casa. Chegando em casa, o quarto de visitas estava pronto, minha mãe foi um anjo. Sherazade dormiria lá e Elke dormiria comigo. Acho que fomos dormir quase 8h. Às 9h, quando o despertador tocou, eu nem ouvi. Meio-dia minha mãe me chama:

— Lola, deixei um *brunch* pronto pra vocês, que horas vão para o escritório?

— Mãe, ainda não são 9h!

— Menina, são 12h. Pensei que vocês fossem só entrar a tarde hoje, por isso não te chamei.

— Meu deus, não ouvi o despertador. Vou acordar os gringos.

Peguei meu telefone e tinham umas 50 chamadas não atendidas. Era chamada do Lucas, do Dr. Tadeu, da Dra. Neide. Socorro! Liguei para o Dr. Tadeu para explicar o que tinha acontecido, mas ele estava relativamente tranquilo, porque o João Paulo já tinha dito que tinha me visto na Dance, mas eu precisaria correr para o escritório, porque a Neide estava enlouquecendo a todos. Mandei mensagem para o Lucas e fomos nos arrumar.

Chegamos no escritório ainda sob o efeito da noitada. Os gringos estavam tão felizes que a Dra. Neide ficou mais calma. Já Lucas, estava possesso, o ex não quis saber dele e ele misturou bebidas com remédio; apagou e não teve condições de me ligar e agora a Dra. Neide estava o torturando pela irresponsabilidade.

— Me perdoa, amigo, não vi o despertador tocar. Fomos dormir às 8h.

— Não estou bravo com você. Para ser bem sincero, não estava mais aguentando esses malucos em casa e precisava de um descanso, mas a Neide me tira do sério. Está aos berros comigo desde cedo. É muito fácil fazer a social com os gringos, jogando-os na minha casa, né? O máximo que ela fez foi organizar uma recepção no apê dela. Estou puto.

— Calma, amigo. Ela deve ser geniosa pela pressão que o cargo demanda. Você está tendo a sorte da sua vida em trabalhar com ela.

— Lorena, eu já estou me arrependendo do dia em que resolvi mudar de equipe.

— Relaxa, isso vai passar.

Pelo menos a social com os gringos acabou por fazer meu filme com a Dra. Neide, que agora pelo menos sabia o meu nome, e também o meu telefone.

As mil e uma noites

ONDE ESTOU?

Estava supercansada de estagiar para tanto chefe, pois eu não tinha um minuto de sossego. Sandro já tinha suspendido as entrevistas com eventuais candidatos, porque ninguém parava na equipe e eu aguentava o tranco. Marquei um café com o Dr. Marcelo, que estava ansioso para falar comigo sobre a contratação da Cecilia.

— Lorena, gostei da sua amiga, ela foi bem na prova e aparenta ser muito confiável. Se veste muito bem e é extremamente educada. Se puder, começa amanhã mesmo. Gostaria de ligar para ela para darmos a notícia?

— Claro, Dr. Marcelo! Que excelente notícia. Ela vai morrer de alegria.

— Alô, Cecilia, está sentada? Tenho uma bomba pra te contar, você está contratada!

— Lola, não acredito! Muito obrigada! Estou tão feliz! Já sabe quando eu começo?

— Amiga, já pode empacotar suas coisas, se puder, já começa amanhã!

— Nossa, mas você tem certeza?

— Estou com o Marcelo na minha frente. Peraí que vou passar a ligação pra ele.

— Cecilia, isso mesmo! Esperamos você. Logo mais o Samuel do RH deve te ligar e, por favor, se tiver alguma dúvida não hesite em me contatar.

O clima no café estava ótimo e o Dr. Marcelo parecia um ser humano incrível.

— Lorena, agora só falta você vir para a minha equipe.

— Puxa, Dr. Marcelo, me sinto lisonjeada, mas não posso fazer isso com os meus meninos.

— Lorena, falei com o João Paulo, a equipe está saturada, você não vai ter espaço para crescer. Quer passar o resto da sua vida fazendo Fórum?

— Na verdade, eu gosto das diligências, aproveito para dar uma espairecida e socializar, mas realmente está muito pesado. Ultimamente, a única petição que faço é de juntada e olhe lá.

— Então, prometo que comigo você vai ter tempo de sobra para escrever e, ainda por cima, te garanto a efetivação. Logo você vai para o quinto ano, precisa pensar nisso pra ontem.

— Prometo pensar na sua proposta.

— Para te ajudar, vou ajustar o seu salário! Se isso não for *a proposta* então preciso repensar minha posição de socio.

— Ok! Vou pensar com carinho. Agora preciso ir para o Fórum de Mauá, marquei com o taxista e já está no horário. Você parece ser um chefe excelente.

— Nunca mais diga isso! Chefe é coisa de índio. Sou amigo.

Entrei no táxi e fui para Mauá. O dia estava chuvoso e aproveitei para tirar um cochilo, estava dormindo menos de 4h por noite.

— Lorena, chegamos ao Fórum. – O taxista me dava leves batidas no ombro enquanto tentava me acordar.

— Já? Apaguei! Nem senti o tempo passar. Vou correndo fazer a diligência e já volto. Hoje não posso atrasar porque tenho prova na faculdade.

Fui direto para o cartório onde tramitava um dos meus processos e pedi pelos autos.

— Dra., esse número está errado.

— Desculpe. – Repeti o número.

— Dra., esse processo não existe.

— Minha nossa, mas eu já o consultei aqui.

— Deixa eu dar uma olhada. Menina, este processo é de Mauá e você está em Mogi.

— Como assim? – Fiquei desesperada! Como aquilo tinha acontecido? Acabei trocando as bolas e falei o Fórum errado para o taxista. Estava esgotada mesmo, isso não era normal. Liguei para o Sandro que me deu uma bronca. Acabei tendo a ideia de pedir para o Daniel passar os números dos processos que tramitavam em Mogi, assim eu não perderia a corrida; teria mesmo que ir para lá aquela semana.

Consegui fazer os andamentos e acabei tendo a sorte de tirar fotos de uma sentença que tinha acabado de sair do forno. Menos mal. Entrei no táxi para ir para a faculdade, não poderia atrasar pra prova, aquela já era a repescagem. Minha irmã me ligou para avisar da festinha do meu sobrinho. Chorei do início ao fim do caminho. Meu deus, o que está acontecendo comigo? Fazia três meses que não via a minha família e ainda por cima tinha me esquecido do aniversário do Victor. Eu precisava de um tempo.

VOSSA FLATULÊNCIA

Chego do almoço e o Dr. Tadeu me chama na sala dele:

— Surgiu um caso em Itapeva, preciso que você vá pra lá. Se programa para sair agora, porque essa cidade fica muito longe.

— Dr. Tadeu, conheço essa cidade, fica no Sul de Minas, pertinho da cidade em que meus pais nasceram.

— Não tenho certeza, pensei que fosse em São Paulo. Confirme com o Sandro, por gentileza.

Daniel atravessa a conversa:

— É Itapeva de São Paulo, são umas 4h até chegar lá.

— Minha nossa, então preciso sair agora, são quase 14h e o Fórum fecha às 19h. – Eu disse.

— Acho que lá é às 18h, vou ligar para confirmar, mas é melhor você correr. – Daniel me alertou.

Desci para a garagem do escritório e entrei no primeiro táxi que vi na frente:

— Seu Niltinho, pé na tabua! Tenho uma diligência urgente em Itapeva. Itapeva aqui em São Paulo, aquela cidade longe. – Eu disse especificando, afinal, nunca mais poderia correr o risco de errar o Fórum novamente.

— Lorena, você e suas correrias. Tenho ideia de onde fica essa cidade, mas no caminho eu ligo pro Josué para confirmar.

— Ok, o importante é chegarmos lá em tempo!

Estava um trânsito terrível na estrada e não tínhamos tempo nem de fazer uma paradinha "para tirar água do joelho". Passei o caminho estudando o material da faculdade, porque certamente não voltaria em tempo para a aula. Niltinho foi ouvindo um sertanejo baixinho. Escureceu muito rápido e, apesar de termos entrado na cidade, não conseguíamos encontrar o Fórum. Cada cidadão que parávamos para perguntar, apontava numa direção diferente. Bateu o desespero. Conseguimos chegar na praça onde o Fórum estava localizado. Corri para a porta e o servidor informou que o Fórum tinha acabado de fechar naquele minuto.

— Pelo amor de Deus, preciso entrar! Tenho uma petição aqui para despachar, veja. Pegamos o trânsito da vida, vim direto de São Paulo. Vou ser demitida.

— O "Doutorzinho" ainda está aí. Entra lá, veja se ele te recebe, mas não diga que pegou a porta fechada. – E apontou para a sala do juiz.

Bati na porta e demorou para que o juiz respondesse. Eu estava vestindo uma calça social preta, e me dei conta de que tinha esquecido o botão aberto, de tanta que era minha vontade de fazer xixi. Precisava me ajeitar antes de o juiz me receber. Ouço uma descarga e o juiz pede para eu entrar. Era um juiz novinho, devia ter a idade do Daniel, e parecia o ator de *Superman*.

— Excelência, me perdoe, preciso despachar essa petição, mas antes gostaria de saber se posso usar o banheiro. Foram 5h de estrada, sem nenhuma parada, para chegar aqui em tempo.

— Claro, logo ali. Mas cuidado que acabei de interditá-lo. – Ele disse rindo de forma efusiva. – Enquanto isso, pode deixar a sua petição comigo. Vou analisando para adiantar as coisas. Você teve sorte de me encontrar aqui, já estava indo embora. Ou talvez hoje seja o meu dia de sorte... – Ele disse dando uma mordida no lábio, o que deve ter achado sensual, mas só me fez virar as costas e decidir encarar o trono da Excelência.

Saí do banheiro poluído e ele estava com um sorriso. A essas horas já nem ligava mais para o cheiro, queria sair daquele ambiente o quanto antes.

— Já deferi, Doutora, mas vamos ter um trabalho. Esse processo que vocês mencionam aqui está na sala de arquivo e precisaremos encontrá-lo.

— Sem problemas, onde fica a sala?

— Basta me acompanhar. Já liguei para o porteiro e pedi para ele nos ajudar com as cópias.

Fui seguindo o cheiro de flátulo até a sala de arquivo, o que será que a Vossa Excelência tinha comido aquele dia?! Eca! Passamos uns quarenta minutos para localizar os autos e mais uma meia hora para tirar as cópias. O juiz ficava me olhando de forma indiscreta enquanto eu me virava com o senhor Jair, o porteiro, para encontrar o processo.

— Tudo certo. Muito obrigada, excelência, você e o senhor Jair, salvaram minha vida.

— Não seja por isso, o que acha de tomarmos uma cervejinha, já está muito tarde para voltar para São Paulo. Te indico um hotel na cidade.

— Fico muito agradecida, mas realmente preciso ir embora, o taxista do escritório já está me aguardando lá na porta.

— Então o que acha de deixar o seu telefone?

— Excelência, seria uma honra se eu não fosse comprometida. Preciso ir. Até mais.

Era só o que me faltava.

"MISERICUERDIA"

Nos últimos meses Lucas estava com o humor à flor da pele, mal conseguíamos conversar. Eu não conseguia entender toda aquela agressividade, afinal, ele estava trabalhando com a mulher mais influente do nosso escritório e, talvez, uma das mais influentes do meio jurídico. Tinha conhecido a Dra. Neide Cristina e ela aparentava ser um doce, a gentileza em forma de pessoa. Que ingrato! Se fosse eu no lugar dele, isso jamais aconteceria. Eu não tenho medo de trabalho.

— Lucas, você não valoriza seu trabalho. Fez de tudo para mudar de equipe e agora fica reclamando de boca cheia.

— Lorena, vou dar na sua cara. Você não sabe de nada, estou beirando um surto psicótico.

— Credo, você deve estar assim porque terminou seu namoro.

— Já disse pra você que não quero falar sobre isso. A Neide está indo para Nova York amanhã e vou ficar hospedado na casa dela para cuidar dos quatro gatos.

— Ué, mas ela não tem uma funcionária *full time*?

— Nem a funcionária aguentou, pediu demissão.

— Eu adoraria ficar na casa da Dra. Neide cuidando dos gatos dela.

— Pois então vá lá lamber ela. Já estou enviando meu currículo para outros escritórios.

— Eu, hein? Deixa de ser grosso.

Depois de uma semana, Lucas passou na nossa bancada com a cara fechada. Veja, ganhei uma lembrancinha. Passei uma semana de caseiro e aquela bruxa só me trouxe uma barra de chocolate. Tão rica e tão pão dura! Quanto ela teria gastado para contratar uma babá para os gatos dela? No mínimo eu merecia um sapatinho Ferragamo. Toma, pega esse chocolate pra você, estou de dieta.

— Veja pelo lado positivo, Lucas, pelo menos você ficou hospedado na casa dela.

— Fiquei de enfeite, isso sim. Não estaria vivo se tivesse encostado em algo. Nem uma champanhezinha eu bebi.

A gente dava risada e até deu para sentir uma leve pena do Lucas. No entanto, nada tirava da minha cabeça que ele não estava dando valor para aquela oportunidade incrível. Entrei na reunião de equipe e perguntei para o Dr. Tadeu o que ele achava da Neide Cristina.

— Lorena, não tenho opinião formada. Ela é geniosa, mas trabalhamos em áreas completamente diferentes.

— O João Paulo já disse que ela é uma chacota. – Sandro entrou na conversa.

— Eu hein, que machismo! Ela é uma das poucas mulheres nesse escritório. Vocês estão sendo rudes.

— Lorena, você tem sorte de estar na nossa equipe. Contente-se com isso. Agora vamos falar dos nossos processos. – Dr. Tadeu disse.

Terminada a reunião, Lucas me esperava todo ansioso na bancada dos estagiários.

— Lorena, você não vai acreditar, a bruaca emprestou a casa dela em Monte Verde para passarmos o fim de semana. Eu e todos os estagiários que quisesse levar. Já falei com o Henrique, vamos no carro dele que é melhor. Seremos eu, você, Henrique, Camilinha e Igor.

— Menino, essa mulher é um anjo.

— Lorena, ela deve ter percebido que fiquei puto. Para de falar e já pensa nas roupas que vai colocar na mala. Não quero atrasar um minuto. Nos encontramos todos aqui no escritório às 20h e saímos.

Chegamos em Monte Verde e fomos direto nos arrumar para uma festa que teria em uma boate próxima do centro. A casa era uma delícia, e tinha bebida pra todo lado.

— Pessoal, a única regra é não tocarmos em nada. Vamos cos contentar com nossa Smirnoff.

— Roubei um Blue Label do meu pai. – Henrique comentou.

— Eu não bebo uísque, vou de vodca mesmo. – Camilinha falou.

— Eu também. – Concordei com ela.

— Então os meninos tomam uísque e as meninas vodca. Vamos misturar com energético. – Lucas definiu.

Ficamos muito loucos já no esquenta. Os meninos secaram a garrafa de uísque e nos ajudaram a matar a garrafa de vodca. Chegamos na balada, que não estava tão cheia e pegamos um camarote. A gente estava se achando, pois quanto mais a bebida entrava, mais ricos ficávamos.

— Vamos pedir uma garrafa de tequila. – Lucas disse animado.

— É muito forte! – Camilinha falou.

— Deixa de ser fraca, vai ser tequila e vamos virar juntos. – Lucas bateu o martelo.

"Misericuerdia"

A garrafa chegou e nos preparamos para o *shot*. O garçom estava em postos com o celular para tirar a foto desse momento histórico. Do jeito que a bebida entrou, o vomito saiu. Foi horrível, interditamos o camarote. A foto desse dia é censurada.

— Vamos embora, vocês são uns moles, só me fazem passar vergonha. – Lucas disse.

— Olha quem fala, você foi o primeiro a vomitar. – Eu o lembrei.

— Eu que fui torturado pela bruxa, eu que consegui a casa, vocês que lutem! – Lucas nos lembrou com a elegância de um elefante.

— Cadê o Henrique? – Eu disse olhando para os lados.

— Foi ao banheiro se lavar, mas já faz tempo, estou preocupada. – Camilinha me respondeu.

— Pessoal, o Henrique deixou a chave do carro cair na privada e deu descarga. Não temos com ir embora. – Igor nos contou.

— Isso só pode ser piada. – Lucas disse bem incrédulo.

— Vamos de taxi, não temos condições de cuidar disso agora. – Eu falei para todos.

Não tinha um taxi na cidade e conseguimos carona com um casal. Henrique, Igor e Camilinha, que estavam piores, foram no banco de trás, e eu e o Lucas fomos no porta malas. Chegamos na casa da Dr. Neide e abrimos umas garrafas de *Taittinger* para fecharmos a noite, parecia ser a champanhe mais baratinha da adega. Esse dia foi louco.

A RAINHA DOS MOTOBOYS

Recebo mais um *e-mail* do Marcelo perguntando quando eu estaria disposta a ir para a equipe dele. Admirava essa autoconfiança e há algum tempo estava tentada, não aguentava mais fazer Fórum. Era ano de copa e a Cecilia tinha preparado uma festinha na casa dela onde estariam todas as advogadas do setor. Eu não fazia muita questão, porque essas mesmas meninas tinham falado que não almoçavam com estagiários e, por isso, tinha acabado me afastando um pouco da Cecília.

— Lola, a casa é minha, quem está fazendo a festa sou eu e faço questão da sua presença. Vamos de carona comigo. O escritório vai liberar todo mundo na hora do almoço.

— Pode ser, mas preciso terminar umas coisas aqui. Te aviso.

Fui pedir permissão para sair mais cedo para o Renato, único sócio da minha equipe que estava no escritório.

— Ué, Lorena. Não estou sabendo de nada, inclusive, estou terminando um prazo aqui para você protocolar no TJSP.

— Renato, os Fóruns vão fechar mais cedo. Soltei um *e-mail* ontem avisando a equipe.

— Não brinca com isso, eu não vi esse *e-mail*.

— Sim, Renato. Tenho que sair com esse prazo agora. São 11h e a cidade já está parada em virtude do jogo do Brasil.

— PQP! Vou correr aqui, já separa um taxista lá embaixo.

Mais uma daquelas missões que eu não sentia nenhuma saudade. Tinha ficado traumatizada com o prazo fatal do Claudio quando comecei no Campos & Castro e não queria mais passar por aquilo. Enquanto esperava o Renato terminar a petição fiquei terrivelmente ansiosa. Olhava pela janela e a cidade estava travada.

— Pronto Lorena, você tem quase meia hora pra chegar lá. Dá tempo de sobra.

Nem argumentei. Peguei a petição e sai correndo pelas escadarias do prédio. Não tinha tempo nem de esperar o elevador. Entrei no táxi e expliquei a minha urgência.

— Pé na tábua.

O taxista ia tranquilo, enquanto escutava as preliminares do jogo na rádio e conversava ao telefone. Ficamos dez minutos no mesmo farol, quando abriu novamente ele parou no amarelo.

— O senhor só pode estar de brincadeira, eu avisei da urgência.

— Menina, não posso fazer nada, hoje tem jogo. Melhor você ir pra casa.

Desci do taxi e fui atrás de um motoboy. Estava com uma camisa *pink* que chamava muita atenção. Parei uns quatro motoboys e nada. Até que me enfiei na frente de um e disse:

— Toma aqui, 50 conto pra você me levar no TJSP e, se chegarmos antes das 12h, te dou mais 50.

— Moça, eu não tenho capacete extra, mas preciso do dinheiro. Você se incomoda?

— Claro que não, o importante é que eu chegue lá.

— Então sobe aí. Vou parar ali na faixa e pedir para os parceiros acompanharem a gente na avenida e cobrirem minha placa. Não posso levar multa. – Ele foi logo dizendo para um homem: – Parceiro, preciso de ajuda.

— Ô compadre, está com a rainha dos motoboys aí? Onde vai deixar esse bibelô?

— Estou indo para a Praça da Sé.

Quando me dei conta, estava cercada por uma tropa de motoboys. Fechei os olhos e fui rezando o Pai Nosso durante todo o trajeto. Ouvi todo tipo de cantada, mas jurei que nunca mais reclamaria de um motoca na minha vida. A partir daquele dia passei a dar mais valor para os profissionais que entregavam meus lanches. Cheguei no Fórum em oito minutos, tinha dois minutos para fazer meu protocolo.

Subi as escadas do TJSP num pé só e consegui fazer o protocolo às 11h59min55s, amém! Que sufoco. Atendi a ligação do Renato, que estava desesperado do outro lado da linha.

— Renato, tudo certo. Peguei carona com um motoboy!

— Você não existe, Lorena! Agora pode ir curtir o seu jogo, está liberada!

Não tinha por onde escapar do trânsito e cheguei na casa da Cecilia para o segundo tempo. As meninas já estavam bem altinhas, e super à vontade para conversarem com a estagiária dos olhos do Dr. Tadeu. Fiquei envaidecida e aproveitei aquela tarde como ninguém.

No outro dia cheguei no escritório e os meus chefes foram todos me parabenizar pela façanha. Minha ideia do motoboy tinha sido genial. Que bom! Porque eu teria mais prazos pra hoje.

Estava feliz, mas sabia que na minha equipe eu não iria crescer tão cedo. Acreditava que teria um sossego após a aventura do motoboy, mas a cada dia tinha mais e mais responsabilidades de Fórum. Estava cansada, queria começar a escrever. Respondi ao *e-mail* para o Marcelo:

— Aceito sua proposta, quando eu começo?

CONTO DO VIGÁRIO

Após mais de um ano na equipe do Dr. Tadeu, acabei aceitando a proposta do Marcelo. Faltava acertarmos uns últimos detalhes e eu fiquei responsável por ajudar a escolher meus substitutos. Sandro tinha optado por dois estagiários, mas, considerando a entrada recente de mais um sócio, Dr. Tadeu achou melhor contratar três.

— Vocês só podem estar brincando comigo. Passei o ano pedindo estagiário e agora vocês resolvem contratar três?

— Sandro: Veja bem Lorena, você é você. Pense pelo lado positivo, pelo menos teve a oportunidade de aprender por três.

— Gosto de vocês, mas não vejo graça nisso.

— Foi você quem resolveu nos abandonar, por nós, já estava efetivada aqui.

— Que bom que você só me diz isso agora. Não tenho como voltar atrás.

— Eu sei, eu sei. Uma vez que você toma uma decisão, ninguém pode tirar isso da sua cabeça.

— Vamos fazer a minha despedida na festa do gazebo dessa semana.

— Pode contar com a equipe inteira lá!

Cecilia me ajudou na mudança, os outros estagiários estavam muito atarefados para me dar atenção. A equipe do Marcelo ficava em outro andar e acabamos fazendo umas duas viagens de elevador. Mesmo mudando de equipe, ficaria responsável por alguns casos do Dr. Tadeu, então, a papelada referente àqueles casos estava partindo comigo.

De mudança feita, aguardei o Marcelo me chamar para informar a equipe que eu entraria. Ele chefiava o setor e não tinha uma equipe direta dele.

— Lorena, confesso que ainda não tinha pensado em qual equipe te encaixar, mas, considerando o retorno da Marinela do mestrado, pensei em criar uma equipe só para ela. Então podemos fazer isso, você será a estagiária da Marinela.

— Mas Dr. Marcelo, a Cecilia me disse que ela é de poucos amigos, será que não vai ficar chateada se você me impor como estagiária?

— Eu mando nisso aqui, e ela sabe disso. Não tem que ficar chateada porra nenhuma.

— Ok.

Fiquei um pouco constrangida com tudo aquilo, mas não cogitava voltar atrás. Já tinha tomado minha decisão. Pelo menos estava no mesmo andar que o Dr. Giusepe e outros advogados da velha guarda, adorava bater papo com eles.

Fui apresentada para Marinela que fez questão de mostrar seu desagrado.

— Você fala alemão?

— Não.

— Então não sei como vai poder ser útil pra mim. Já tenho o Celso para escrever as petições. Não se mexe em time que está ganhando, mas você pode fazer Fórum.

Não acreditava que tinha trocado seis por meia dúzia, agora, com o fator insuportabilidade para dar um *upgrade* na derrota. Minha estadia naquele setor estava sendo horrível e a Marinela mal me passava casos para cuidar. Me dediquei aos casos do Dr. Tadeu e comecei a procurar trabalho com outros sócios da área. Peguei trabalho de todos os tipos de tudo quanto é sócio que se pode imaginar.

— Marcelo, estou tendo dificuldades com a Marinela. Acho que ela não ficou muito feliz com a minha entrada na equipe.

— Ela é chata mesmo, com o tempo você a ganha.

— Marcelo, estou há mais de um mês aqui e só consegui trabalhar direito num caso dela, porque o Celso não tinha tempo de cuidar.

— Eu tenho um jeito de facilitar sua trajetória aqui dentro, vamos sair pra jantar.

— Obrigada, Marcelo, mas tenho faculdade.

— Faculdade não faz o advogado, são os contatos que fazem. Precisamos ficar mais próximos para eu poder te ajudar com mais afinco, se é que você me entende...

Graças a Deus a secretária do Marcelo entrou na sala e aproveitei para sair correndo dali. Me dei conta de que cai no conto do vigário. O que eu faria da minha vida?

Conto do Vigário

O CASO DE 1 MILHÃO DE DÓLARES

Incentivado pela minha popularidade com o Dr. Tadeu, o sócio João Paulo me colocou num dos casos de destaque da área. Era uma arbitragem milionária do setor de vestuário que tinha ido parar no judiciário. O caso era relativamente simples de participar como estagiária, mas não como conhecida de uma das partes.

Uma das minhas melhores amigas, Vitória, namorava o filho do presidente da parte autora do processo. Desde que eu tinha entrado no Máximo, toda vez que nos encontrávamos, o Guilherme ficava perguntando se eu tinha notícias da arbitragem. Eu fazia questão de dizer que não sabia do que se tratava, mas agora, além de fazer parte do caso, tinha encontrado com o pai dele em uma das reuniões.

Vitória me convidou para um jantar na casa do Guilherme. Ele tinha organizado uma festinha para os íntimos e fazia questão da minha presença, queria me apresentar a um amigo. Topei na hora, mesmo porque, esse tipo de programação já fazia parte da nossa rotina. Fui me arrumar na casa da Vitória e ela me deu um vestido lindo de presente: amiga, achei a sua cara, vai ficar perfeito para o *date* de hoje. Você precisa mudar um pouco esse seu visual de advogada coxinha, está muito nova pra isso.

— Vitória, esse vestido é superpiriguete.

— Lorena, esse vestido é maravilhoso e você tem 22 anos. Aproveita enquanto tem idade para usar! Nem pensar que vai com essa camisa de laço.

— Ok amiga, muito obrigada pelo presente. Mas o sapato vai ser scarpin, não coloco essa sandália meia pata por nada.

— Vou deixar essa sandália guardada para a nossa próxima aventura. Veja! Já até arrumei um cantinho no meu armário pra você. Essa roupa de freira vai ficar aqui.

— Vamos logo que não gosto de chegar atrasada.

— Amiga, esse é o charme.

— Tenho pavor de atrasos e você sabe disso. Vamos!

Chegamos na casa do Guilherme e fomos recebidas por ninguém menos que o pai dele. Foda, não sabia onde enfiar a minha cara. Ele disse que o Guilherme tinha saído para comprar champanhe e que ele estava ali para fazer sala para nós. Nenhum dos convidados tinha chegado, porque provavelmente eles estavam cumprindo o tempo do charme. Começamos a tomar uns *drinks* e o pai do Guilherme foi supersimpático. Falou sobre a ex-mulher, a disputa pelo pastor alemão que eles tinham, a alegria de ter o Guilherme morando com ele, entre outras coisas. Vitória estava entediada e foi ligar para o pessoal.

— Amiga, fique aqui. Tem que fazer a social com seu sogro.

— Lorena, fica conversando com o velho, vou ligar para o Guilherme. Quero ver ele me explicar essa demora!

Não deu dois minutos que a Vitória se afastou e o pai do Guilherme começou a perguntar do processo dele.

— Pois é, mocinha. Meu filho já tinha me dito que a amiguinha dele trabalhava no Máximo.

— Sim senhor, sou muito feliz lá.

— Eu nunca tinha reparado em você, mas aquele dia na reunião me lembrei do seu rostinho.

— Ah, que legal.

— O que os seus pais fazem da vida?

— Minha mãe tem um *buffet* e meu pai se dedicada à política.

— Perfeito, então você está acostumada com o jeitinho brasileiro.

— Não entendi, senhor.

–Você sonha em ser independente?

— Sim, senhor, trabalho pra isso.

— Você pode encurtar seu caminho.

— Não faço questão, senhor. Tudo o que consegui na minha carreira até hoje foi com muito esforço e sou feliz assim.

— Você não faria nada de errado, só precisaria nos avisar com antecedência o que o seu cliente pretende fazer e, talvez, enviar umas cópias.

— Senhor, talvez eu não tenha sido clara. Eu não pretendo sacanear o meu cliente e muito menos o meu escritório. Eu vou ser sócia lá.

— Hahahaha, é até engraçadinho a arrogância desses jovens de hoje em dia.

— Com licença, senhor. Acho que a Vitória está me chamando.

Peguei a Vitória pelo braço e pedi que fôssemos embora dali. Ela estava brava porque o Guilherme não chegava e nem atendia o celular, mas não entendeu por que eu tinha resolvido ir embora de supetão.

— Vitória, é sério! Não estou me sentindo bem.

— Está bem, Lorena, mas não vamos pra casa. Quero sair pra dançar. O Guilherme me paga!

— Topo ir para qualquer lugar que não seja aqui.

A caminho da balada, Vitória gritava com Guilherme no telefone enquanto o som do carro estava no último volume.

— Lorena, bebe isso. Trouxe esse *drink* pra gente. Hoje a noite é uma criança.

Não comentei nada com a Vitória, e com ninguém. Aquela situação tinha sido muito surreal. No entanto, nunca me dediquei tanto a lutar por um cliente como naquele caso. Queria que aquele descarado pagasse pela audácia! Pouco tempo depois o namoro da Vitória terminou, ela descobriu que o Guilherme namorava com ela e uma menina da França ao mesmo tempo. Fiquei aliviada.

UMA HISTÓRIA DE TERROR

O clima no setor estava superpesado. Tentava amenizar me dedicando aos meus casos e fazendo a meditação que tinha aprendido com o Dr. Marcos, para isso, eu usava um pingente que tinha ganhado de uma Dalai Lama que visitou o Campos & Castro. Aliás, aquele dia tinha sido especial: enquanto o Dalai entrava no nosso andar, as luzes do escritório começaram a piscar, a energia dele devia ser tão forte que afetou o campo energético. Ele abraçava um por um dos funcionários e entregava um pingente especial. O meu tinha sido um pingente de cristal com a correntinha vermelha. Apesar de não usar no pescoço, andava com aquele amuleto para cima e para baixo. Enquanto divagava sobre as bênçãos desse dia, recebi um *e-mail* do Marcelo.

— Lorena, venha a minha sala.

Fui a sala do Marcelo, coisa que já me dava arrepios.

— Minha secretária fez uma reserva para mim e minha esposa hoje no Parigi, mas ela não poderá ir. Faço questão da sua presença.

— Obrigada, Marcelo, mas eu preciso ir para a faculdade.

— Lorena, deixa eu te explicar como funcionam as coisas: você percebe que o meu setor é o que mais tem mulheres nesse escritório? Pois então, uma mão lava a outra. Infelizmente o mundo funciona assim, e para você crescer na carreira vai precisar de um padrinho.

— Então que dizer que o senhor já saiu para jantar com todas as mulheres do setor?

— Eu não disse isso, disse que sou o padrinho delas. Todas têm algo para me oferecer e, até agora, você não me deu nada em troca por eu ter a trazido pra cá. Precisa deixar que eu te conduza.

Nessa hora fiquei chocada.

— A vida é assim, Lorena. Ou você quer acabar como aquelas advogadas solitárias que viram sapatonas.

Comecei a chorar compulsivamente e ele pediu que eu fosse ao banheiro melhorar o visual, porque a minha cara estava horrível. Saí para o banheiro e não voltei para a sala dele, estava enojada e me sentindo culpada.

Passei uns dias tentando negar o ocorrido, mas fui tomada pela depressão. Todo dia recebia algum tipo de *e-mail* sugestivo do Marcelo e isso estava acabando comigo. Pedi para o meu endócrino me passar algum tipo de calmante, porque eu estava muito ansiosa com trabalho e estudos e tomava os remédios em dose dupla.

Até flor "anônima" ele mandou na minha mesa. Quando percebeu que eu não estava correspondendo às investidas, resolveu me jogar para o aposentado. O Dr. Avelino era um senhorzinho mais velho, que tinha sido diretor jurídico de um grande cliente do setor de óleo e gás. Marcelo disse que o escritório tinha contratado o Avelino para se livrar daquele velho chato, que ficava interferindo no andamento dos casos. Era mais lucrativo manter o velho ali no limbo do que atrapalhando as negociações, palavras dele.

Eu já estava tão anestesiada com os remédios que nem dei muita confiança. Trabalho é trabalho e provavelmente o Avelino teria algo de produtivo para me ensinar. No fim, estaria me livrando da Marinela, pelo menos um peso estava sendo tirado das minhas costas.

As coisas com o Avelino seguiam tranquilas: 99% dos casos dele eram relacionados à empresa que ele tinha sido diretor. Como ele não tinha tanto conhecimento processual, acabava me dando liberdade de atuação. Comecei a escrever como nunca.

VAMOS À LUTA

Como a maioria dos casos do Avelino envolviam meio ambiente, acabei me aproximando da equipe de ambiental. As meninas eram bacanas e me passavam várias coisas legais para fazer. Acabei pegando gosto pela área.

Os *e-mails* do Marcelo não paravam e resolvi sondar a Cecilia sobre aquele tipo de atitude. Fazia um tempo que ela estava namorando o sócio João Paulo, então, talvez pudessem me dar algum tipo de luz.

— Cecilia, tenho ficado incomodada com a quantidade de *e-mails* que o Marcelo manda.

— Que tipo de *e-mails*?

— *E-mails* sugestivos.

— Lorena, o Marcelo é um picareta, mas é quem manda aqui. O João não o suporta, mas deve manter a politicagem.

— Ninguém suporta ninguém nesse setor.

— Escritório grande é assim mesmo, um querendo comer o outro vivo.

— Eu era tão feliz na equipe do Dr. Tadeu, não sei o que me deu na cabeça.

— Te deu na cabeça que você faria Fórum para o resto da vida. Aproveita que o velho te da a liberdade e faz do limão uma caipirinha.

Não tive coragem de contar para a Cecilia o teor dos *e-mails* sugestivos que eu recebia do Marcelo, mas acreditava que ela poderia imaginar. Ficava tão envergonhada que deletava na hora. Comecei a ter uma gastrite pesada, mas como estava no começo, conseguia enganar com uns digestivos que comprava sem receita.

Eis que um dos casos do Avelino caiu na mídia. O caso tramitava no STF e estávamos atuando como *amicus curiae*. O julgamento estava próximo e seria histórico. Me apeguei àquele processo com unhas e dentes, ele era o estímulo que eu precisava para continuar.

De repente, todos os estagiários do setor queriam trabalhar com o Avelino. A Marinela se voluntariou para ajudá-lo com a manifestação. Ele estava adorando aquela popularidade momentânea e me afastou do processo, pois o Marcelo tinha dito que deveria ser tocado por advogados experientes. Sendo assim, ele e Marinela seriam os únicos responsáveis pelo caso e eu ficaria com a parte burocrática: planilhas, protocolos, acompanhamento etc.

Já não tinha mais ânimo de ir trabalhar, não bastasse o assédio do Marcelo em cima de mim, ele ainda tinha dado um jeito de me tirar do processo que eu amava.

— Lorena, você precisa deixar de ser cabeça dura. Se colaborar, sua vida vai ficar muito mais fácil. É só ficarmos um pouquinho mais próximos.

Falei com a Cecilia novamente, mas não abordei as investidas, disse que tinha a impressão de que o Marcelo estava querendo me prejudicar indiretamente.

— Lorena, até comentei com o João. Ele não vai se envolver, mas acha que você pode ferrar o Marcelo.

— Se ele que é socio não quer se envolver, quem sou eu para fazer isso?

— Fala com o Dr. Tadeu, tenho certeza de que ele vai ficar puto.

— Cecilia, eu só comentei essa história com você. Pelo amor de Deus, para com isso.

Marcelo me chamou para elaborar uma contestação. Achei aquilo um milagre. Quando fui a sala dele ele me deu a pasta do caso e segurou a minha mão acariciando meu dedo do meio em gestos de vai e vem. Aquilo foi horrível. Deixei a pasta cair no chão e saí correndo de lá.

Já não sabia mais o que fazer, não vislumbrava outra possibilidade que não a de ter que deixar o escritório em que um dia tinha sonhado com a sociedade. Santa ingenuidade. Mas não me dei por vencida.

Comecei a sair atrás de sócio do setor para fazer um *lobby*, estava desesperada para que alguém me adotasse. Fui me enfiando em casos da Dra. Neide Cristina, pois com ela certamente eu não sofreria aquele tipo de assédio; estava apostando todas as minhas fichas naquela mulher. Cada dia que passava eu admirava mais e mais como ela tinha alcançado aquela posição intocável. No entanto, o Lucas pediu demissão e foi trabalhar numa empresa, o que acabou dificultando muito o meu contato com a Neide.

Eu estava me sentindo mais sozinha do que nunca, envergonhada, deprimida. A sensação me lembrava o desespero que tinha passado com o Leonardo. Mas se eu tinha vencido aquilo, também venceria o Marcelo. Não seria ele que iria impedir meu crescimento. Eu estava determinada a lutar. Juntei minhas últimas forças e segui.

SENTENÇA DE MORTE

Encontrei o Dr. Tadeu no elevador, que ficou assustado com a minha aparência. Eu estava abatida e muito magra.

— É a correria Dr. Tadeu.

— A mudança de setor não te fez bem, você sabe que pode voltar para a nossa equipe quando quiser.

— Fico muito feliz, mas tomei a minha decisão aquele dia e agora preciso encarar a realidade.

— Você mudou de equipe para "escrever" e está parecendo um burro de carga com esses processos na mão.

— Eu estou acostumada, preciso desses autos para ajudar o Avelino com um prazo.

— Até agora não estou acreditando que o Marcelo te jogou na equipe daquele cara.

— Está sendo bom, Dr. Tadeu, tenho aprendido muito de ambiental.

— Lorena, você sabe que pode conversar comigo, certo? Se algo não estiver indo bem, venha falar comigo! Tenho certeza de que alguma coisa está te incomodando.

Eu nunca falaria para o Dr. Tadeu, meu adorado, que tinha me colocado naquela situação. Estava me sentindo culpada e me odiava cada dia mais por aquilo. Como que eu troquei uma equipe que me protegia pela promessa de um cara que não valia o pão que comia.

O último acontecimento na sala do Marcelo tinha sido a gota d'água, ou eu amansava ou seria transferida para o contencioso de massa, localizado num prédio no centro da cidade. Fui ignorando qualquer tipo de mensagem do Marcelo, acreditando que assim bloquearia qualquer intervenção dele na minha posição.

Certo dia o Marcelo me enviou uma planilha com a divisão das equipes do Centro, para que eu escolhesse uma. O nome do arquivo me chamou a atenção e a abri: "Contencioso de massa: Faturamento". Na planilha havia uma tabela indicando desvios de valor. Eu não conseguia entender direito, mas sabia que tinha algo errado. Logo o Marcelo chegou na minha mesa e pediu para que eu deletasse imediatamente o *e-mail*, pois ele tinha enviado um anexo sigiloso. Eu apaguei, mas não pude "desver" o arquivo e ele sabia disso.

Nesse dia, assinei a minha sentença de morte.

EXECUÇÃO

Sabia que estava com os meus dias contados. Só um milagre poderia me salvar da execução. No auge da depressão, fazia o pouco trabalho que tinha me restado, praticamente todos de outros sócios, e ficava contando os minutos para ir embora. Para passar o tempo, ajudei o Dr. Tadeu a implantar a digitalização dos processos, e parecia uma louca catando papel pelo escritório.

Marcelo começou a pressão para que eu fosse para o Centro, lá certamente seria muito mais fácil de ele me mandar embora sem deixar rastro. Eu não abria a boca para contar o que estava acontecendo. Minha mãe ficava procurando justificativa para a minha postura e tinha certeza de que, se eu não queria falar nada, era porque eu havia arrumado encrenca no trabalho. Eu não tinha coragem de comentar o real motivo da minha angústia e preferia deixar ela pensando qualquer coisa, menos que eu estava passando por aquilo.

Recebi um *e-mail* do Marcelo me dando uma data limite, para aceitar o contencioso de massa ou seguir o meu caminho.

Cecilia engravidou e marcou o casamento para o fim do ano, não tinha mais tempo para nada só para organizar as coisas. Ela estava em outra *vibe*. Resolvi desabafar com a Vitória, para ela eu não teria por que guardar segredo. Naquele dia a Vitória se tornou minha melhor amiga. Ela me ouviu, chorou junto comigo, me deu apoio mesmo sem entender direito o que estava acontecendo. Ela estava sofrendo porque a amiga dela estava sofrendo.

Ter um ombro amigo naquele momento foi indescritível. Sabia que a qualquer momento teria que tomar uma atitude e não queria fazê-lo sozinha. Passei o fim de semana com a Vitória. Tomamos sol, saímos, nos distraímos e consegui recuperar um pouco da minha autoestima.

SEGURA ESSA MARIMBA

Lembrei de uma vez que eu e as outras estagiárias tínhamos criado uma lista dos homens mais bonitos do escritório. Todas deveriam indicar três candidatos e os cinco mais votados seriam os campões. Eu indiquei o Dr. Tadeu, Daniel e um estagiário do societário. Mais alguns nomes dos mandachuvas tinham rolado por lá e nossos *e-mails* foram parar na caixa dos sócios. O Dr. Tadeu achou graça e o Daniel ficou me zoando que quando se citava o nome de um dos sócios do conselho, o *e-mail* ia direto para a caixa deles.

Teria que abandonar o meu sonho por causa do mau-caráter do Marcelo e não deixaria isso quieto. Não sabia se o que o Daniel tinha falado era verdade, mas não custava tentar. Eu sairia, mas teria que ser com classe.

Antes de tomar qualquer atitude, fechei com a equipe do Dr. Tadeu a indicação de um banco de investimentos que estava levando como cliente da área, preparando a minha saída com chave de ouro.

Liguei para a Vitória para dizer que nosso fim de semana tinha me dado forças e que eu tinha decidido o que fazer. Ela me deu apoio e disse que estava indo para o escritório me encontrar. Ela saiu de Alphaville apenas para ir me apoiar.

Sentei-me na frente do computador e tive a sensação de estar incorporada. Comecei a redigir o texto de despedida enquanto as lágrimas caiam incessantemente dos meus olhos. Terminei e enviei para o Marcelo. Ele me respondeu quase que imediatamente:

— Então pode passar no RH para fechar suas contas.

Passei no RH e recolhi as minhas coisas, não estava no clima de dar tchau para ninguém.

Estava em horário de saída e a porta do escritório supermovimentada. A Vitória parou sua Mercedes preta na frente da garagem e, ignorando as buzinas, me ajudou com as minhas coisas; depois, me deu um abraço apertado. Parecia cena de filme. Fomos mudas durante o caminho até a minha casa. Chegamos, ela me ajudou a pegar minhas coisas, me deu mais um abraço e foi embora. Tudo isso em silêncio. Ela sabia o quanto aquilo estava me doendo e respeitou o meu momento.

Estava derrotada e passei dias sem me levantar da cama.

O ADEUS

"Prezado Dr. Marcelo,

Desculpe a demora em lhe responder este *e-mail*, porém, tinha que organizar meu aprendizado a fim de usar o livre arbítrio para o meu contínuo crescimento.

São quase dois anos de casa, período em que fui motivada por um ideal, procurando alcançar objetivos inimagináveis para uma garota de 23 anos. Entrei aqui pela porta da frente, o escritório acolheu mais um jovem que lutava para trilhar seu destino, fui recebida de braços abertos.

Passei por muitas provações, tive a oportunidade de fazer escolhas, segui meus princípios e meu coração. No decorrer destes anos observei homens brilhantes, procurei espelhar uma fagulha do que esses líderes representaram para mim e, enfim, após 28 dias de muita angústia e luta solitária cheguei à uma conclusão.

No Dr. Tadeu, encontrei o guerreiro, no Dr. Lucio o mestre, no Dr. Ricardo o coração, no Dr. Antonio a astúcia, no Dr. Celso a sabedoria, no Dr. Giusepe a alegria, no Dr. Norberto a paciência, no Dr. Flavio a organização, no Dr. Barros a ponderação, no Dr. Rafael o sorriso singelo, no Dr. Gregório a expansão, na Dra. Neide a gentileza, na Dra. Valeria o meio de surpreender, no Dr. Mafredini o resguardo, no Dr. Duarte a amizade, no Dr. Renato a pureza, na Dra. Maria a delicadeza, no Sr. a oportunidade e no Dr. João Paulo o silêncio.

A junção de todas essas virtudes e muitas outras que não fui capaz de entender é o Máximo Advogados, e aqui é um Centro de Justiça. Fui julgada pela Lei da impermanência, e tudo valeu a pena.

Talvez essas pessoas nunca saibam o que representaram para mim, qual a influência delas na minha vida, mas sempre lhes serei grata.

A decisão que cabe a mim, através deste texto em que abri meu coração, não será uma surpresa para o Sr. que, ao me convidar para vir para este setor, sabia de toda a minha persistência. Talvez isso tenha lhe chamado à atenção, mas sempre fui fiel ao meu sonho e nunca omiti este sonho do Sr. ou de qualquer outra pessoa que me perguntasse o que eu queria do escritório.

Posso ter sido ingênua em esperar pela sociedade ou, em não ter me resguardado desse objetivo.

Agradeço toda à sua atenção em me dar a opção de escolher entre o Contencioso de Massa ou um novo rumo, mas são quatro anos de estágio, trabalho árduo e incansável, estou esgotada.

Muito obrigada por me favorecer a um dos maiores aprendizados que o ser humano pode ter, cresci pessoal e profissionalmente, confrontei o meu eu e travei a batalha mais difícil de minha vida. A batalha foi com meu coração e hoje sei quem é Lorena Bustamante.

De coração agradeço e desejo os melhores votos.

Deixarei as despedidas para o último dia, no qual, se me for permitido, gostaria de sair pela mesma porta em que entrei.

Cordialmente,
Lorena."

Esse *e-mail* "milagrosamente" tinha chegado ao conhecimento de alguns sócios do escritório. Daniel me ligou para comentar sobre o assunto e perguntar se eu estava bem. O Dr. Tadeu tinha pedido para ele fazer isso, já que estaria numa reunião de última hora do Conselho. Recebi mensagens carinhosas de praticamente todos os advogados que citei na minha despedida. Fiquei grata por todas, mas duas tocaram especialmente meu coração: do Dr. Giusepe, dizendo o quanto gostava de mim e que me daria uma carta de recomendação, e da Dra. Neide Cristina dizendo que eu ficaria sob as vistas dela. Me apeguei a isso para continuar. Uma vez ligada a Neide, nossos caminhos se uniriam por longos anos.

REVIRAVOLTA DO DESTINO

Minha irmã Vanessa morava em Madri há uns dois anos e estava de casamento marcado para janeiro. Minha mãe não poderia perder aquela oportunidade, mas me levaria junto, pois para ela já estava mais do que na hora de eu sair da cama. Fechei as passagens com uma agente de viagens que a Vitória tinha me indicado, mas tive que cancelar o hotel, porque meu cunhado fazia questão de que ficássemos hospedadas na casa deles.

— Filha, se ficarmos hospedadas aí vamos atrapalhar seus preparativos. – Disse minha mãe para a Vanessa, enquanto combinavam detalhes da viagem pelo telefone.

— Mãe, já moro junto com o Fernando há muito tempo, vamos só oficializar a relação.

— Então faço questão de enviar uma boa quantia de presente de casamento. Também vou falar com seus tios para reverterem os presentes em euros, assim vocês podem aproveitar tranquilamente a lua de mel e ainda cobrir eventuais gastos que eu e a sua irmã vamos dar.

Fomos de Iberia, companhia aérea espanhola. O avião parecia um poleiro, lotado, com criança berrando pra todo lado, impossível de tirar um cochilo. Chegamos em Madri só o fiapo. A Vanessa estava nos esperando no aeroporto com cara de espanto, pensei que fosse pela situação que tínhamos chegado de viagem, mas a verdade ainda estava por se revelar.

Sabia que meu cunhado não era uma pessoa fácil, porque nas vezes em que ele esteve no Brasil conseguiu enlouquecer a família toda. Fernando era cheio de toques e fazia exigências o dia inteiro. Para se ter noção, quando foi para a nossa casa em Minas, deitou em todas as camas até encontrar o colchão ideal para suas costas; o premiado foi o colchão da minha avó e, infelizmente, ela teria que ceder aquele quarto enquanto durasse a estadia, senão ele não conseguiria dormir. Eu nunca tinha ficado mais de dois dias seguidos perto dele, estava sempre estudando ou trabalhando, portanto, achava graça nas histórias. Ele era excêntrico.

— Van, que saudades! Você emagreceu. Deve ser a ansiedade para o casamento. Estou louca para tomarmos um vinho e colocarmos o papo em dia, mas antes vou capotar. Não pregamos o olho durante a viagem e agora bateu o *jetleg*.

— Pois é Lola, mas o Fernando já organizou nossa programação. Ele quer levar vocês para turistar um pouco e fez uma reserva num hotel de Salamanca.

— Ah, tranquilo. Até lá já estaremos renovadas.

— Até daqui a pouco, você quer dizer? Vamos para casa para deixarmos as bagagens e partiremos direto. Tem que pegar estrada, a cidade fica a algumas horas de Madri.

— Menina, olha a nossa situação. Não temos condições de viajar hoje.

— Não posso fazer nada, vocês conhecem o Fernando.

— Lorena, deixa de ser enjoada, há dias que você não sai da cama. Não vamos arrumar problema para a sua irmã, tomamos um café e deixamos para dormir à noite. Assim, todo mundo fica feliz. – Minha mãe disse.

Chegamos no apartamento da minha irmã apenas com tempo para deixar as coisas e tomar um café – um café mesmo. O Fernando já estava ansioso para partirmos.

— Vanessa, já atualizei nossa planilha. Você está me devendo 25 centavos de euros.

— Oi? Eu disse espantada.

Minha mãe tirou 10 euros da carteira e deu para o Fernando.

— Acho que isso cobre o débito da minha filha. – Virou para a minha irmã e perguntou: – Vanessa, que história de planilha é essa? Não mandamos dinheiro de presente para vocês? Você está passando por alguma dificuldade?

— Não, mãe! O Fernando é assim mesmo, gosta de tudo na ponta do lápis.

— Que horror, minha filha!

Na estrada, Fernando ia apontando para pontos turísticos e contando a história daqueles lugares. Eu caí no sono e ele ficou puto.

— Você não tem consideração? Passei dias fazendo a nossa programação e você dorme.

— Fernando, me deixa! – Disse revirando os olhos.

— Calma, Fernando, estou prestando a atenção. Depois conto para a Lorena as belezas do trajeto. – Minha mãe disse tentando pôr panos quentes na situação.

— Isso é uma desconsideração, também não vou me dar o trabalho de explicar. – Fernando disse bem impaciente.

— Que ótimo, mãe aproveita para dormir também. – Eu disse.

— Eu não falei que era para todo mundo dormir. Se for para ser assim melhor voltarmos para Madri. – Não satisfeito, Fernando nos diz essa proeza.

Minha mãe começou a ficar nervosa e, em consideração a ela, resolvi acordar para prestar a atenção no nosso guia turístico.

— Oh, que lindo... Legal mesmo... Bacana... Adorei.

Chegamos em Salamanca e o Fernando parou num posto para reabastecer: estamos em quatro, então, 35 euros para cada. Minha mãe não podia acreditar naquilo, tirou 200 euros da carteira e entregou para o Fernando: acho que isso cobre eu e as minhas filhas. Para minha mãe – e para mim – estava sendo chocante presenciar a minha irmã se colocando numa situação daquelas; uma menina tão inteligente e bem sucedida, tinha deixado tudo no Brasil para acompanhar aquele cara, porque estava apaixonada.

A viagem foi um caos do início ao fim. Eu só conseguia pensar na profecia que o sócio da minha irmã tinha feito para mim no meu primeiro estágio: "Uma patricinha que provavelmente acabaria se casando e abandonando a profissão." O feitiço tinha virado contra a Vanessa da pior maneira possível. Deus me livre, eu precisava voltar para São Paulo urgente e começar a enviar meu currículo.

Fomos para o casamento no civil. O oficial estava muito alegre, pois "tinha certeza de que aquele era um casamento por amor"; "dois loirinhos de olhos claros, que se diferenciavam da multidão de imigrantes que estavam se casando para pegar cidadania". Minha mãe começou a chorar compulsivamente e a família do Fernando veio abraçá-la na certeza de que ela estava muito emocionada. Eu sabia que a minha mãe estava chorando de tristeza e comecei a ter um acesso de riso de nervoso. Agora só faltava a festa: nosso voo estava marcado para o dia seguinte e pelo menos a hora de partir estava próxima. Contagem regressiva.

UM BRINDE!

Eu tinha me livrado do sócio inconveniente, mas não tinha tido um minuto de paz desde a minha saída do Máximo. Cheguei de viagem desesperada para enviar currículos, pois estava com pavor de acabar como a minha irmã; pelo menos aquela estadia tinha servido para me dar um sacode. A busca foi mais difícil do que das outras vezes, porque agora eu estava no último ano do curso.

Começaram as entrevistas bizarras e a história estava se repetindo: banco de talentos, provas, entrevistas com o sócio da área e um não bem grande, disfarçado entre diversas desculpas. O marido da minha irmã, Janaina, tinha acabado de ser nomeado sócio do escritório em que trabalhava e sugeri que ele poderia me contratar, já que me achava tão boa profissional.

— Lola, você sabe como funciona meu escritório, somos especializados em uma área muito masculina, só contratamos homens. As únicas mulheres por lá são as secretárias.

Depois de tudo que eu já tinha passado, esse não era o tipo de fala que me surpreendia. Peguei a revista *Análise dos Advogados* e enviei meu currículo para as top 100 melhores bancas da época, não eram uns nãos que iriam me barrar.

Tínhamos um grupo de *e-mail* da turma de estagiários que tinham trabalhado no Máximo e Henrique resolveu nos convidar para a fazenda do seu pai. O pai dele tinha chamado uns amigos, mas uma das casas tinha sido separada para os jovens. Juntamos a mesma turminha de Monte Verde e fomos no carro do Henrique, pois era o melhor.

Henrique quase enfiou o veículo embaixo de um caminhão. Ele era meio avoado e tínhamos pavor dele no volante, mas preferíamos arriscar nossa vida para andar num carro *top*. Eu e Camilinha começamos a gritar e Lucas se candidatou para dirigir.

Chegamos na fazenda pálidos, Deus tinha nos dado mais uma chance de viver e queríamos aproveitar cada minuto. Ficamos conversando na sala da lareira e relembrando os tempos de Máximo.

No dia seguinte estava um sol incrível e a madrasta do Henrique foi nos acordar para aproveitarmos a piscina de água natural. Domingos, o pai do Henrique, nos aguardava com caipirinhas de cachaça de fabricação própria; mais tarde ele nos levaria para conhecer a produção. Todos muito animados, churrasco rolando, começo a bater papo com Alexa, a madrasta.

— Lorena, muito gostosa essa turminha que vocês fizeram no Máximo, o Henrique é outra pessoa desde que conheceu vocês. Domingos fica feliz, diz que vocês fazem bem para ele.

— Realmente, essa nossa turminha acabou se tornando uma família, somos muito unidos.

— Achei uma tristeza a ida do Henrique para o Quiromattos, o pessoal pega pesado com ele lá. Você também saiu do escritório? Onde está trabalhando?

— Alexa, eu fui "saída" no fim do ano. Agora estou à procura de estágio, mas está sendo complicado porque estou no último ano de faculdade; nesse período, geralmente só ficam os estagiários já efetivados, tirando isso, os escritórios preferem contratar estudantes mais novos.

— Sempre me esqueço que vocês são burros de carga. Mas porque você não manda seu currículo para o escritório do Domingos?

— Na verdade eu já enviei, mas recebei uma cartinha linda de recusa; papel timbrado e assinatura dos sócios. Achei chique.

— DOMINGOS, vem aqui! A Lorena está me contando que foi recusada no MDM, posso saber o porquê? Quando você me conheceu eu era igualzinha a ela.

— Alexa, eu nem sabia que a Lorena tinha enviado o currículo para lá.

— Sim, Dr. Domingos, recebi a cartinha de agradecimento há uns quinze dias.

— Qual área você está buscando?

— Contencioso.

— E qual faculdade e ano você está?

— Fui mal na USP, e estou cursando o quinto ano.

— Entendo, deve ser por esse motivo que o Carvalho recusou o seu currículo. Ele é elitista com esse assunto de faculdade e ainda pesa o fato de você estar no quinto ano.

— Dr. Domingos, a Lorena é a melhor estagiária que já conheci! A menina "dos olhos" do Dr. Tadeu! Vale a pena arriscar. – Lucas já foi entrando na conversa e fazendo o meu filme.

— Pai, a Lorena é chata, mas manda bem no trabalho. – Henrique e as pérolas dele.

— Henrique, seu audacioso! – Eu disse e todos começamos a rir.

Um brinde!

— Viu só, Domingos, ela cursa a mesma faculdade que eu me formei. Não custa nada dar uma chance. – Alexa intercedeu ao meu favor.

— Tudo bem, vou falar com o Carvalho, mas não posso garantir a efetivação. Isso é com ele. – Domingos disse.

— Lorena, vamos brindar porque você está contratada! REGINALDO, traz aquela garrafa de *Moet*! Alexa disse toda animada.

Todos ficaram muito animados e a tarde foi deliciosa. E pensar que quase tinha desistido dessa viagem por medo do Henrique no volante. Um brinde ao novo estágio!

Um brinde!

PASSATEMPO

Um mês tinha se passado e nada de receber notícias do MDM, talvez tenha sido a empolgação do momento, fui ingênua de acreditar que poderia trabalhar lá nas minhas condições. Acabei sendo chamada para um escritório localizado pertinho da minha casa. O salário era bom e os sócios eram jovens e descolados. Só tinha um problema: era contencioso de massa.

Eu odiava aquilo, mas talvez esse fosse o meu karma. Pelo menos o pessoal era bacana, dava para me segurar até a formatura e o currículo não ficaria em branco. Nossa equipe era chefiada por um advogado novinho, que passava o dia inteiro comendo e dando ordens, enquanto "pesquisava jurisprudência" no computador. Nunca tinha visto jurisprudência em formato de joguinho, mas vida que segue.

Acabei ficando com mais tempo de me dedicar à faculdade e estava estudando como ninguém, anotava todas as aulas, passava a limpo no computador e enviava por *e-mail* para o grupo da sala.

Um certo dia, o novo professor de Processo Civil comprou briga com o grupo e, aos gritos, deu sua palavra de que bombaria todo mundo. Eu não poderia arriscar pegar uma DP agora que as coisas na faculdade estavam indo tão bem. Resolvi peticionar para o diretor, solicitando que as provas, quando ministradas, fossem corrigidas por uma pessoa imparcial – meu lado justiceiro dando as caras. O diretor deferiu o pedido, mas unicamente para a minha prova, que seria corrigida por ele que também era professor dessa matéria. Se algum outro aluno tivesse interesse, deveria seguir o mesmo procedimento. O pessoal não levou muito a sério: imagina, peticionar para o diretor da Facul?! Passei de semestre, mas uma boa parte da sala pegou DP.

Acabei chamando a atenção de um professor de Processo Penal, que começou a se aproximar cada vez mais.

— Lorena, você tem um perfil incrível e eu sou muitíssimo bem relacionado. Já que não quer trabalhar no meu escritório, me fale onde quer se recolocar que eu te ajudo.

— Professor, eu gostaria de trabalhar no Arvoredo, é o único escritório que hoje bate de frente com o Máximo e eu iria adorar poder esfregar na cara do meu ex-chefe.

— Eu sou superamigo do CEO de lá. Vou enviar seu currículo.

No dia seguinte, o professor me ligou dizendo que a minha vaga estava garantida e que deveríamos almoçar para comemorar. Quando chegamos no restaurante, ele pediu uma garrafa de vinho e quando fomos brindar ele tentou me agarrar. Que nojo!

Deixei o professor tarado na mesa e entrei no primeiro táxi que passou pela minha frente. Desci na esquina da minha casa e, chorando, liguei para o Dr. Marcos. Contei para ele o ocorrido e ele ficou chocado; disse que, apesar de não ser amigo do CEO do Arvoredo, ligaria para ele para reforçar meu currículo.

Para nossa não tão surpresa assim, o sócio do Arvoredo sequer sabia quem era o professor tarado. Ele disse que nunca tinha ouvido nem o nome. O Dr. Marcos ficou compadecido e aproveitou para me apresentar e enviar meu currículo. Dessa vez recebi uma negativa mais personalizada, escrita à mão. Que fofo, até guardei a cartinha por um tempo.

Finalmente fui chamada para uma entrevista com o tão temido Carvalho, sócio do MDM responsável pelo contencioso. Graças a Deus uma luz no fim do túnel! O Carvalho foi superantipático na entrevista, fez questão de salientar que se dependesse dele, eu não seria contratada por nada! Mas que o Dr. Domingos tinha mania de enfiar gente goela abaixo na área dele, assim como tinha feito com o insuportável do próprio filho. Garantiu que se mesmo assim eu quisesse trabalhar lá, ele mesmo cuidaria para que eu não fosse efetivada.

O Carvalho me lembrava demais o Bernardo, sócio da Butique, não era à toa que eram amigos de clube. Felizmente eu não trabalharia diretamente com ele, e sim com um sócio mais novo e, o mais importante, com o tipo de processo que eu gostava. O fato de o Carvalho ser um grosseiro? Já tinha passado por coisas piores e ninguém sabe o dia de amanhã. Aceitei na hora, para a infelicidade dele.

Combinei no escritório em que estagiava que ficaria mais uma semana para eles contratarem alguém para me substituir. A saída foi tranquila e tive até bolinho de despedida.

Passatempo

RESPIRO EM MEIO À SELVA DE PEDRA

O MDM ficava em uma casa linda, cheia de verde, no meio de uma famosa avenida da cidade. A sala dos estagiários mais velhos era numa edícula separada e tínhamos muita liberdade. Com o tempo, consegui superar o preconceito do pessoal e me tornar amiga deles. Eu era tão legal que eles até se esqueciam que eu vinha de uma faculdade horrível, diziam. Nem dava para condenar, vai saber o que o Carvalho tinha dito. Aliás, até mesmo o Carvalho tinha me dado um sossego e teve a audácia de dizer que eu não era tão burra.

Nunca fui de levar nada para o pessoal, para mim uma pessoa só é capaz de externar o que tem dentro dela e, se alguém é mal educado, é porque deve estar mal resolvido com algo. Estava contente com meu trabalho, mas sentia muita falta da equipe do Máximo. Parecia ter passado 84 anos da época em que eu era feliz e não sabia.

Acabei levando como clientes para o escritório um caso da empresa do pai da Vitória e também um divórcio da irmã de um amigo meu. Cai de vez nas graças dos sócios. Fui escalada como estagiária responsável por duas recuperações judiciais que estavam sob o comando do André Lobão – o simpático sócio júnior – em que atuaríamos como administradores judiciais. Amém! Eu me lembrava muito bem daquelas Recuperandas, pois eram empresas do agronegócio que eu tinha estudado as pastas enquanto estagiava na Butique em que minha irmã era sócia, quem diria!

Estava tão feliz que resolvi incluir a academia na minha rotina. Acordava às 5h30min para malhar, ia para o escritório e depois seguia para a faculdade. Todo dia com muita energia: sono não me fazia falta, tinha dia que estudava até 2h da manhã e ainda arrumava tempo para fazer *happy hour*. E foi assim por meses. Até fui selecionada pelos estagiários para representar a classe e solicitar um aumento de salário. Liguei para os maiores escritórios e montei uma planilha de Excel para enviar para o Dr. Domingos.

Com o fim do ano chegando precisava me organizar, pois tinha um cruzeiro marcado para o réveillon e nada de notícias de efetivação. Para ser sincera, o único motivo de ter agendado a viagem, era porque sabia que não teria chances na equipe do Carvalho, pois os dois outros estagiários que estavam no mesmo ano que eu tinham sido efetivados assim que entrei no MDM. Falei com o André, precisava garantir que eu estava certa.

— Lorena, realmente a efetivação não vai rolar, mas você pode ficar aqui até sair o resultado da prova da OAB. Quem sabe o Carvalho não muda de ideia.

Ocorre que eu tinha feito a prova nas coxas e sabia que não tinha passado no exame da ordem. Precisava daquela viagem para dar um respiro e voltar renovada para começar o cursinho preparatório, que eu tinha optado por não fazer da primeira vez. André foi supercompreensivo e me apoiou.

— Tenho certeza de que vamos nos encontrar futuramente, você é uma menina especial, nunca deixe ninguém apagar seu brilho. Conte comigo para o que precisar! Ah, e antes que eu me esqueça, o salário dos estagiários será reajustado. Parabéns!

VIDA NOVA

Desde que entrei para a vida de Direito não tive um momento em que me sentisse completamente em paz. Sempre tinha algo para me tirar do prumo e essa viagem foi um divisor de águas. Eu não sentia medo de nada, estava vivendo um dia de cada vez. Até hoje, quando preciso me lembrar de uma situação reconfortante para me acalmar, penso naqueles dias de mar aberto.

Logo no embarque encontrei uma colega de faculdade que eu não tinha amizade. O clima estava tão bom que não desgrudamos do início ao fim. Ela estava fazendo aquela viagem para se recuperar do término de um namoro longo e eu para fechar a minha trajetória como estagiária. Para nós duas: vida nova! A Melissa se tornou uma das minhas melhores amigas e, toda vez que nos lembramos dessa viagem, ela me cutuca:

— Na faculdade te achava insuportável, você só lembrava de mim na hora de filar um cigarro.

Chegamos em São Paulo e nos inscrevemos para o curso preparatório da OAB. Os estudos estavam fluindo e a data da prova estava marcada para ali a dois, três meses. Perto da data da prova fomos avisadas de que a banca seria alterada para Cespe, e que a data tinha sido remarcada mais para frente. Seria mais difícil, mas pelo menos teríamos mais tempo para estudar.

Da minha sala do cursinho, passamos apenas eu e mais dois colegas. Aquele tinha sido um exame com um dos maiores índices de reprovação da história da OAB. A Melissa não passou, mas ficou feliz por mim, viajamos para a casa dela no Guarujá para comemorar.

Entre a remarcação da data da prova, resultado e aguardo pelo número da carteirinha, já estava no meio no segundo semestre. Minha família tinha me apoiado a esperar a carteira em mãos para começar as buscas por uma vaga como advogada, então, aquele acabou sendo um ano sabático.

Foi um dos anos mais importantes da minha vida em termos de saúde psicológica. Não tomava mais remédios para ansiedade e tinha virado "rata de academia". Aliás, na academia fiquei conhecendo meu novo namorado, o Maurício, um playboyzinho com jeito de cowboy, segundo as minhas irmãs. A família dele mexia com confinamento de boi e todos os fins de semana viajávamos para a fazenda onde ele administrava os negócios.

Vida nova

Uma semana depois de eu ter tirado os dentes sisos, tive que fazer a foto para a carteirinha da OAB. Minha irmã Sofia foi comigo e tivemos acesso de riso.

–Lola, fica séria, é pra foto de advogada.

O resultado foi uma foto com cara inchada e séria. Assim que foi marcada a cerimônia para a entrega da carteirinha – onde para a alegria da minha mãe fui selecionada para fazer o juramento –, o Igor, que tinha acabado de ser efetivado no Máximo, convidou a turma para conhecer a casa dele em Cuiabá, assim, poderíamos comemorar em dose dupla. Foi um fim de semana histórico, pelo menos o que conseguimos lembrar pelas fotos, pois secamos o estoque de bebidas dos pais dele.

Voltei de lá e comecei a enviar currículos. Fui chamada para trabalhar num escritório famoso do Rio de Janeiro, que tinha filial em São Paulo, e eu começaria no início do novo ano! Nesse período, meu contato com a Dra. Neide estava fluindo como nunca, tínhamos virado confidentes. Que encanto de mulher. Ela tinha novidades: estava se programando para deixar o Máximo e assim que se firmasse como sócia do novo escritório, me levaria junto, e seria a minha chance, já que ela nunca tinha trabalhado diretamente com uma garotinha.

Fechei o ano feliz em todos os quesitos e com mais uma viagem para coroar as vitorias! Fui com meu namorado para Juquehy, uma praia do litoral norte de São Paulo onde meu cunhado tem casa e comemoramos como ninguém. Feliz ano novo!

CONFORMIDADE

PUXANDO A CAPIVARA

Comecei a advogar no escritório carioca. Já estava acostumada a me ambientar em novas equipes e o processo foi tranquilo. Dividia sala com outra advogada que tinha vindo de um escritório especializado em Direito de Família. Ela passava os dias contando dos traumas que a antiga chefe tinha deixado – "Patrícia, a rainha do divórcio". Nada que me surpreendesse, este era um quesito que acreditava estar escolada. Também comecei uma Pós-Graduação em Contratos Empresariais numa faculdade renomada, onde fiz amigos incríveis. Enfim poderia acrescentar uma faculdade aceitável ao meu currículo, ao menos aos olhos da velha guarda do mercado.

Tudo estava fluindo tranquilamente: trabalho, pós-graduação e meu namoro com o Maurício. Aliás, quase tudo! Tem gente que acredita que deve pesquisar o pretendente na "consulta sócio" para ver se vale a pena o investimento. Para a advogada, isso é um pouco diferente, vamos logo puxar a "capivara". Fiquei chocada com a quantidade de processos existentes em que Maurício figurava como réu, tinha até uma ação criminal ambiental, tudo relativamente recente.

Eu precisaria ter uma conversa com ele. Não poderia arriscar minha credibilidade, ainda mais agora que era advogada com OAB e tudo. A Talita, minha colega de sala, me aconselhou a conversar com ele; seria inadmissível namorar um trambiqueiro. A Talita era especialista em Direito de Família e sabia que isso sempre dava problemas.

— Maurício, precisamos conversar. Tomei a liberdade de fazer uma busca em seu nome no site do TJSP e encontrei diversos processos. Por eu ser advogada, teria ficado mais confortável se você já tivesse comentado sobre isso comigo.

— Lorena, não acredito que você pesquisou o meu nome! Não confia em mim?

— Eu confio em mim e gostaria que você também confiasse.

— Sou empresário, é comum ter processos.

— Você é muito novo, é comum ter processos, mas não a quantidade que você tem.

— Eu nem ligo pra isso, tenho um amigo advogado que cuida de tudo.

Esse amigo dele era o Ribamar, ex-caseiro da fazenda que cursou Direito, mas não tinha OAB. Ele cuidava dos processos por um valor irrisório e o sócio dele assinava.

— Maurício, não se pode brincar com a justiça. Se você aceitar um conselho, sugiro que dê andamento nesses processos de forma correta.

— Então, já que você é advogada pode cuidar para mim de graça.

— Eu que não vou misturar minha vida pessoal com os seus processos, mas acho que tenho uma solução.

Liguei para o Dr. Marcos, e conversamos sobre o assunto. Não arriscaria levar cliente para um escritório que tinha acabado de entrar, já tinha aprendido a lição. No mais, evito ao máximo misturar vida pessoal e profissional, - quem já advogou para familiares que o diga. O Dr. Marcos sugeriu que agendássemos uma reunião para que ele pudesse entender melhor o caso. Combinei com o Maurício e fomos até o Campos & Castro. O Maurício acabou virando cliente lá. Excelente, tinha ação que já estava com o prazo correndo e o Ribamar nem havia tomado ciência. Que sufoco! Agora sim tudo estava fluindo tranquilamente.

O SÓCIO INSTIGADO

A Talita começou a ter um caso com o sócio da unidade do Rio. Ele era casado e toda semana vinha para São Paulo "a trabalho". Eu ficava desconfortável com a situação: ele passava na sala e fazia piadinhas sem graça, uma das vezes deu até um tapinha na bunda dela na minha frente! Aquilo parecia ser normal "no meio", ninguém dava muita confiança, fazia vista grossa para esse tipo de situação. Eu ficava incomodada.

— Lola, você precisa entender que é assim que o mercado funciona. A carreira é uma escalada, e se você tiver uma forcinha fica tudo muito mais fácil. Fora que eu acho o Hugo bonito, e ele me dá presentes lindos, então, nem faço conta de ele ser casado. – Talita me disse meio que se justificando.

— Talita, cada um com seus credos. Minhas irmãs são todas casadas e acharia muito triste se descobrisse que algum dos meus cunhados estava traindo-as. Triste não só pela família que eles construíram, mas sim por saber que teve alguém do outro lado, o amante, que não respeitou a instituição familiar. Você me conhece, sou caxias, não me peça para ser conivente com esse tipo de coisa.

— Mas o Sobral é casado e você não liga de ficar de planta na sala dele.

Sobral era o sócio da área, e ele pedia para nós, as mulheres, passarmos na sala dele assim que chegássemos para "dar bom dia", oportunidade em que nos media da cabeça aos pés com um olhar de quem ia atacar a presa. Ele me lembrava uma versão menos nojenta do Marcelo. Pelo menos nunca tinha avançado a barreira das olhadas. Se isso era comum no meio jurídico, então que fosse dessa forma. Ademais, eu estava em contato diário com a Dra. Neide e sabia que logo mais me livraria de tudo aquilo. Esse era o motor que me incentivava a continuar.

Em uma das vezes em que estava plantada na sala do Sobral, enquanto ele me comia com os olhos, tive o desprazer de escutar sua conversa telefônica com um dos sócios da unidade carioca:

— A Graziela é tribufu, mas dá um duro; consigo manter ela aqui de boa, é só não levar em reunião com o cliente… Sim, sim, mulheres são todas fúteis, mas o mercado cobra, precisamos ter em nosso quadro. A Anita não teve jeito mesmo, se não tivéssemos transformado ela em sócia, perderíamos o pai dela como cliente, foi um investimento certeiro… Minhas contratações recentes deram uma florida no escritório. No momento estou olhando para uma princesa arredia.

Estava há seis meses naquele lugar e todo dia era surpreendida com alguma situação humilhante. Um dia esqueci de incluir o anexo no *e-mail* e o Sobral disse que ser avoada era coisa de mulher. Não comentava nada com ninguém porque morria de vergonha. Me concentrava nos processos do melhor shopping da cidade, que eu amava ter como cliente.

Tinha marcado uma viagem com o meu namorado para um fim de semana prolongado que estava próximo. Na sexta-feira, trânsito pior do que nunca em São Paulo, fui pedir para o Sobral para sair mais cedo – não faria horário de almoço e poderia chegar ao aeroporto com um tempo de sobra para pegar o voo.

— Infelizmente, Lorena, entrou um caso urgente e não vou conseguir te liberar. Estou dando um gás aqui porque minha esposa está indo viajar com as crianças e preciso passar em casa para me despedir. Quando tiver um tempo, te chamo para conversarmos.

Chegou o fim da tarde e o dia já tinha escurecido; o escritório estava vazio, porque a maioria das pessoas tinha saído mais cedo em virtude do feriado.

— Lorena, me encontre na sala 3 em quinze minutos.

Cheguei lá e a sala estava a meia luz, Sobral sentado com as pernas cruzadas, abria uma garrafa de uísque.

— Lorena, desde a entrevista fiquei intrigado com você. Você é muito aberta e usa essas roupas. Você sabe, o uso de meia calça instiga a sexualidade masculina...

Parei por um instante, me senti constrangida por aquela situação, por estar passando novamente por assédio e mais uma vez me culpei. Será que eu deveria ser mais acessível? Nunca!

— Sobral, acho que minha trajetória nesse escritório acaba aqui.

— A escolha é sua.

Peguei as minhas coisas e fui pra rua mais uma vez.

Cheguei em casa aos prantos e minha mãe me perguntou qual tipo de encrenca eu tinha arrumado agora. Foi de uma insensibilidade! Mas eu não tinha coragem de comentar sobre o fato.

— Sim, mãe, sou geniosa.

— Você só faz isso porque tem casa, comida, roupa lavada e mesada. Sua irmã sempre foi tão bem nos escritórios.

— Pois é, mãe, deve ser porque ela estudou numa faculdade de primeira.

Estava tão chateada que não queria conversar. O Maurício foi me encontrar, já tínhamos perdido o voo mesmo, mas poderíamos passar o fim de semana na casa dele. Para ele eu tive coragem de contar o que tinha acontecido e, apesar de ele querer socar a cara daquele tarado, foi muito parceiro e compreensivo.

— Calma, Lola, um dia você vai rir de tudo isso. Vamos visitar seus sobrinhos que você vai esquecer isso rapidinho. Você é a pessoa mais forte que já conheci.

SANTA PACIÊNCIA

As últimas experiências com chefes homens tinham me deixado completamente traumatizada. Estava ansiosa para ser chamada pela Dra. Neide, mas não podia pressioná-la. Ela pedia para eu ter paciência, pois não dava ponto sem nó, e eu iria trabalhar com ela no momento adequado. Então, foco no procedimento. Voltei para a pista de enviar currículo, banco de talentos, faz prova, faz entrevista, recebe uma proposta esdruxula ou um não, e repete isso mais algumas vezes.

Pouco mais de dois meses da minha saída, estava no aniversário da Renata, amiga da minha irmã mais velha. Ela tinha me visto crescer e eu não poderia deixar de comparecer, e papo vai papo vem, ela me apresenta para um amigo que tinha acabado de sair da grande banca Mancini Frota e aberto um escritório que levava o nome dele.

— Nuno, essa é a advogada que comentei com você, uma máquina de fazer cliente! – A Renata me apresentou para o Nuno.

— Re, foi uma questão de oportunidade. – Respondi, envergonhada.

— Nem venha com falsa modéstia Lorena, já vi você fazendo captação lá no clube! – Renata disse me enaltecendo.

— Então, oportunidade! O assunto calha com alguma matéria que tenho conhecimento. – Falei para ela e o Nuno.

— Lorena, isso é uma virtude! Inclusive, somos da mesma área de atuação. Que tal ir tomar um cafezinho lá no escritório? – Nuno me convidou.

Sempre amei o meu trabalho e curti fazer captação, mas já tinha aprendido na prática que só indicaria algum cliente, após um tempo de casa e com a mínima segurança para isso.

Fiz uma prova e fui contratada na mesma semana. Mais do mesmo, porém, com a oportunidade de ter contato com temas mais diversificados já que o escritório era pequeno e *full service*.

Logo que completei três meses de casa o Nuno me chamou para dizer que eu não estava suprindo as expectativas.

— Não entendi, qual tipo de expectativas você teria em relação a mim? Estou com meus prazos todos em dia e ajudando nas demais áreas; nunca faltei ou emendei feriado, chego cedo e sou uma das últimas a ir embora.

— Somos um escritório recente, precisamos de clientes e a Renata me garantiu que você era boa em captação.

— Entendo, mas infelizmente não tenho clientes para trazer no momento. Aliás, eu deixei isso muito claro na nossa entrevista. A oportunidade faz o cliente e, nesse pouco tempo que estou aqui, não surgiu nenhuma oportunidade.

— Sim, mas eu pensei que você não queria entregar o jogo logo de cara. A Renata não é de falar bem das pessoas e colocou a mão no fogo por você.

— Fico muito grata à Renata, mas todos sabemos que cliente não se tira da cartola.

— Você acha que consegue trazer cliente antes de fechar o mês? Senão vou ter que te demitir.

— Não posso garantir, como já disse.

— A equipe já está completa, preciso de alguém mais sênior, que traga cliente. Se você não consegue se manter, então precisará sair.

Interessante, um tipo diversificado de demissão para somar à minha experiência; afinal, já tinha sido demitida por vários motivos, mas nunca por falta de captação. O que vale é o aprendizado.

Mas a verdade é que ser demitida dói, e eu mal tinha me recuperado do tarado da meia calça. Sinceramente, não estava feliz. Comecei a achar tudo uma perda de tempo e não aguentava ter que voltar para as mesmas entrevistas com propostas irrecusáveis de escravidão revestidas de "você tem chance de crescimento".

A maioria dos colegas da época de estágio estavam abandonando o Direito ou se dando muito bem na carreira, não havia meio termo, e eu só conseguia pensar em trabalhar com a minha musa. Nada mais me interessava e apostei todas as fichas nisso.

PULSO FIRME

Resolvi procurar o Dr. Marcos e pedir para ele me recontratar, não aguentava mais os tiros no escuro e agora que já estava mais madura, saberia lidar melhor com o Leonardo; fora os conhecidos que continuavam trabalhando por lá. Seria uma mão na roda.

— Lola, desde aquela vez que você trocou o escritório pelo Máximo, o Leonardo disse que você nunca mais colocaria os pés aqui. Ele ficou bem chateado com a sua decisão e ainda teve a história de cobrar consultoria.

— Entendo, Dr. Marcos. No entanto, não me arrependo nenhum minuto da minha escolha, pois se continuasse trabalhando daquela forma, já teria morrido. Quanto às consultorias, acho engraçado, eu já não trabalhava mais no Campos & Castro e ele ficava me tratando como escrava! O mínimo seria pagar por isso. Foram decisões que tomei de forma consciente e não me arrependo.

— Não estou te criticando, Lorena. Pelo contrário, te apoiei em todos os momentos. Só acho que não vale a pena comprarmos uma briga para você voltar, sabendo que mais cedo ou mais tarde irá trabalhar com a Neide.

— Vendo por esse lado, você tem razão. Sinto muito. Eu não aguento mais tanta queda, parece que nunca vai acabar e ainda coloquei toda a minha expectativa numa contratação que não faço ideia de quando irá ocorrer.

— Lorena, você sabe a minha história. Eu batalhei muito para chegar onde estou e mesmo assim as coisas não são fáceis; os problemas apenas mudam de forma. Quando meu primogênito nasceu, fui demitido e passei por muitas dificuldades. No entanto, foi isso que me permitiu criar a coragem de começar do zero e hoje tenho o meu próprio escritório.

— Dr. Marcos, você sabe o quanto te admiro. O senhor foi um anjo que Deus colocou na minha vida.

— E você me lembra muito o Marquinhos do início de carreira. Líderes são poucos, minha filha, e a vida massacra mesmo. Se não fosse isso, como você criaria inteligência emocional para conquistar os seus sonhos?

PRINCESINHA DO *POP*

Acabei aceitando a proposta de duas garotas que tinham acabado de abrir um escritório perto da minha casa. Sempre admirei empreendedorismo e o fato de serem apenas sócias mulheres me deixou aliviada.

No entanto, o maior e único cliente do escritório era a empresa do pai de uma delas, a "sócia de captação", e toda vez que entrava um caso novo a "sócia de serviço" tinha uma crise de choro. Que tristeza, as meninas não sabiam nem o que estavam fazendo lá!

— Você é obrigada a saber resolver isso, Lorena! Pode ser júnior, mas já é advogada! Sua incompetente.

Confesso que na época ficava bem abalada, mas hoje entendo que estava servindo de espelho. Quando não era eu a culpada, era o estagiário da faculdade renomada que tinha o dever de saber do assunto. Chegava a dar pena. A única pessoa agradável do escritório era a tia do café. Mais uma demissão para a listinha de decepção.

O Dr. Tadeu me convidou para conhecer o escritório que ele tinha aberto com a equipe que estagiei no Máximo. O escritório era incrível, mas com uma única expertise. Eles me convidaram para trabalhar lá, mas não estava disposta a voltar atrás. Já tinha passado muito perrengue desde a minha saída da equipe e sabia que com eles, apesar de ser muito bem tratada, sempre seria aquela garotinha diamante em processo de lapidação.

Fizemos uma *happy hour* e o Daniel acabou se declarando pra mim. Fazia um tempo que eu tinha terminado com o Maurício e estava sensível pelos acontecimentos recentes; fiquei tocada. Ele me deu uma carona para casa e nos despedimos com um beijo. Como estava muito perdida, optei por não seguir com aquilo, não poderia trazer aquele garoto que já tinha sofrido tanto, para a minha vida que estava o caos.

Fui com a Vitória para a festa de sete anos da Dance e resolvi usar a sandália meia pata que ela tinha me dado de presente. Primeira e última vez! Quebrei o pé e nem senti, só fui notar no dia seguinte quando acordei e meu pé estava tão inchado que não conseguia encostar no chão. Fui direto para o Hospital. Mais essa pra conta.

A turma de estagiários do Máximo estava ansiosa com a proximidade do show da Britney Spears. Tinha sido uma das primeiras a comprar o ingresso porque estava louca pelo retorno triunfal da nossa ídola, após seu *breakdown* de 2007 – época dela que eu estava completamente identificada. Contudo, havia passado por tanta coisa que até tinha me esquecido do show. Ao menos tive tempo suficiente de trocar o gesso pela botinha ortopédica.

O engraçado foi que a Dra. Neide se machucou na mesma época que eu e achava tudo aquilo tão extrema coincidência que deveria ser um sinal; ela também tinha quebrado o pé numa festa! Éramos tão parecidas.

EM NOME DO PAI

Boni era meu filho, um *cocker spaniel* inglês tricolor, que tinha ganhado na adolescência, do meu primeiro namorado. Desde pequena eu sonhava com essa raça, porque era apaixonada no cachorro da namorada do meu pai – meus pais se separaram quando eu tinha sete anos de idade. Quando o Humberto chegou em casa com o Boni nos braços, minha mãe não resistiu e acabou deixando eu ficar com ele.

Boni foi o grande amor da minha vida, em todos os momentos que estrava triste, ele me trazia alegria. Ela tinha uma sensibilidade incrível de se acomodar no meu pescoço quando eu chorava e ria com os olhos de uma forma indescritível. Meus Deus, que dor imensa eu senti quando ele partiu, nada superava aquele sentimento, nada mais me importava, eu só queria meu companheiro de novo.

O Boninho morreu nos meus braços ocasião em que a veterinária disse:

— Sempre que um anjo vai embora, ele nos traz um presente de Deus quando chega no céu. Seu Boni foi o cão mais dócil e amoroso que já passou por aqui, tenho certeza de que ele te trará uma chuva de bençãos.

Nenhuma dor ou perda dos meus 27 anos de vida servia de parâmetro para explicar como estava me sentindo, fiquei destruída. Minha irmã Sofia, que adora um agito, estava superpreocupada comigo e acabou indo me visitar em casa porque eu não atendia nenhuma ligação e meu celular estava desligado.

— Lola, já te vi mal, mas nunca assim. Eu também amava o Boni, também sentimos a falta dele, mas você não pode se entregar. Cadê aquela Lorena que sempre sonhou grande, que não se deixava abater por nada?

Eu só chorava.

— Reaja! Levanta já dessa cama e vá fazer as malas. Vamos nós duas para Buenos Aires! É preciso trocar de ares.

— Você está louca? E as crianças e seu marido?

— O Pedro já está ciente e apoiou essa ideia, ele também está preocupado com você. Serão apenas uns dias! Vamos só nós duas, como nos velhos tempos.

— Não tenho forças.

— Tem sim. Vá para o banho que vou separando umas roupas.

A viagem foi tão engraçada que realmente consegui dar uma aliviada no sofrimento. Só chorava quando via algum doguinho, ou seja, algumas várias vezes, mas tirando isso aproveitamos bastante.

Quando estávamos conferindo uma promoção imperdível de uma famosa marca internacional, conhecemos umas beatas no caixa. Uma garota tinha tentando furtar a blusa de anjinhos e cachorrinhos que eu tinha comprado porque me lembrava do Boni e a beata acabou com a graça daquela descarada. A Izabel era uma socialite brasileira que estava viajando com as filhas. Ficamos conversando sobre a minha tristeza e ela disse que era um chamado de Deus, e continuou:

— Não basta ser espiritualizada, é necessário seguir um caminho.

Mantivemos contato e, quando voltei para o Brasil, comecei a frequentar as missas e o grupo de jovens, mas para comungar era necessário fazer a Crisma. Ir à Igreja ajudou a amenizar minha dor e resolvi me empenhar na vida cristã até ser crismada. Tudo foi muito lindo, mas, como a veterinária tinha dito, o Boni não chegou no céu para brincadeira, ele estava me preparando uma surpresa ainda maior.

VACA

Minha amiga Antonela estava de casamento marcado e eu precisava comprar um presente para o chá-bar. Fui à loja de decoração que ela tinha indicado na lista de presentes, e o conjuntinho de xícaras de café com desenho de vaca estava em promoção, não tive dúvidas, este era o nosso apelido carinhoso.

Aproveitei para comprar um conjuntinho estampado com flores para dar de lembrança de Natal para a Dra. Neide. Pedi que a vendedora colocasse uma *tag* em cada pacote para não correr risco de confusão. Em uma *tag* era para escrever "Vaca" e na outra "Neide Cristina". Perfeito.

Liguei para a Verinha, secretária da Dra. Neide e pedi que me encontrasse no térreo para pegar o presente. Estava com pressa e acabei entregando a embalagem que estava mais fácil. Um pouco depois vejo duas ligações perdidas do escritório.

— Meu pai amado, deixa eu conferir essa *tag*!!!

Quando vi, tinha trocado as embalagens.

— Verinha, me diga que você não entregou o presente!

— Lola, até estava dando umas risadas com o pessoal aqui.

— Vera, não brinca! Você já entregou?

— Não entreguei não, mas porque a Neide foi almoçar com um cliente. Adoraria ver a cara dela quando pegasse essa *tag* de "VACA". Hahahaha. Não é para entregar?

— Claro que não! Eu troquei as embalagens! Estou indo aí para destrocarmos. Mas se não foi por isso, você me ligou por quê?

— Porque reparei que o seu cartão de crédito ficou dentro da sacola e acredito que você precise muito dele, né?

— Estou indo te encontrar!

Sem comentários. Salva pelo gongo.

PARAÍSO

Estava com a minha mãe na casa da Sofia, cuidando dos últimos preparativos para o batizado da minha afilhada, que seria na praia. Enquanto eu provava um vestido lindo, longo e de uma seda em degrade de tons pasteis, a Dra. Neide ligou.

— Onde você está? Tenho uma notícia excelente para te dar!

— Estou na casa da Sofia, aqui no Jardins.

— Que bom, estou saindo do Iguatemi que é pertinho! Me passa o endereço que vou te encontrar aí. Já pode gelar a champanhe!

Ficamos superanimadas e fomos organizar as coisas para receber a Dra. Neide. Eu, na ansiedade, nem me lembrei de tirar o vestido. Ouvimos uma buzina e era a Dra. Neide com o carro embicado na garagem. Corri com a taça de champanhe na mão para recebê-la.

— Minha linda, vejo que já está vestida para a ocasião. Você está contratada! Começa no início do ano! *Cheers*.

Não tenho palavras para descrever meu encantamento, meu sonho estava se concretizando. A tarde foi deliciosa e a Dra. Neide ficou contando sobre como ela tinha se tornado referência na área, enquanto eu, minha irmã e mãe, escutávamos hipnotizadas.

Agora era definitivo, eu estava deixando a vida de contencioso para ir para a área consultiva. *Compliance*, minha nova paixão. Combinamos que eu iniciaria no meio de janeiro.

No começo do ano estava curtindo uma piscina e me sentindo no paraíso, só tinha o que agradecer a Deus. Meu telefone toca e a Dra. Neide desesperada do outro lado da linha:

— Dra. Lolo... – Como ela costumava me chamar. – Acabou de entrar uma investigação enorme, preciso que comece aqui antes, pode ser?

— Só se for agora, Dra. Neidíssima!

— Então venha, estamos te esperando. Quando chegar na portaria, procure pelo Dr. Nicolas, que vai cuidar dos preparativos.

SHERLOCK HOLMES

Estava um sol de rachar, sinal de que eu precisava correr antes de ser pega pela chuva de verão. Nunca me esqueço desse dia, há anos eu não ficava tão feliz! Coloquei um terninho risca de giz com uma camisa branca; fiz escova no cabelo e uma maquiagem sóbria. Parei um táxi na rua e segui para o escritório; chegando lá, fui pega pela chuva.

Ensopada, não tinha como voltar atrás, imprevistos acontecem. Levei aquilo como um sinal de batismo. Na recepção, pedi para falar com o Dr. Nicolas que, para minha surpresa, já estava no térreo à minha espera.

— Muito prazer, Nicolas. A Dra. Neide pediu que eu te esperasse aqui embaixo para entregar o crachá e subir contigo. Vamos direto para a sala de reunião onde a equipe já está reunida, aguardávamos apenas você para iniciar a investigação.

O escritório era uma distensão do Máximo, e apesar de levar o nome de um homem, Marçal & Advogados, M&A, seria a primeira vez em que trabalharia num lugar onde predominavam sócias mulheres. *Compliance* era uma matéria relativamente nova no Brasil e a Dra. Neide foi a sócia responsável por criá-la no M&A.

O Nicolas tinha sido o primeiro estagiário do escritório e era muito querido por todos, atencioso, não saiu do meu lado durante a investigação inteira, foi compatibilidade de gênios imediata. A equipe escalada para aquela investigação era enorme e das mais diversas áreas de atuação, oportunidade incrível de me integrar.

Investigação de corrupção, funciona como um BBB, por conta do sigilo todos ficam restritos a uma sala e só saem de lá quando a investigação termina. Nesse caso, foram meses de trabalho, portanto era: casa – trabalho – casa. Inclusive aos fins de semana. Acabamos formando uma família nos seus altos e baixos, com direito a crises de confessionário.

Nicolas vigiava a todos enquanto a Dra. Neide trabalhava em outros projetos, eventualmente ela passava na sala para ver como estávamos e levar um lanchinho. Eu me sentia a própria Sherlock Holmes e estava adorando tudo aquilo.

DORMIR É PARA OS FRACOS

Era uma sexta-feira tarde da noite e estávamos todos muito cansados. Resolvamos fazer uma pausa para jantar e ficamos conversando enquanto esperávamos o *delivery*.

Paloma contava da cirurgia de redução de estômago que ela tinha feito recentemente e do quanto estava tendo dificuldade para se adaptar à nova realidade, tudo era muito diferente. Otávio falava sobre a dificuldade de ser homossexual num ambiente predominantemente machista, do quanto já tinha sofrido e de como estava se sentindo acolhido lá dentro. Aline relatava o caso extraconjugal que tinha com um sócio renomado do Arvoredo. Michele, descrevia as tristezas dos seus últimos relacionamentos com goys e de como sonhava em se casar com um judeu de boa família. Bianco fazia os cálculos para se organizar, pois sua namorada estava grávida.

— Lola, presta atenção no Bianco, todo desesperado porque levou o golpe do baú da estagiária. – Nicolas disse.

— Você não conhece a família da Linda, é mais fácil eles pensarem que eu estou dando o golpe. Preciso mobiliar o quarto do bebê e já esgotei minhas economias. – Bianco desabafou.

— A Linda te deu uma chave de b*ceta. – Nicolas falou essa brincadeira de mal gosto, mas sua rusticidade impedia que ele notasse.

— Sua namorada é a Linda? Amo os chocolates da loja dela! – Eu disse surpresa.

— Nossa comida chegou! Preparem os cartões. – Nicolas nos alertou.

— Pedi uma cervejinha para nós e champanhe para a Lola, já que ela não bebe fermentados. – Michele ria, enquanto abria sua lata.

— Hahaha, então pode pedir mais champanhe, porque eu não vou tomar cerveja não. Estou acabado, preciso dar uma relaxada. – Bianco salientou.

— Eu também topo champanhe, a semana foi difícil. – Otavio entrou na rodada.

— Então vamos fechar o dia com champanhe e amanhã chegamos mais cedo. Todo mundo topa? – Nicolas deu a sugestão.

— Fechado! – Todos concordamos.

— Vou avisar o resto da turma que voltou para a mesa para fechar o débito de horas. – Paloma nos avisou.

— Vamos ser em quantos, então? Vou pedir umas cinco garrafas! – Michele estava fazendo os cálculos.

— Acho que só o Caio e a Tereza ainda estão no escritório. Mas é melhor calcular uma garrafa por cabeça. – Disse a Paloma rindo.

— Sinto não poder ficar com vocês, vou encontrar meu amante. Até amanhã. – Aline nos contou abertamente.

— Essa menina é tão estranha, como ela fala uma coisa dessas na maior naturalidade? – Michele disse intrigada.

— Fora que ela é horrorosa, não sei como consegue ter amante. – Nicolas ainda fez esse comentário indelicado.

— Ai gente, que papo pesado, foco na champanhe. – Eu disse, já que não queria ficar falando mal dos colegas de trabalho.

Estávamos em *standby* a mais ou menos duas horas quando a Dra. Neide entra na sala de reunião:

— Que bagunça é essa aqui? Pedem champanhe e nem me convidam! Vou querer uma taça bem cheia.

— Dra. Neide, resolvemos encerrar por hoje e entramos mais cedo amanhã. O trabalho já não estava fluindo. – Nicolas foi logo justificando.

— Vocês estão dizendo que acabando aqui já vão embora? Mas ainda são 23h, se querem ganhar dinheiro, precisam trabalhar! Quanto maior o número de horas debitadas, maior o nosso lucro e mais rápido fechamos o caso, abrindo espaço para outro… E mais dinheiro entra! – Dra. Neide falou.

— Concordamos, Neide, mas passamos a semana trancados das 7h até madrugada adentro, e agora o tico e teco pifaram. O maior interessado em ganhar dinheiro sou eu, mas confesso que por hoje não dá mais. Nosso trabalho está superadiantado e amanhã entraremos mais cedo, pode ir dormir tranquila. – Bianco a respondeu.

— Prestem atenção no que eu vou falar, principalmente você, Dra. Lolo, que ainda é nova por aqui. Dormir é para os fracos! Eu durmo três horas por noite e olhe lá. – Dra. Neide disse para todos nós, especialmente para mim.

— Entendido, Dra. – Respondi.

— Que bom, então sigam meu exemplo. Vou terminar essa tacinha e voltarei para os meus compromissos, vocês deveriam fazer o mesmo. Amanhã quero todo mundo aqui às 8h. – Neide falou isso nos mostrando a taça de champanhe.

— Mas Dra. Neide, amanhã é sábado, combinamos de chegar às 10h, em vez de 12h. – Nicolas falou.

— Se reclamar eu marco para às 6h. E você, Nicolas, deveria se preocupar em dar o exemplo em vez de reclamar, senão eu troco a investigação de monitor. – Dra. Neide disse de forma ríspida.

Neide preencheu a taça dela com mais champanhe e saiu da sala.

Lola: O que foi isso, pessoal? Não sei dizer se ela ficou brava conosco ou se estava brincando, não mudou o tom de voz em nenhum momento. Pelo amor de Deus não posso queimar o meu filme, vamos voltar ao trabalho.

— Lola, aproveitando que estamos todos íntimos, vou te fazer a pergunta que não quer calar: como você aguenta essa mulher? – Bianco me perguntou.

— Eu admiro demais a Dra. Neide e nas vezes em que trabalhei com ela no Máximo, ela foi supergentil. Imagine, ser referência na área, ela é minha musa. – Eu disse.

— Bianco, para de pegar no pé da Lorena. – Nicolas disse tentando conter o nosso colega.

— Nem vem que nem você aguenta! – Bianco disse fazendo uma careta.

— Ela é uma das sócias que mais traz trabalho e dependemos de débito de horas para ganharmos dinheiro. Se ela pega implicância, coloca de escanteio e aí já viu né. – Nicolas refletiu.

— É mesmo, lembra o que aconteceu com o Diego? Ela simplesmente parou de passar trabalho pra ele do nada e o deixou às traças. Coitado, ficou supermal. – Disse Paloma lembrando os colegas dos cancelamentos que a Neide costumava fazer.

— Sorte que eu não dependo dessa bruxa, pois trabalho diretamente com a Roberta e faço uns bicos com outros sócios para ganhar uma renda extra. – Michele disse aliviada.

— Já passei por uns maus bocados, mas me apeguei à ideia de que trabalhando com a Dra. Neide zeraria meu karma. Ela foi um anjo durante todo o período sombrio que passei antes de entrar aqui, então, nem brinquem com uma coisa dessas. – Eu disse já fazendo o sinal da cruz.

— É só uma questão de tempo para você perceber. – Michele disse.

Dormir é para os fracos

FEMINISTA É QUEM TEM CABELO NO SOVACO

Na semana seguinte, tarde da noite, um estagiário aparece na sala de investigação para entregar uma garrafa de *Veuve Cliquot* que a Dra. Roberta tinha enviado para nós. Ficamos superempolgados, mas resolvemos deixar para abrir mais tarde, quando todo mundo fosse embora.

— Lola, minha chefe é sensacional, ela tem o maior faturamento do M&A e é arquirrival da Neide, elas não se bicam desde a época do Máximo.

— Briga de peixe grande, né? Não vamos nos envolver.

— Se você imaginasse os motivos, repensaria sua ídola. Todos nós tínhamos certeza de que você seria uma "aberração *mini me*", quando a Neide disse que traria uma garota para ser exclusiva dela. Que alívio foi constatar que você era completamente o oposto! Mas tudo bem, você ainda está na fase de encantamento. Vamos lá que a Roberta está louca para te conhecer!

Estava achando tudo no mínimo exótico, a Dra. Neide era rígida com trabalho, mas nada que eu não achasse normal em virtude do que já tinha passado. A Michele me levou até a sala da Roberta que era uma mulher alto-astral, extremamente simpática.

— Fico feliz de termos mais uma mulher em nosso escritório! Somos a banca mais feminina desse Brasil. Ouvi falar muito bem sobre você, Lola, também ouvi dizer que adora champanhe, então, espero que tenha gostado do presentinho que mandei.

— Presentão, Dra. Roberta! Nós amamos.

— Aqui no M&A, com exceção da sua chefe, todas as mulheres se apoiam, viu? Pode contar comigo para o que precisar.

— Roberta, a Neide deve ter enfrentado muitos obstáculos para chegar onde chegou, é só uma questão de tato para lidar com ela.

— Um dia te conto tudo, não quero te envenenar. Mas saiba que quando nós saímos do Máximo, ela fez questão de dificultar todo o processo e agora vem pra cá com o rabo entre as pernas. Eu não confio nessa mulher.

Fiquei constrangida, tinha gostado muito da Roberta, mas não me sentia à vontade quando alguém falava sobre a Neide, eu amava aquela mulher.

— Dra. Neide, hoje a Michele me levou para a conhecer a chefe dela, que nos enviou uma garrafa de *Veuve*.

— Aquela invejosa não perde a oportunidade.

— Desculpe, Dra. Neide, se preferir devolvemos a garrafa.

— Devolver que nada, eu vou beber com vocês. O que você achou da Roberta?

— Achei ela simpática e muito acolhedora. Falou que somos o escritório com a maior quantidade de mulheres do Brasil!

— Ela é feminista Lola, não dá pra confiar nessa gente. Se hoje nós temos que trabalhar igual um cão é porque lá atrás uma infeliz com cabelo no sovaco resolveu queimar o sutiã.

— Respeito sua posição Dra. e, apesar de não me intitular feminista, acredito que o apoio entre mulheres é fundamental. Sabemos o quanto a sociedade é machista, principalmente no mercado jurídico.

— Eu me fiz sozinha, não precisei de ninguém, homem ou mulher. Te aconselho a seguir meu exemplo.

— Entendido. Voltarei para a investigação.

Voltando para a sala de reunião a Michele estava contando para o pessoal como tinha sido minha conversa com a Roberta, enquanto abria a garrafa de champanhe.

— A Lola vive no país das maravilhas.

— Eu ouvi isso, Michele.

— Era para ouvir mesmo, só não vê quem não quer.

— A Roberta é simpática, mas também não é flor que se cheire. – Nicolas entrou na conversa.

— Vocês são baba ovo da Neide, prefiro mil vezes a Roberta, que tenho certeza de que não me deixaria para trás. – A Michele disse.

— Credo, Mi, deixa de ser azeda. A Lola acabou de entrar. – Paloma tentou apaziguar a situação.

— Pois a Neide se fez sozinha na vida, temos que dar um desconto! Imagina conquistar tudo o que ela conquistou sem a ajuda de ninguém? – Eu defendi a minha adorada.

— Lola, a Neide já foi casada três vezes. – Bianco me contou.

— E o que isso tem a ver? – Eu questionei.

— Tem a ver que um dos maridos foi um puta cliente do Máximo, deu pra dar um *upgrade* na carreira. – Nicolas disse.

— Vocês estão sendo machistas. – Eu disse incrédula.

— Eu concordo com os meninos, cliente abre portas. – Paloma concordou com Nicolas e Bianco.

— Mas não tira o mérito dela, se ela não fosse capaz, não chegaria onde chegou. – Rebati.

— Ela chegou onde chegou por mérito, ok, mas também torturando todo mundo que trabalhava pra ela. Veja a Sheila, ela foi estagiária da Neide e disse que nunca sofreu tanto. – Michele deu um exemplo.

— E hoje é uma das maiores sócias daqui. Rebati a favor novamente.

— Prefiro ser assalariada para o resto da vida do que ter que passar pelo que ela passou. – Paloma constatou.

— Todos se lembram onde estavam no 11 de setembro, né? Pois bem, a Sheila trabalhava para a Neide na filial do Máximo em Nova York e contou que enquanto o mundo estava desesperado, a Neide manteve todos trabalhando no escritório, não deixou ninguém ir embora. – Michele contou para todos nós.

— Que horror, eu não sabia dessa história. Até aqui no Brasil as coisas pararam, lembro que no dia minhas aulas foram suspensas. – Otavio disse horrorizado.

Tereza e Caio entram na sala.

— Chegamos na hora certa, vamos beber champanhe! Disse Tereza.

IRMÃOS SÃO COBRAS

Minha irmã Vanessa estava em crise no casamento e veio passar um tempo no Brasil, ela ficou na casa da minha mãe, onde eu também morava.

— Lorena, sou a mais velha, você tem que ceder o seu quarto que é o maior.

— Só se você estiver ficando louca. Mãe, não aguento mais a Vanessa.

— Lorena, a casa é minha e eu sou mãe, todas as minhas filhas são bem-vindas aqui.

— Não estou dizendo que é para mandar a Vanessa embora, mas não vou desfazer do meu quarto. Sem noção.

— Quando você tiver a sua casa, você dá ordens.

— Você vai me tirar do meu quarto?

— Eu vou conversar com a Vanessa, e você vai para o trabalho porque já está atrasada.

Cheguei no escritório puta da vida, e fui procurar o Bianco para saber como tinham sido as pesquisas dele por apartamento. Já era hora de eu me mudar.

— Lola, está tudo muito caro por aqui. A não ser que você queira morar na *Zona Lost*, não te aconselho a mudar agora. – Bianco me explicou.

— Se eu pudesse estaria morando com a minha mãe até hoje, mas infelizmente não rolava levar mulher pra casa. – Nicolas disse.

— O que é esse movimento aqui que vocês ainda não foram para a sala de investigação? – Dra. Neide já foi logo perguntando.

— Dra. Neide, me desentendi com a minha irmã e estou superchateada. Para completar, minha mãe fica protegendo a filhinha predileta. – Contei.

— Somos mais parecidas do que eu poderia imaginar. Eu também não me dava bem com a minha mãe, e as minhas irmãs eram terríveis. Aprendi desde pequena que irmãos já nascem disputando o amor dos pais, então, são concorrentes desde pequenos. Irmãos não são amigos, são cobras prestes a abocanhar. – Dra. Neide falou com toda naturalidade do mundo.

— Nossa Dra. Neide, eu amo as minhas irmãs! – Eu disse aquilo, pois estava chateada, mas não era para tanto.

— Ingenuidade sua, é uma questão de tempo até alguma te passar a perna, ou vai dizer que isso nunca aconteceu? – Dra. Neide me disse tentando abrir meus olhos.

Fiquei pensando naquilo, se a minha musa falou, estava falado. A partir daquele momento iria prestar mais atenção nas minhas irmãs. Afinal, como mais nova, estava cansada delas me passando a perna.

— Dra. Neide, estou pensando em sair da casa da minha mãe.

— Se eu fosse você não faria isso agora, vai juntando dinheiro e depois dá um tremendo *goodbye*. Não adianta querer se vingar e ir morar embaixo da ponte.

— Não estava pensando por esse lado, mas tem razão quanto a parte de juntar o dinheiro. Já estourei o cartão esse mês. Preciso me policiar.

A investigação já estava no fim e a Sheila falou comigo para me convidar para participar de uma *due diligence* que seria feita num projeto de aquisição para um cliente dela:

— Claro, Dra. Sheila, muito obrigada por se lembrar de mim! Vou pedir autorização para a Dra. Neide.

— Dra. Neide, a Sheila me convidou para participar de uma *due diligence*.

— E você disse que não podia, certo?

— Na verdade eu aceitei, mas disse que antes falaria com você.

— Pois trate de ir lá agora e dizer que você é minha contratada, para trabalhar exclusivamente para mim. Que desaforo! Ela tinha que ter pedido a minha permissão antes de falar com você.

— Ué, mas aqui as coisas não funcionam por débito de horas? Tenho certeza de que a Sheila achou que você ficaria feliz por ela me colocar num projeto, já que a investigação está chegando ao fim.

— Você não tem que ter a certeza de nada. Fale comigo antes de fazer qualquer coisa nesse escritório. Ainda estou pisando em ovos aqui e escritório de advocacia só tem traíras. Ninguém é amigo de ninguém, é cada um por si.

— Ok, sinto muito. Vou falar para a Sheila que tinha me esquecido de um projeto que se iniciaria.

— Fale que você trabalha exclusivamente para mim e pronto. Não tem que ficar dando explicação. E preste atenção, Lorena, faço isso para te proteger. Nas grandes corporações a vida útil de um advogado é de cinco anos, porque eles te sugam até não poder mais e depois te forçam a pedir para sair. Você é um dos descartáveis, pois confia em todo mundo. Pessoas no seu perfil são as primeiras a serem devoradas. Para sobreviver nessa terra de canibais tem que ter sangue frio e não se pode confiar em ninguém. Você é presa fácil, prontinha para ser servida como sobremesa.

Fui procurar a Sheila e disse que infelizmente não poderia participar da *due diligence,* pois teria que me dedicar aos casos da Dra. Neide.

— Lola, não precisa ficar envergonhada, eu conheço muito bem a Neide, ela te proibiu de trabalhar com qualquer outro sócio, não foi?

— Na verdade, Sheila, eu fui contratada para trabalhar exclusivamente para ela, o erro foi meu em aceitar participar do projeto sem pedir autorização.

— Não se preocupe, eu entendo. Corre lá antes que ela te de outra bronca.

NÃO DOU PONTO SEM NÓ

A investigação acabou e finalmente teria uma mesinha para chamar de minha. A Dra. Neide tinha cuidado para que eu me sentasse numa mesa exatamente em frente a sala dela. Ao meu lado se sentava o famoso China, advogado do contencioso que eu muito tinha ouvido falar, mas não tinha tido a oportunidade de conhecer.

— Lola, nessa gaveta fica o desodorante oficial.

— Oi?

— Nos sentamos muito próximos do banheiro e precisamos nos precaver.

— Hahaha, ok!

— Que risadaria é essa? – Dra. Neide foi logo nos interrompendo.

— O China está se apresentando. Respondi.

— Você tem facilidade para fazer amigos homens, né? Fica jogando todo o seu charme.

— Desculpe, Dra.

— Venha aqui que eu vou te explicar uma coisa.

Entrei na sala da Neide e ela pediu que eu fechasse a porta:

— Você não pode ficar se expondo dessa forma, tem que se resguardar mais. Veja, sou supersociável, mas sempre mantenho a linha. Contatos são para o futuro e não se pode dar ponto sem nó. Você deve selecionar mais para quem se abre.

— Entendi Dra., pode ficar tranquila que irei me policiar.

Chego na minha mesa e tinha uma mensagem do China no *chat* interno do escritório:

— Quem é essa mulher para falar de exposição? Já reparou que ela se senta com as pernas abertas? Olha lá a calçola bege aparecendo. O pior é a meia calça "sensual" na metade das pernas. Deprimente.

Mesmo com a porta da sala fechada, nossa mesa ficava tão próxima que o China tinha ouvido toda a conversa.

— China, por favor, não me mande esse tipo de mensagem por aqui.

— Não dá pra gente abrir a boca que ela fica de olho. Me sinto vigiado 24h. Você que se adapte ao *chat*, porque não vou parar de enviar mensagens.

Começamos a rir.

— O que foi agora? Vocês dois estão de caso? – A voz da Dra. Neide fez parar nossas risadas.

— Dra., desculpe, vou preparar os relatórios que me pediu.

REQUISITOS PARA SER UMA BOA ADVOGADA

As coisas na equipe da Dra. Neide tinham dado uma esfriada e estava quase sem trabalho debitável para fazer. O pouco que tinha, ela cortava as minhas horas com as desculpas mais inimagináveis.

— Foi o Bianco que fez o trabalho para você, né?

— Ficou muito bom, não tive que mudar uma vírgula. Certeza que você não fez sozinha.

— Quem foi a vítima do seu charme dessa vez? Você era do contencioso, não tinha como saber essa cláusula.

— Isso aqui eu tive que refazer inteiro, por isso vou cortar suas horas.

— Como você terminou isso tão rápido? Por certo copiou de alguém.

Eu já não estava conseguindo lidar com a situação e me sentia culpada. Oras, Neide era minha musa, a estrela da área, tinha me dado a chance da minha vida, como que eu poderia desapontá-la tanto. Comecei a repensar toda a minha capacidade e a afogar as mágoas com *happy hours* diários.

Determinadas situações me faziam chorar, porque eu não conseguia me superar.

— Dra. Lolo, para ser uma boa advogada, você tem que ter postura. Não pode ir ao banheiro tantas vezes! Eu contei e nas últimas duas horas você foi quatro vezes! Tem que beber menos água.

— Você deveria usar do seu dom de comunicação para fazer Publicidade ou *Marketing*, você não nasceu para o Direito. Para ser uma boa advogada, tem que sentar a bunda na cadeira e esquecer do resto.

— Todo dia essa história de sair para almoçar com os coleguinhas; veja eu: almoço em quinze minutinhos aqui na minha sala mesmo, não é preciso ficar rodando a bolsinha por aí.

Nos dias em que ficava sem trabalho, não podia ir embora antes dela, ao menos poderia aprender por osmose ao fazer companhia. Ocorre que todos os dias ela ficava até tarde no escritório, porque não tinha nada que a prendesse em casa, então, eu não poderia fazer corpo mole.

Independentemente da hora em que fossemos embora, eu deveria estar de volta às 9h, porque ela precisava de alguém no escritório enquanto ela trabalhava de casa.

Nos dias em que ficávamos até tarde, ela era boazinha comigo, me mandava comprar champanhe no posto da esquina, para bebermos durante a madrugada. E, nesses dias, ela até ficava mais leve e divertida.

— Viu só, Dra. Lolo, quando você fica aqui para me acompanhar, te dou champanhe; só não faço isso quando você tem trabalho, porque, ao contrário de mim, você não sabe beber.

— Realmente, sou muito sensível para álcool, fico louca rapidinho.

— Você tem que ser mais como eu, não é à toa que hoje sou a rainha da área.

— Dra. Neide, você nunca pensou em ter filhos?

— Não dá para ser mãe e ter vida profissional. Ou um ou outro. Quando você divide sua atenção, acaba não fazendo nada direito. Meus filhos são os meus gatos.

— Eu canceriana que sou, sonho em um dia poder constituir família.

— Se quiser ser igual a mim, pode deixar esse sonho para a próxima encarnação.

MEU BRAÇO DIREITO

A Verinha parou na minha mesa para reclamar da vida, algo que ela fazia sempre que a Neide não estava no escritório.

— Eu pensando que teria essa semana de paz com a ida da Neide para Nova York, mas a mulher não para de me ligar. Cada hora quer que eu faça algo diferente e tudo é urgente.

— Eu te entendo Verinha, mas precisamos ter paciência, ela não tem ninguém na vida, só a gente.

— É por piedade que estou até hoje aqui, mas o estresse desse período já me engordou 10kg. Sabe, Lola, tem momentos que eu amo essa mulher, como no dia em que ela me ajudou a pagar a escola do meu filho, mas pouco tempo depois já começo a odiar, como na semana seguinte em que ela me cobrou o valor. É uma relação de amor e ódio, porque ao mesmo tempo em que eu quero sair, não consigo me livrar, entende? Parece que ela tem poder sobre mim!

— Eu sinto a mesma coisa, sou tão grata a ela e a admiro tanto que não consigo sentir raiva, apesar de muitas vezes chorar com o que ela diz. Às vezes eu sinto como se a culpa fosse toda minha, porque já passei por muitas dificuldades no profissional e acabei apostando as minhas últimas fichas nesse trabalho. Não sei o que seria de mim se saísse daqui.

— Ela já te chamou de burra? Esses dias ela me chamou de burra e depois disse que não conseguia viver sem mim, vai entender.

— Um dia ela pediu para eu redigir um contrato para um caso pessoal dela, quando entreguei ela falou: "Você não é paga pra isso, se fosse para não pensar eu contratava um estagiário, que é escravo a baixo custo." Toda aquela frase foi absurda.

— Bem vinda ao time, se ela te chamou de burra, mesmo que indiretamente, é porque gosta de você. Experiência própria.

A semana foi até que tranquila pra mim, quem estava penando era a Verinha, e eu a ajudava no que podia. Na sexta-feira de manhã a Neide ligou:

— Dra. Lolo, acabei de pedir para a Verinha montar umas pastas para uma aula que vou ministrar. Imprima os estudos que pedi para você fazer e a ajude com isso, são apenas 100 unidades.

As pastas eram enormes e eu e a Verinha ficamos até tarde da noite para finalizar.

— Meus filhos já até esqueceram da mãe. Desde que comecei a trabalhar para a Neide, que não paro mais em casa.

— Não fale assim, Verinha, mãe é mãe! Podemos terminar isso amanhã.

— Você pirou? Amanhã é sábado e eu preciso de um dia de sossego. A Neide estará de volta domingo.

— Tudo bem, já passamos da metade, logo a gente termina.

Terminamos umas 22h e fomos embora. Cheguei em casa e minha mãe me esperava para assistirmos um filme, precisávamos de um tempo juntas. Fui tomar um banho e colocar um pijamão, tinha a intenção de ficar o fim de semana inteiro embaixo das cobertas. Coloquei o celular no silencioso e peguei no sono logo no início do filme. Meia-noite e o telefone fixo começa a tocar. Minha mãe se desesperou pensando que algo tivesse acontecido com as minhas irmãs. Corri para atender.

— Dra. Lolo, querida! Não te acordei, né? Por que a senhorita não atende o celular?

— Olá Dra. Neide, ele está no silencioso, desculpe.

— Você é meu braço direito, não pode fazer uma coisa dessas! Quando liguei na sua mesa e ninguém atendeu, fiquei preocupada.

— Ah sim, eu e a Verinha saímos do escritório assim que terminamos de montar as suas pastas.

— Pois não deveriam ter feito isso. Preciso que você vá ao escritório e me mande uma cópia digitalizada da versão final da pasta. Vou aproveitar para estudar no avião, enquanto volto para o Brasil.

— Pode deixar, Dra. Neide, amanhã cedinho te mando.

— Será que eu não fui clara? Preciso disso agora, caso contrário não vou conseguir me organizar.

— Sem problemas, estou voltando para o escritório.

— E nunca mais saia de lá antes de ligar.

— Minha filha, essa mulher está passando dos limites. – Minha mãe disse, para a minha surpresa.

— Relaxa, mãe, estou aprendendo com a melhor.

— Eu não entendo esse fascínio que você tem pela Neide.

— Mãe, você está com recalque porque tem que dividir sua filhinha, hahaha.

— Lorena, radar de mãe não falha, tem algo estranho com essa mulher. Va se aprontar, senão daqui a pouco ela liga aqui de novo perguntando por que você não está no escritório.

Meu braço direito

LOOK DO DIA

A Dra. Neide chegaria aquele dia de Nova York e eu queria surpreendê-la, resolvi colocar um tubinho preto da Prada que ela tinha me dado, da época em que era "mocinha como eu". Não havia nada pendente e eu e a Verinha ainda tínhamos comprado flores para a sala da Neide, porque ela adorava. Tudo perfeito.

— Bom dia, minhas queridas, trouxe umas lembrancinhas para vocês! Passem na minha sala para buscarem e colocarmos o papo em dia. Vera, essa caixa de chocolates da *Lindt* você distribui para o pessoal.

Levantei da minha mesa e fui correndo receber a Dra. Neide.

— Dra. Lolo, que roupa é essa?

— Gostou? É o vestido da Prada que você me deu! Coloquei em sua homenagem.

— Está parecendo uma prostituta de luxo. Não é possível que esse seja o vestido que eu te dei. Você andou encurtando a barra?

— Não! É a primeira vez que uso e está do mesmo jeito do dia em que provei na sua casa.

— Então eu deveria estar cega para te dar esse vestido, ou você engordou demais. Está horrível. Melhor ir para a sua casa se trocar antes que mais pessoas vejam isso.

Fui para casa me sentindo uma quenga gorda e, aos prantos, coloquei um terninho, por cima de uma camisa abotoada até o pescoço, estava a verdadeira freira.

— Pronto, Dra. Lolo, viu só como foi rapidinho? Essa roupa está bem melhor para disfarçar as gordurinhas. Aliás, passa na sala da sua amiga Paloma e mostra esse *look* pra ela. Aquela menina se veste muito mal e aquele cabelo parece uma vassoura de palha.

— Dra. Neide, a Paloma fez cirurgia do estômago e devido a isso teve queda dos fios; seria insensível comentar qualquer coisa do gênero.

— Ela é daquele tamanho mesmo tendo feito cirurgia? Não entendo essa geração de hoje, vocês não têm a mínima noção de vaidade. Se tiver um fio de cabelo fora do lugar, não saio de casa e, para manter a forma, vou ao SPA sempre que posso; por isso não aparento a minha idade. Para se ter sucesso tem que trabalhar a imagem, porque ninguém gosta de gente gorda e desarrumada. Aquela outra, a Michele, anda com os dedos dos pés espatifados naquela sandália de muambeira, acho um horror. Veja, aqui é só solinha vermelha.

— Entendi, está precisando de algo?

— Sim, por gentileza, organize essa papelada que está saindo pra fora do meu gaveteiro. Não aguento essa desorganização. Ah, Dra. Lolo, revisei o material de estudos que você enviou e ficou um horror. Esquece que eu tenho dupla nacionalidade? Não dá para cometer aqueles erros de inglês, um vexame. Sorte que sou boazinha, mas acho melhor você buscar umas aulas particulares.

— Na verdade, eu já faço Dra. Neide, e você inclusive conheceu meu professor. Ele vem aqui para revisarmos textos jurídicos todas as quartas na hora do almoço.

— Sim, sim, me lembrei. Não adianta, para chegar no meu nível você teria que nascer de novo e nos Estados Unidos!

— Aproveita que você vai arrumar minha gaveta e faz uma faxina nos meus armários, a filha de um amigo meu quer fazer Direito e vem conhecer o escritório amanhã. Organiza o material de *Compliance* que eu vou dar umas aulas para ela.

— Ok, vou começar pela gaveta e depois do almoço termino os armários.

— Queridinha, esqueceu que pra ser uma boa advogada não pode ficar perdendo tempo com almocinhos? Faça como eu e traga a sua própria marmitinha! Mas hoje tudo bem, pode pedir para entregarem algo, assim você almoça na copa e não perde tempo dando voltinhas por aí.

Contava as horas para esse dia acabar, toda a saudade que eu tinha sentido da Neide acabou no momento em que ela me mandou para casa trocar de roupa. Eis, que no dia seguinte, ela surge maravilhosa e advinha com qual *look*? Sim, tubinho preto, semelhante àquele em que eu parecia uma prostituta de luxo.

— O pior não é nem essa roupa, olha lá a perna arreganhada com a calcinha bege; deve ser aqueles negócios de espremer a barriga. – China comentou baixinho.

— China, estou rindo, mas é pecado. Vamos trabalhar.

ONDE SE GANHA O PÃO NÃO SE COME A CARNE

Uma das maiores hipocrisias que se tem no mundo jurídico é de que os colaboradores não podem se relacionar amorosamente. Convenhamos, você passa praticamente 24h do seu dia dentro de um escritório e vai esperar que o amor surja numa arvore de maçã, plantada numa floresta encantada? Pelo menos no M&A isso já tinha sido superado, inclusive, alguns dos sócios eram casados entre si.

Todos estávamos empolgados com o casamento da Michele. Ela tinha conhecido o tão esperado judeu perfeito, noivado e estava de casamento marcado, tudo em três meses. Minha irmã Sofia foi no escritório para mostrar uns *looks* que ela vendia e que seriam adequados para um casamento na praia. A Paloma comprou um vestido Versace de lantejoulas que era divino; ela tinha feito a cirurgia para retirada de pele há pouco tempo e queria estrear o "corpitcho"; Tereza comprou um vestido florido e eu optei por usar o vestido de seda que tinha usado apenas no batizado na minha afilhada. O escritório inteiro ia.

— Dra. Lolo, acho que você não deveria ir para essa festa, esse pessoal não é confiável.

— Puxa, Dra. Neide, eu adoro a turma aqui do escritório. Já até sei o vestido que vou usar.

— Quem avisa amigo é, e nem falo isso porque não fui convidada. Acho uma exposição desnecessária.

— Estou tranquila com a minha decisão, me sinto à vontade com eles.

— Fale por si.

Como a Neide sempre tinha uma palavra desagradável sobre tudo o que eu fazia, nem fiquei abalada, infelizmente já tinha me acostumado com aquilo. Provei o vestido que tinha separado para usar e ficou justo, na hora pensei: bem que a Neide disse que eu estava gorda, vou optar por algo mais larguinho. Comecei a me olhar no espelho e meus cabelos estavam escassos, minha pele cheia de bolinhas e uma alergia tremenda no busto.

— Deve ser estresse, tenho trabalhado muito. Semana que vem vou ao médico.

O casamento foi lindo e a Michele estava radiante. Todos nós nos acabamos de beber! A Paloma estragou o vestido rolando nas pedras com um paquera, o Otávio beijou o "primo hetero" do noivo e eu cedi aos encantos do Augusto, o advogado queridinho da Sheila. Éramos os únicos solteiros da turma e tínhamos que honrar com o título.

Eu e o Augusto fomos andando pela praia a caminho do hotel em que o pessoal do escritório estava hospedado. A praia era de tombo e eu caí, ele foi me segurar e rodamos na areia feito croquete. Valeu a noitada!

No dia seguinte acordei com uma mensagem do Augusto, ele tinha adorado me conhecer melhor e estava me convidando para voltar com ele de viagem para jantarmos num restaurante bacana que adorava. Fiquei apaixonada de cara. A Tereza estava puta da vida porque gostava do Augusto, contudo, eles já tinham deixado de ficar há muito tempo e sequer se falavam direito; eu mal os conhecia; então, não tinha noção do que tinha rolado entre os dois. O clima ficou estranho na galera, mas não estávamos nem aí. A Paloma voltou de carona com a gente, queria contar detalhes sobre a aventura dela.

Fechando o domingo com chave de ouro, recebo uma ligação da Neide:

— São 2h, me desculpe, mas você sabe que eu rendo melhor a noite. Estou enviando um arquivo que preciso que esteja pronto na minha mesa assim que eu chegar. Você consegue, né? Meu *personal* é às 6h e umas 9h no máximo estarei no escritório. Aliás, já fiquei sabendo da sua aventura do fim de semana, não aprende nada do que eu te ensino: já disse que onde se ganha o pão não se come a carne. Estou pouco me lixando que no M&A eles são liberais, não esqueça que você trabalha pra mim, o seu salário sai da minha célula.

— Ok, Dra., o documento estará pronto na sua mesa amanhã quando você chegar.

— Você está com as asinhas muito de fora ultimamente, não vai me explicar o que foi esse seu deslize com o Augusto?

— Dra., são 2h da manhã, pode deixar que amanhã te conto sobre o fim de semana.

— Você é insubordinada.

— Dra., você está bem? Bebeu algo de estômago vazio?

— Quem não sabe beber é você, posso tomar minha adega inteira que fico bem.

— Então está bem, até amanhã.

Desliguei o telefone e ela continuou ligando, mas eu não precisava passar por aquilo. Definitivamente, a forma como a Neide entrava na minha vida pessoal, ultrapassava qualquer limite de sanidade. Me levantei, fiz um café forte e fui abrir meu *e-mail*. O documento tinha mais de 50 páginas e acabou com a minha noite. No dia seguinte cheguei no escritório às 9h acabada. A Dra. Neide só foi chegar perto da hora do almoço.

— Dra. Lolo, a senhorita está parecendo um zumbi.

— Pois é, passei a noite em claro para terminar o documento que você enviou.

— Ah, aquelas políticas? Nem eram tão urgentes, só vou rever amanhã.

Inacreditável. Será que ela se lembrava que tinha me ligado? Esse é um segredo que eu nunca saberei.

EM BOCA FECHADA NÃO ENTRA MOSQUITO

Estava empolgada porque os sogros da Sofia tinham lembrado de mim para um projeto bacana, este seria meu primeiro cliente no M&A e ainda era uma multinacional!

— Dra. Neide, vamos pegar um caso dos sogros da minha irmã. Fiquei tão feliz que eles lembraram de mim!

— Que bonitinha, você acha mesmo que eles te procuraram por sua causa? Esquece que eu sou a referência no mercado? Você é apenas o canal que eles vão utilizar para chegar até mim, mas não se preocupe, te dou o *client fee*.

— Dra. Neide, concordo que você seja a rainha da área, mas os pais do meu cunhado já me conhecem de outros carnavais! Eram clientes da Mila lá no Campos & Castro e tive a oportunidade de atuar em vários casos deles.

— Sim, querida, mas a sua área era outra. Menos, por favor. Lembra daquelas políticas? Eu já revisei, temos reunião às 14h, vai estudar o material e aproveita para baixar sua bola.

Fui estudar as políticas, mas estava tranquila; o documento já tinha ido e voltado com tantas críticas que eu até sabia de cor. Aquela reunião estava no papo. Os clientes chegaram e a Dra. Neide me enviou para recebê-los enquanto dava um retoque na maquiagem.

— Leve eles para a sala e fique calada, lembre-se que em boca fechada não entra mosquito.

Fui receber os dois clientes e um deles me reconheceu, era da cidade dos meus pais. Como um bom mineiro, começou a contar da infância, dos amigos em comum, perguntou da minha família. Quando a Dra. Neide entrou na sala, o papo estava fluindo. Ela foi supersimpática, mas percebi que ficou incomodada, melhor seria eu me calar o quanto antes. O problema era que todo assunto em que entravam, o mineiro perguntava da minha opinião, tentando me introduzir no tema.

— Bruno, eu apenas auxiliei a Dra. Neide, que é mestre no assunto, toda e qualquer opinião que eu tiver será apenas uma repetição do entendimento dela, estou nessa reunião para aprender.

Bruno, sociável como que só o mineiro sabe ser, não deu muita bola enquanto degustava, segundo ele, o melhor pão de queijo que já tinha comido em reuniões. Ele ria e continuava perguntando minha opinião e eu continuava repetindo que acompanhava o voto da Dra. Neide.

Finalizada a reunião, troca de cartões, voltamos pra mesa.

— Lorena, de onde você conhece o Bruno? Andou fazendo *lobby* pelas minhas costas?

— Dra., ele é da cidade dos meus pais.

— Eu te alertei que não era para abrir a boca, e você passou a reunião falando igual uma matraca.

— Dra., eu até assumo que o papo fluiu antes da sua chegada, mas uma vez que a reunião começou, eu só concordava com o que você dizia.

— Nem adianta guardar o cartão do Bruno, quem entra em contato com meus clientes sou eu. Nunca, jamais, fale com qualquer cliente sem a minha autorização. Fui clara?

— Pode deixar, aqui está o cartão dele.

No mesmo dia o Bruno enviou *e-mail* e me adicionou nas redes sociais, mas eu ignorei tudo. Não poderia deixar a Neide ainda mais irritada.

— Hoje vou ficar até tarde no escritório, comprei uma champanhe para você me acompanhar. Enquanto termino umas pendências, quero que você veja esse curso de casamento do meu amigo. Vou dar de presente para a Larissa, já que ela não tem muito futuro como advogada, quem sabe arruma um bom marido. E você pode ver se se interessa também, faço questão de te dar de presente.

AFOGANDO AS MÁGOAS

A situação chegou num nível em que fiquei destruída. Marcava *happy hour* com a galera diariamente pra afogar as mágoas e anestesiar a dor. Eu tinha me afastado da minha família de "cobras", e acabado com qualquer hipótese de relacionamento com o Augusto... A única "amiga" que me restava era a Dra. Neide, como ela própria gostava de afirmar.

O volume de trabalho tinha diminuído bastante e eu não estava dando conta de me bancar no M&A. Engraçado era a Neide dizer isso, sendo que ela mesma tinha me proibido de trabalhar com qualquer outro advogado que não fosse ela. Se ao menos eu pudesse atuar em casos de outros sócios, teria horas remuneradas para debitar, e não estaria dedicando meu tempo em cuidar dos casos pessoais da Neide.

Ela sugeriu que eu não prestava mais para trabalhar com ela e, por isso, estava liberada para procurar trabalho com os outros sócios, se eu tivesse sorte conseguiria algum "casinho". Ah, e o lembrete mais importante, eu não estava autorizada a fazer qualquer trabalho da área dela lá dentro.

Cheguei a procurar por alguns sócios, como a Sheila e a Roberta, mas nenhuma das duas estava disposta a comprar uma briga com a Neide:

— Você tem que entender, Lorena, a Neide é uma das sócias que mais traz dinheiro para o escritório, não é o ideal se indispor com ela. – Sheila me disse.

A Roberta foi ainda mais longe:

— Infelizmente, não posso fazer nada. Desde o começo te avisei com quem estava se metendo, mas se quiser um conselho, vá para o escritório concorrente, daquela tailandesa que ela odeia, que você vai se vingar com estilo dessa bruxa.

Eu não estava em clima para vingança, não estava em clima para nada. O que eu tinha era uma desilusão inexplicável, não programei um plano B, tinha resumido a minha vida em seguir aquela mulher e agora estava sem chão.

Muito "bondosa", Neide me chamou na sala dela para dizer que eu poderia ficar lá enquanto enviasse currículo, claro que não indefinidamente, mas o ideal mesmo seria falar com o Marçal para entrar para a equipe de *marketing*. Essa foi uma hipótese que nem cogitei. Falar com o Marçal me lembrava o Marcelo, haja vista a Neide afirmar constantemente que a Roberta só tinha se dado bem na carreira porque tinha um caso extraconjugal com ele.

— Entenda, Dra. Lolo, você não nasceu para o Direito. Tenho certeza de que será muito mais feliz fazendo a Publicidade aqui do escritório e vou te ajudar com isso.

Até achei a ideia interessante considerando que a Neide cuidaria das tratativas. Eu gostava do pessoal do M&A e não custaria nada expandir meu conhecimento e, além de tudo, eu ainda estaria perto da minha "musa". Doentio, eu sei, mas eu ainda não tinha aceitado a realidade.

No entanto, essa sugestão não me impediu de enviar currículo, como a área estava em crescimento no Brasil, seria muito mais fácil encontrar uma vaga. Por ironia do destino, cheguei à fase final, a entrevista com as sócias do Mancini Frota, escritório em que a tailandesa era sócia, e quando ela perguntou sobre o meu relacionamento com a Neide, eu disse que ela tinha sido como uma madrinha pra mim, mas que a nossa proximidade estava atrapalhando o rendimento.

De alguma forma a Neide soube dessa entrevista, e eu tive a inocência de confirmar. É rir para não chorar. Prontamente Neide estava lá para me colocar no meu lugar. Como assim eu deixaria de trabalhar com ela para seguir numa carreira que não era pra mim? E, amigos, podem ter certeza de que ela cuidou direitinho para fechar cada porta que eventualmente pudesse se abrir dentro da área do seu reinado.

Saí do escritório com uma mão na frente e outra atrás. Eu já tinha experimentado uma dor semelhante quando sai do Máximo, mas nada se comparava com aquela. Minhas esperanças estavam destruídas e eu não sabia para onde correr. Minha mãe estava brava comigo, não sabia como eu tinha deixado a situação chegar àquele nível. Faltava pouco para eu me entregar ao fundo do poço.

Fui com as minhas irmãs num evento beneficente da igreja e acabei ganhando duas passagens para o Nordeste, como a Sofia tinha me dado o ingresso de presente, convidei ela para viajar comigo; além do mais essa viagem poderia ser tão revigorante quanto a viagem de Buenos Aires. Escolhi São Miguel dos Milagres.

Durante a viagem, a Dra. Neide me ligava praticamente todos os dias para saber como eu estava e dizer que estava se esforçando muito para que eu trabalhasse no *marketing* do escritório.

De dia aproveitava a praia e os passeios com a minha irmã, aquele lugar é o paraíso; à noite, afogava as minhas mágoas.

— Lorena, você está insuportável. Só fala dessa mulher. Precisa superar.

— Eu não consigo entender como ela me trata tão mal e ao mesmo tempo sempre me quer por perto.

— Ela é doente ou lésbica, mas nenhum dos dois é desculpa para ela fazer o que ela faz. Isso é abusivo e você precisa enxergar.

Durante a noite tive um sonho com a Neide me ligando para dar uma má notícia; de manhã acordo com uma ligação dela dizendo que, infelizmente, não poderia trabalhar no *marketing* do escritório porque eu não tinha perfil. Minha derrota foi coroada com direito a celebração. Fui para a piscina tomar um porre e tentar entender o porquê de eu me permitir tudo aquilo. Comecei a relembrar toda a minha trajetória no Direito e apaguei desiludida.

Minha irmã tinha lavado as mãos e um anjo apareceu para cuidar de mim. Até hoje sou grata a esse garoto! Enquanto me dava água ele me dizia dos milagres que Deus tem guardado para quem suporta as provações. Eu não deveria chorar ou me anestesiar, eu deveria me reerguer e seguir em frente.

Chegando em São Paulo, a Neide me liga, o Dr. Giusepe, sócio do Máximo, tinha falecido e, como ele gostava muito de mim, ela fazia questão de me levar ao velório. Para ela, eu poderia aproveitar para fazer uns contatos por lá, já que aquele seria "o evento" do mundo jurídico. Fui por consideração ao Dr. Giusepe, mas não aguentava sequer ouvir a voz daquela mulher. Era preciso dar um basta naquela loucura.

DEEP WEB DO MUNDO JURÍDICO

AO ACASO, CONCURSEIRA

Não fui mais chamada para entrevista em nenhum lugar em que a Dra. Neide tivesse contato e, como ela era referência na área, duvidava que alguém me contraria sem o aval dela. Em escritórios desconhecidos eu não queria mais me arriscar, já tinha aprendido a lição, então passava as tardes jogada no sofá assistindo TV. Foi aí que meus pais entraram na jogada. Minha mãe tinha descoberto que abriria um concurso pra juiz no meio do ano, portanto, se eu me empenhasse nos três meses que antecediam a prova, eu poderia passar.

Meu pai tinha se reaproximado recentemente após um período conturbado com uma ex-mulher, que engravidou de uma cara mais novo durante o tratamento de fertilidade que meu pai bancava na esperança de reconstruir uma família e ter o tão sonhado filho homem. Ele não aceitou bem a situação, ainda mais quando descobriu que ela estava esperando um menino, enlouqueceu e se afastou da gente.

— Filha, eu sei que estive distante por muito tempo e imagino o quanto vocês devem ter precisado de mim, peço que me perdoe. Fiquei preocupado com o que as suas irmãs têm me dito e liguei para a sua mãe, que me contou da sugestão de concurso. Filha, eu acho uma excelente ideia, você adora *glamour* e é inteligente. Lembra quando eu fui prefeito e você foi selecionada como presidente mirim de honra das creches da cidade? Você adorava seu cargo! Passava as suas férias indo às creches para ficar por dentro e ter a certeza de que não faltava nada para as crianças. Até piolho pegou! Lembra, filha? Você é descolada, tem energia, e uma capacidade incrível de resolver as coisas, não nasceu para ser funcionária.

— Pai, estou cansada, não tenho mais vontade de fazer nada. Desde que entrei na faculdade que só encontro obstáculos. Talvez eu tenha que aceitar que não estou na profissão certa. Quase dez anos de sofrimento, pai! Esses altos e baixos acabaram comigo, estou no fundo do poço.

— Filha, eu quero saber onde está aquela menina que não temia nada e era justiceira desde pequenininha! Eu quero que você lembre de todas as pessoas que já passaram por sua vida e você deixou um pedacinho da sua luz. Eu quero que você se lembre das vezes em que ficou ao meu lado, quando ninguém mais estava. Eu preciso que você se lembre disso, minha filha. Se dê uma chance! Eu e sua mãe estaremos aqui para o que você precisar. Reaja, Lola, você é a pessoa mais perseverante que eu já conheci!

— Pai, senti tanto a sua falta. Que saudades que eu estava. Eu te amo, pai! Eu precisava escutar isso, promete ficar ao meu lado?

— Estarei sempre ao seu lado, botãozinho. Já está na hora de desabrochar.

Decidi me dar uma última chance. Fui para o banho e me arrumei para ir ao cursinho fazer a minha inscrição. Liguei para a Antonela, que tinha acabado de passar em concurso para cartório e pedi conselhos.

— Lola, primeiro faça esse curso reta final, para você prestar a prova de junho e ir pegando o jeito. É muito importante ficar calejada de provas. Te aconselho a ir de curso presencial até se sentir segura a começar a estudar sozinha, levei uns dois anos.

— Amiga, não brinca! Tenho a intenção de passar muito antes disso.

— Lola, a realidade de concursos é diferente, principalmente agora que exigem os três anos de prática. A procura aumentou demais e as vagas são superconcorridas, vai por mim, três anos de estudos é o mínimo.

— Deus me livre, não aguento mais passar perrengue.

— Então, pode se preparar, porque a vida de concurseira é 100% diferente de tudo o que você já conheceu. Só tem uma coisa que eu posso te garantir: prepare seu psicológico, porque quando tudo passar, você será uma nova mulher.

— Amém! Obrigada pelas dicas, amiga. Estou com saudades de você!

— Estou morando em Ribeirão, mas assim que for a São Paulo te ligo. Quero que você me acompanhe num sertanejo, estou louca para ir a um show por aí! Desde que mudei pra cá que só escuto isso.

— Realmente, Antonela, você é uma nova mulher. Hahaha

A verdade é que nunca tinha pensando em prestar concurso público, mas aquele foi o único caminho acessível que encontrei que me permitia estar em contato com o Direito sem precisar ser contratada por ninguém. Peguei gosto pelos estudos e, me sentindo mais confiante, resolvi retornar uma das diversas chamadas da Dra. Neide que eu não falava há tempos.

Neide estava muito feliz com a minha decisão de aceitar que o mercado não era para mim. Me deu todo o "apoio" que vocês possam imaginar. Me garantiu que concurso também não era para mim, que eu devia aceitar os conselhos dela. Mas que quando eu estivesse recuperada eu poderia voltar a trabalhar para ela. Não entendi nada, mas também não dei muita bola, já diz o ditado: "O que não nos mata, nos fortalece."

Ao acaso, concurseira

DO CÉU AO INFERNO

Aos poucos estava conseguindo me reestruturar. Resolvi transformar aquele momento em resgate, me reaproximei dos meus familiares, voltei para a academia, estava levando os estudos a sério e amando o tanto de aprendizado. Aliás, quando se entra na vida de concursos, a única certeza que se tem é: só sei que nada sei. Quanto mais você aprende, mais se tem para aprender, porque a fonte de conhecimento nuca se esgota. Faculdade? É o primário dos estudos, concurso é a *deep web* do universo jurídico.

A Neide me ligava cada vez com uma história diferente, ou era para me convidar para uma *happy hour*, ou uma festinha na casa dela porque ela fazia questão da minha presença. Eu não dava a mínima, tinha resolvido enterrar o passado sombrio. Não queria mais saber de escritório, sociedade, cliente, tinha sofrido demais com tudo isso.

Uma semana antes do meu aniversário, meu pai liga para dizer que tinha feito a reserva de um camarote no clube da cidade para juntar a família e comemorar meus 29 anos. Iríamos eu e minhas irmãs Janaina e Sofia, com seus respectivos maridos e as crianças. A Vanessa estava na Espanha e não poderia comparecer.

Meu pai passou em casa para me buscar e subiu no apartamento para jantar. Sentou-se na ponta na mesa, onde costumava se sentar à época de casado, reviu os álbuns de fotos do casamento e da nossa infância, deu boas risadas e abraçou a minha mãe:

— Me perdoe pelo passado, sou muito grato por você ter sido uma mãe guerreira para as meninas, elas são essas mulheres maravilhosas hoje porque você esteve presente e te peço uma última coisa, continue firme, elas ainda vão precisar da sua força.

O momento foi muito bonito e ambos ficaram com os olhos marejados.

Fomos para Minas e o tempo estava maravilhoso, curtimos o dia e a noite fomos para a festinha do clube recreativo da cidade. Naquele dia eu reparei que meu pai já não era mais um homem de vigor, estava ficando velhinho e perdendo a batalha contra a diabetes. Não poderia perder tempo, ainda tínhamos muita coisa para viver juntos, eu tinha tanta saudade para colocar em dia, tanta coisa para contar pra ele, tanto conselho pra pedir! Fiz ele me prometer que ficaria vivo para me ver vencer na vida:

— Filhota, eu sempre estarei vivo no coração de vocês! Me dá aqui um abraço e vamos aproveitar o momento.

No dia seguinte voltei de carona para São Paulo com a minha irmã Janaina; durante a viagem ela comentou:

— Lola, senti o papai bem debilitado, vamos começar a nos preparar para o pior. Senti que ele estava se despedindo da gente.

— Janaina, vira essa boca pra lá! Logo agora que tudo está entrando nos trilhos.

A semana foi tranquila, malhava, ia para o cursinho e a noite falava com meu pai ao telefone para conversamos sobre a vida:

— Lola, estou indo para São Paulo na quarta, porque tenho consulta médica. Na sexta, quando sair do seu curso, passe em casa para buscar uma caneta que separei de presente: é uma caneta tinteiro que me acompanhou durante toda a minha carreira e quero que fiquei com você; te garanto que vai trazer muita sorte e você irá dar muitos "autógrafos" com ela nas suas sentenças.

— Nossa, pai! É aquela caneta dourada da sua coleção que ficava em cima da mesa do gabinete?

— Sim! Aquela da tampinha dourada! Você gostava de usar como seu microfone, lembrou direitinho! É para que você possa se lembrar de mim sempre que usá-la.

— Obrigada, pai! Vou deixar para estrear a caneta numa ocasião especial!

Na sexta-feira de manhã acordo com uma ligação da Janaina:

— Lola, você já está pronta? Estamos passando aí para te buscar.

— Janaina, você está louca? Não são nem 6h da manhã.

— Lorena, a mamãe não te contou?

— Contar o que?

— Lorena, o papai morreu essa madrugada. Eu sinto muito. Pensei que você já soubesse. Vai se arrumar porque vamos para o hospital. A vovó está lá e não está bem. Precisamos correr.

Eu me sentei na minha cama e fiquei estática. Minha mãe entrou no quarto e falou para eu me apressar, tudo foi muito rápido. Nos momentos de luto, cada pessoa tem uma forma de lidar com a dor e eu sabia disso por conta do Boni, mas não imaginava que isso pudesse abalar a minha família a ponto de nos transformar em pessoas irreconhecíveis.

O dia foi longo, após cuidarmos da parte burocrática em São Paulo, fomos para Minas, onde o corpo seria velado. Eu não tinha derrubado nenhuma lágrima até ver meu pai no caixão. Peguei na mão dele e coloquei o terço que ganhei de presente de Crisma. Uma colega da cidade me ensinou que teria que tirar uma parte, não me lembro o porquê, e me deu um abraço apertado. Foi o único contato físico que eu tive aquele dia.

Voltando para São Paulo, meu celular não parava de tocar. Minha irmã Sofia tinha postado uma homenagem no Facebook e os amigos em comum começaram a me ligar para das os pêsames. A única ligação que atendi foi da Neide, que lamentou comigo no telefone:

— Eu era a filha que ela não tinha tido e ela estaria do meu lado para sempre.

Estava com uma dor de cabeça horrível, cheguei em casa e fui para o meu quarto, onde fiquei por uma semana.

Passado esse tempo, minha avó ligou pedindo que eu passasse na casa dela. Ela queria me entregar uma lembrancinha que meu pai tinha deixado para mim, junto com uma poesia que ele escreveu em 1993.

— Lola, você não pode imaginar a dor que estou sentindo, não é a lei da natureza um filho ir embora antes dos pais. Logo agora que ele estava indo tão bem. Toma, aqui está a caneta e o poeminha; ele disse que você saberia o que fazer com isso.

Cheguei em casa e fui para o meu quarto. Era o original de uma poesia que ele tinha escrito para mim e minhas irmãs para uma coletânea:

Quis Deus e assim foi
Mulher e homem
A plantar sementes
O fruto colher

Vocês são os frutos,
Mas com vida e alma
Vieram para ser amor
E permanecer

Frutos que afaguei
Que vi crescer
Parte de minha vida
Razão de meu ser

Hoje, umas flores
Outra botão
Mesmo longe
As tenho no meu coração

Jamais as esquecerei
Metade de meu sangue
Pedaço de meu corpo
Que ficarão… quanto eu partir

Amo-as

Peguei a caneta e fiz uma promessa para mim mesma.
— Vou seguir o meu sonho, custe o que custar.

Do céu ao inferno

FREUD EXPLICA

Fiquei responsável por ser a inventariante e ocupava a cabeça entre as coisas do meu pai e os estudos, só saia de casa quando tinha que resolver algo ou ir para o cursinho. Após uns três meses da morte do meu pai, minha mãe resolveu me colocar na terapia. Eu não estava sabendo lidar com os meus sentimentos e ela estava perdendo a filha dela.

De fato, a única vez em que chorei foi durante o velório, depois me fechei na minha casca de proteção e por lá fiquei. A garota brincalhona tinha ficado para trás. Eu precisava ser forte e havia me tornado apenas um espectro de tudo aquilo que já tinha sido.

A Celine, minha terapeuta, era uma mulher incrível, e começou trabalhando com hipnose para revermos toda a minha trajetória, desde a infância, e descobrirmos os possíveis padrões limitantes. Em princípio, ela tratou casos superficiais e, conforme a confiança aumentava, foi aprofundando o tratamento. Ainda não tínhamos entrado no meu campo profissional, eu me apegava às mazelas de concurseira, porque já tinha superado aquela fase. Agora eu seria juíza e ponto final.

A vida de estudos por si, já é um tratamento de choque. É apenas você com você mesmo, não tem chefe para segurar as pontas, estagiário para levar a culpa, máquina para facilitar a compreensão. É tudo muito solitário. Então, você acaba descobrindo quem você é de verdade e isso pode ser chocante.

A questão é que eu peguei gosto pelos estudos e estava me sentindo confiante. A terapia me ajudou a me reabrir para a vida e voltei a ser a pessoa expansiva de sempre. Ia para o cursinho e me sentava na primeira cadeira, do lado esquerdo da sala, encostada na porta; ao meu lado a Tais, mais novinha que estudava para ser delegada; atrás de mim a Patrícia, minha companheira de social, que sonhava em ser promotora; na outra ponta, a Marina, a mais caxias da turma que também sonhava em ser juíza; ao lado dela o Élcio, que prestava qualquer tipo de concurso que visse pela frente.

O ano passou muito rápido, estudava tanto que não tinha mais noção de tempo. Estava tão encantada com o meu conhecimento que me entreguei à rotina de concurseira.

Freud explica

BOA NOITE CINDERELA

— ELZA, a máquina de café quebrou! ELZA, alguém interditou o banheiro! ELZA, minha querida, trouxe um presente para você!

Entrou ano e as manhãs no cursinho se repetiam, eu chamava a Elza pra cima e pra baixo e o pessoal adorava ficar imitando o meu jeitinho. Começou um cara novo na turma e ficamos alvoroçadas, porque ele era lindo e algumas vezes aparecia com a roupa de trabalho que era um uniforme de bombeiro. Apelidamos o Andrey de "bombeirão" e ele logo entrou para a turma. Aquela variedade de pessoas com quem eu lidava diariamente me fazia superbem. Cada um com uma história diferente, todos atrás de um sonho e muitas situações de superação ultrapassadas juntos.

Comecei a fazer meditação semanal guiada por um mestre xamã que tinha sido professor da minha mãe na época em que ela ficou gravida de mim. O Rodrigo tinha um 70 e poucos anos, mas não aparentava a idade. Acabei espelhando nele a figura de um pai, e ficamos muito próximos, pois ele me ajudaria na minha missão. Cada mês Rodrigo me indicava um livro de autoconhecimento para ler e um dos primeiros foi *Limite zero*, que explica os benefícios do *ho'oponopono*. Fiquei tão viciada, que recitava o mantra mentalmente quando saía para correr.

Me sentindo melhor, me reaproximei dos amigos de adolescência: a Ângela me chamou para uma festa que seria na mansão do cunhado dela que eu não poderia perder, porque o Michel, seu irmão, tinha terminado o namoro e sempre foi a fim de mim.

Nossa, tudo passou tão rápido que eu até tinha me esquecido que existia vida amorosa. Resolvi me dar uma chance. Coloquei o mesmo vestido que tinha usado para a festa de aniversário dos meus 29 anos, que eu nunca mais tinha tido a coragem de vestir e a sandália meia pata de quando quebrei o pé. Essas peças já estavam empoeiradas no guarda roupa e era hora de dar a volta por cima. Sentia que algo estava estranho, uma sensação de que não era para eu ir, mas pensava que era por causa do tanto de tempo que eu tinha me isolado da sociedade.

Ficamos numa mesa perto da cabine do DJ, o som estava muito alto e ficamos loucos muito rápidos. A Ângela foi para o banheiro vomitar, o marido dela estava com o irmão de roupa na piscina, o Michel loucão, tinha caído em cima de uma mesa de vidro, se levantado e continuado a dançar normalmente. Eu precisava ir embora. Um cara que tinha grudado na nossa mesa, Rubens, se ofereceu para me acompanhar até o táxi.

De repente, eu estava no corredor da casa e só lembro dele dizendo:

Eu vou te filmar e se você falar sobre isso com alguém divulgo as imagens. Boa noite, Cinderela. – E eu apaguei.

Acordei num dos quartos da casa, estava vestida, mas sem calcinha e minha bolsa toda revirada caída ao lado da cama. Eu não conseguia processar onde eu estava e o que tinha acontecido. Sai pelos corredores e me perdi dentro daquele labirinto, pouco depois, encontrei a festa, fui procurar meus amigos, mas não reconhecia mais ninguém que estava lá. Pedi para o segurança me acompanhar até o taxi e voltei para casa.

No dia seguinte acordei ainda mal, sem noção da realidade, não conseguia dizer se estava realmente acordada ou sonhando. Liguei para a Ângela:

— Amiga, acho que fui drogada. Lembro de *flashs* de ontem, mas de uma forma diferente. Acordei num dos quartos da casa, depois de um tal de Rubens ter me oferecido ajuda, não tenho certeza se isso é realidade ou alguma coisa da minha cabeça.

— Lola, eu e o Alfredo também ficamos mal e não sabemos como viemos parar em casa. Já demos PT antes, mas dessa vez foi tudo muito estranho.

— Meu Deus, Ângela, estou achando que fomos drogados.

— Faz sentido, porque meu irmão foi parar no hospital e não conseguiram identificar nada nos exames. O médico disse que estava rolando uma nova droga que não era detectada no sangue e estava causando muito estrago. Já não era a primeira vez que ele pegava um caso daquele jeito.

— Eu me lembro de um tal de Rubens, veja o que consegue descobrir desse cara.

Não tinha tido coragem de contar para a Ângela e para mais ninguém o que tinha acontecido comigo e precisava desabafar. Me veio na cabeça a história de uma estagiária do Sensato & Oliva que tinha sido estuprada na festa de fim de ano do escritório e ficou tão abalada que se matou, deixando para os pais apenas uma cartinha de despedida relatando o ocorrido. Eu entendia aquela garota e queria fazer o mesmo. Fiquei desesperada e liguei para o Rodrigo.

— Rodrigo, acho que fui drogada ontem à noite. Não sei te dizer se que o cara me estuprou, eu não sinto nada, mas pode ser efeito da droga. Quero morrer, me sinto violada, me sinto impotente, me sinto envergonhada. Me lembro dele dizendo algo sobre divulgação de imagens. Não sei o que fazer.

— Lorena, sei que não é fácil dizer isso num momento como esse, mas você precisa se acalmar. O mais importante agora é fazer os exames ginecológicos para verificar se não houve conjunção carnal e, principalmente, tomar o coquetel de prevenção de doenças contagiosas. Estou fora de São Paulo, mas veja se encontra alguém para te acompanhar. Esse momento é muito delicado para estar sozinha. Vou fazer uma oração focada para você e você faça o *ho'ponopono* em todo o momento que vier alguma ideia horrível na sua cabeça. Vamos superar isso, eu prometo.

Liguei para o meu ginecologista que me atendeu quase que instantaneamente no consultório dele. Ele fez os testes físicos e me garantiu que não havia indícios de relação, mas que eu deveria seguir para o hospital, onde conseguiria a receita do coquetel preventivo. Fiz tudo sozinha e quando cheguei em casa comecei a ter uma crise de choro embaixo do banho. O mais perturbador de tudo isso era que além de me sentir culpada, ainda tinha receio de ser exposta através da divulgação das eventuais imagens. Como seria possível viver numa sociedade que além de culpar a vítima ainda seria passível de permitir a divulgação de um ato de violência como troféu? Quem deveria estar preocupado era o estuprador!

A vontade de morrer ainda não tinha passado. Seria aniversário da minha afilhada, mas eu não tinha condições de ir. A Ângela me ligou dizendo que o cunhado dela se lembrava do tal do Rubens, mas não fazia noção de quem era. Me deitei na minha cama e "entrei em transe" fazendo o *ho'ponopono*. Da mesma forma que me deitei, me levantei no outro dia, sem ter pregado os olhos, e fui para o cursinho.

Falei com um professor de penal sobre o ocorrido e ele me disse que eu deveria deixar a história quieta, pois como eu prestava concurso para magistratura, - poderia queimar meu filme.

Voltei para a estaca zero do meu estado de sofrimento e negação. A terapia e a meditação ajudavam a me manter viva, mas o fato de ter que tomar os remédios preventivos e fazer exames mensais para confirmar se não existia nenhuma doença traziam aquela história à memória, repetidamente. Sentia medo. Sai de todas as redes sociais por vergonha e pavor daquele Rubens aparecer de alguma forma. Comecei a ir para o hospital dia sim dia não, cada vez com um sintoma diferente. Tive a primeira crise de pânico.

Boa noite Cinderela

TESTE DE FÉ

Aquela dor em si, somada à crise, foram tão horríveis que não conseguia desejar aquele sentimento nem para o meu pior inimigo, no caso, o Rubens. Eu focava nos estudos para não ter que pensar em nada e quanto mais conhecimento eu adquiria, mais eu precisava adquirir. Eu queria transformar a dor, mas estava me matando.

O Michel ficava me ligando para me convidar para sair, mas eu não tinha vontade de ver ninguém, até mesmo dos meus colegas de cursinho me afastei por um tempo. Eu sempre alegava que precisava focar mais nos estudos.

A Celine indicou um psiquiatra, estava na hora de tomar remédio e ela não podia receitar. Eu achei um absurdo! Não tinha ido ao psiquiatra nem com a morte do meu pai. Minha mãe diria que eu estava ficando louca, pois para ela sofrimento era falta de Deus. Não culpo a ignorância da minha família e nem mesmo a minha em relação ao tema pânico, nunca ninguém tinha tido uma crise e não sabíamos como lidar com a situação.

Voltei a frequentar a igreja e fiquei muito amiga de um padre da minha idade, que era advogado, mas tinha escutado o chamado de Deus. Virei beata de carteirinha. Numa das crises de pânico ele me acompanhou ao consultório do psiquiatra. Tinha chegado a hora de tomar remédio, não estava suportando mais lidar com as crises.

O psiquiatra me deu um Rivotril para acalmar, mas minha ansiedade não passava. Ele ficou assustado, pois tinha me dado a cápsula de maior dosagem para que eu me aguentasse até a hora da consulta. Resolveu adiantar meu horário. Comecei o tratamento com ansiolítico e Rivotril para os momentos de crise. Fazia muito tempo que não dormia tão bem.

Estava chegando fim do ano e finalmente eu tinha conseguido voltar à rotina normal: saúde em dia, academia, cursinho, igreja, estudos, dormir, e isso repetidamente. Acabei me apaixonando pelo padre, mas um amor fraternal, tinha prazer em ir me confessar e assistir às missas; por um bom tempo essa foi a minha social predileta.

Resolvi criar um Instagram jurídico, onde eu não me identificaria, e poderia voltar para as redes sociais. Uniria o útil ao agradável, numa página em que falaria sobre estudos e perrengues da vida jurídica; também usaria a rede social para colocar para fora tudo aquilo que eu vinha guardando há muito tempo.

Nasceu o @soudireito e em um mês a página já contava com mais de 10 mil seguidores. Acabei me identificando com um nicho que estava carente, o sofrido mundo dos concurseiros.

E, como uma boa concurseira, estava muito falida para pensar em alguma viagem de réveillon, por isso, fui para Minas Gerais, no *petit trianon* que o meu tio construiu para nós. Fiquei poucos dias para não atrapalhar a rotina de estudos, mas foram dias maravilhosos.

REDESCOBRINDO A AUTOCONFIANÇA

A amizade com a galera do cursinho retomou a todo vapor. Estávamos iniciando um curso telepresencial. Enquanto aguardávamos o início das aulas, nos divertíamos com o ensaio sensual que o bombeirão tinha feito a convite de uma revista. Ele disse que a grana era boa para pagar os estudos.

Retomei a fase da terapia em que tratava do meu relacionamento com a minha mãe, isso poderia identificar padrões limitantes que eu vinha repetindo e, seguindo a sugestão da Celine, fui fazer um retiro espiritual de constelação familiar. O grupo se encontrou em São Francisco Xavier, num hotel maravilhoso. O fim de semana foi de descobertas e perdões, eu finalmente consegui entender muitas coisas que aconteciam na minha vida.

Retornando para São Paulo, liberta, a Celine achou que era hora de começar a tratar do meu profissional. Eu realmente queria concurso para a minha vida ou só estava fugindo de uma situação que não tinha sabido lidar? Não me sentia pronta para falar sobre aquilo e partimos para outro tema: como o @soudireito vinha me ensinando a lidar com frustrações?

A questão é que internet é terra de ninguém e as pessoas, principalmente numa página em que não se identifica o administrador, podem ser muito agressivas. Como eu não me mostrava e a maioria das pessoas acreditava que eu era homem, sabia que aqueles xingamentos não eram direcionados a mim e passei a entender que o ser humano só coloca para fora o que tem dentro de si. Foi um aprendizado e tanto.

Estava lidando com diferentes tipos de sombras e recuperando a minha autoconfiança de forma gradual. Essa época casou com a leitura do livro *Quatro compromissos* do autor Don Miguel Ruiz, que o Rodrigo tinha indicado, e acabei me apegando os "mandamentos":

1. seja impecável com a sua palavra;
2. não leve nada para o lado pessoal;
3. não tire conclusões;
4. dê sempre o melhor de si – e por fim teria outro volume com um quinto compromisso que também adoro;
5. seja cético enquanto escuta.

Com os estudos a todo vapor, me sentia um crânio, nunca poderia imaginar que seria capaz de poder me sentar numa mesa e conversar sobre exatamente toda e qualquer matéria do Direito. Claro que isso não afastava o fato de eu ter pavor de lei de licitações e controle de constitucionalidade, mas a facilidade para assimilar qualquer tipo de assunto tinha se tornado fantástica. Como que eu vivi até hoje sem ter esse conhecimento? Essa expansão mental me deixou cada vez mais confortável. Eu não passava nas provas, mas pelo menos estava aprendendo, e estudar era um vício cada vez mais prazeroso.

Eu e a turma nos divertíamos nos comentários virtuais que fazíamos durante as aulas telepresenciais e começamos a chamar a atenção dos professores com as mensagens, meus preferidos eram o Clovis "Magia" de Penal e o Mauro "Lord" de Constitucional, para zoar o mais engraçado era o Alex "Mosqueteiro". Esses eram os apelidos que criei durante as aulas e acabou pegando entre a turma. À época, não tínhamos professoras no quadro de profissionais.

Comecei a brincar com os professores no Instagram e criamos uma amizade virtual. Eles tinham acabado de inaugurar um cursinho e fizemos uma parceria: eu teria acesso aos cursos e faria comentários sobre as minhas impressões no @soudireito. Sempre fui muito restrita com publicidade na página, mas eu amava o curso, então, foi um prazer! Estava feliz e conseguindo bancar integralmente meus estudos e livros. Fiquei com eles até o final.

Há tempos que todo o meu investimento só era para concursos, não sabia mais o que era comprar uma roupa ou desfilar o *look* do dia ou qualquer outra futilidade. Eu não tinha deixado de gostar dessas coisas, tinha apenas mudado as minhas prioridades. Até porque não estava em condições de gastar com supérfluos e estava feliz com a minha decisão.

UMA FESTA DE ARROMBA

Com a dignidade recuperada, recebo uma ligação de urgência da Dra. Neide. Ela precisava de mim porque tinha entrado uma investigação gigante e eram necessários advogados externos para ajudar. Já que eu era muito boa em investigar a primeira pessoa que ela tinha pensado foi eu. Fiquei um pouco receosa em aceitar, mas se ela tinha lembrado de mim, eu não era tão ruim assim.

Resolvi topar e fui trabalhar feliz da vida! Foram quase três meses de investigação onde constatei que os estudos tinham me transformado numa máquina de pensar. Estava radiante e ganhei uma boa quantia. A questão é que voltar para o mercado reacendeu a chama em mim: eu realmente *amava* advogar e *amava* a minha área. Após essa investigação, retornar aos estudos foi sofrido. Ter que recomeçar sabendo que concurso não era o que eu almejava para o futuro deixou a rotina cansativa.

Mas a gente nunca sai perdendo em aprender. Fui chamada para uma entrevista no Sensato & Oliva para trabalhar como temporária com possibilidade de contratação posterior em uma investigação para uma empresa que tinha acabado de ser denunciada por um desastre ambiental. Contudo, na entrevista, a advogada que estava recrutando deixou claro seu desdém por concurseiros e aquilo me chateou. Acabei recusando e me dediquei em auxiliar a Neide em outros projetos esparsos, o que estava me fazendo muito bem. Sem ter que trabalhar com a Neide no dia a dia, ela era um amor de pessoa e eu, rapidamente, me esqueci de todo o sofrimento que tinha enfrentado.

A Neide estava programando uma festa de arromba para comemorar seus 65 anos de vida e eu era a convidada de honra. Fui para a casa dela mais cedo para nos arrumarmos com o maquiador que tínhamos contratado. Enquanto nos trocávamos eu perguntei onde estava a Marilia, garota que começou a trabalhar com ela logo após a minha saída.

— Nunca me esqueço do dia em que estávamos na sala de investigação e desavisadamente o computador da Marilia abriu num pornozão; ela é divertidíssima!

— Não quero falar sobre essa garota, eu a desconvidei do meu aniversário.

— Como assim, Neide! Até vestido para usar na sua festa nós duas fomos comprar juntas! O que aconteceu de um dia para o outro?

— Eu demiti aquela incompetente e arrogante. Acredita que ela foi a um espetáculo e me deixou na mão?

— Neide, será que você não está sendo dura demais? A menina te adora!

— Não tem volta!

— Mas que tipo de espetáculo foi esse?

— Foi na última sexta-feira à noite.

— Ué, e como ela estaria te deixando na mão numa sexta-feira à noite?

— Lorena, eu pago bem e espero que meus funcionários tenham o mínimo de consideração, eu precisava dela. Não sou obrigada a sustentar ninguém que me deixa na mão.

— Neide, acho que talvez você precise repensar algumas de suas atitudes. Advogado não é empregado, e mesmo assim: a dedicação tem limites.

— Eu não! Você acha que sou a rainha de *Compliance* por quê? Porque eu sei tratar as pessoas. A Marilia queria se dar bem, igual àquela Claudinha, queridinha do Nicolas, que ganhou 160 mil reais numa investigação sem fazer nada. Minha vontade era pedir o dinheiro de volta.

— A Claudinha? Ela é excelente profissional!

— Lorena, vejo que você continua muito imatura. Estava pensando em te chamar para substituir a Marilia, mas me parece que ainda não está pronta.

— Realmente não estou preparada. Vamos ficar lindas para curtir a festa, hoje é o seu dia!

Queria ligar para a Marilia, mas se ela não tinha me dado a notícia, talvez estivesse com receio ou muito chateada para conversar com alguém; faria isso durante a semana, ia esperar a poeira baixar. A festa foi divertidíssima e encontrei todos os amigos de M&A. Eu, Neide, Bianco, Nicolas e suas respectivas esposas, e mais o Munis, Maria e Selena, que se tornaram grandes amigos durante as minhas investigações esporádicas paramos a pista! Acabei me engraçando com um juiz federal e trocamos telefone.

Definitivamente eu tinha me reaproximado da Neide, aceitando-a da forma que ela era, afinal, eu era a culpada por nossa relação ter esfriado, não? Eu que era uma moleca que não parava sentada, pois é absurdo levantar para ir ao banheiro ou sair para almoçar com seus colegas de trabalho.

O DIABO VESTE *CHANEL*

Na semana seguinte liguei para a Marilia pra saber como ela estava. Não para minha surpresa, ela estava desolada. Falei umas palavras de apoio, mas sabia que nada poderia tirá-la daquela fossa.

— Eu fiz de tudo, Lola. Nada satisfaz essa mulher. Até a Verinha foi embora, porque não aguentava mais.

— Eu te entendo, mas pense que a Neide só está fazendo mal para ela mesma afastando as pessoas que gostam dela. Ela deve ter sofrido muito para ser assim e hoje eu entendo.

— Lola, sofrimento não é desculpa para assédio moral, ela que procure tratamento. Por onde passa, deixa uma fila de doentes. Dava conta de ir trabalhar por causa dos ansiolíticos que comecei a tomar depois de um mês com ela, senão, não teria aguentado.

— Minha terapeuta abordou esse assunto comigo, mas não consigo aceitar que fui vítima de assédio. A Neide me ajuda tanto!

— Ela te suga enquanto você é útil e depois descarta como lixo. Isso não é ajudar.

— Sabe que toda vez que estudo temas como assédio moral e sexual vejo que o mercado jurídico é o melhor exemplo para esses casos. Ironia que nós, advogados, responsáveis por defender a sociedade contra esse tipo de situação, sejamos a pior classe de assediadores que existe.

— Veja pela Neide, "Rainha do *Compliance*", chega a ser hilário.

— Eu tenho pavor só de pensar que um dia queria ser uma profissional como ela.

— Não te julgo, eu também queria. Agora que está caindo a ficha. Só consigo me lembrar da última festa do escritório, que foi à fantasia. Mas você já sabe dessa história, não?

— Do tombo na pista?

— Não! O *marketing* fez uma semana de comemorações e decoramos a sala dela com uma imagem em tamanho real da Miranda, aquela bruxa do filme *O diabo veste Prada*. Mas o bizarro não foi isso, acredita que ela, "a rainha do *Compliance*", achou aquilo o máximo e até passou a usar uma franjinha parecida com a da Miranda para confirmar sua posição de chefe exigente? Seria cômico, se não fosse trágico.

— Eu me lembro desse apelido, foi desde a minha época.

— Deprimente!

— Marilia, e a questão de currículos, como você está fazendo?

— O Artur me indicou para a empresa que a irmã dele é *Chief Compliance Officer*, então estou tranquila, tenho certeza de que essa bruxa ia tentar me ferrar.

— Que bom, amiga! O Artur não está nem aí para ela mesmo.

— O Artur a odeia e está de saída do escritório! Me dei bem, hahaha. Agora vamos falar de coisa boa, me conte da festa, fiquei sabendo que ficou de graça com um juiz.

— Sim! Ele me convidou para jantar na quinta. Preciso comprar um *top* cor da pele para usar com a blusa que escolhi. Hahaha. Amanhã passo na loja antes de ir para o "crime" fazer uma audiência como *ad hoc* para as horas de prática jurídica.

— Depois quero saber todos os detalhes do seu *date*! Lola, se tem uma coisa que essa mulher me trouxe de bom foi você! Obrigada pelo apoio, amiga.

CORRIDA MALUCA

No dia seguinte sai direto do cursinho para a loja e acabei me empolgando com as promoções. Estava atrasada e teria que correr para a audiência, chamei um Uber e fui para a rua esperar o motorista. O carro indicado no aplicativo chegou e fui entrando direto na parte de trás; quando me dei conta, tinha um cara sentado lá. Levei um susto, pedi licença e sai do veículo.

O passageiro saiu atrás de mim e começou a gritar:

— Ei, garota! Volte aqui.

— Desculpe, me confundi.

— Não! Você chamou um Uber Pool, eu sou seu parceiro de viagem.

— O que é isso?

— São viagens compartilhadas. Pode vir que é tranquilo.

— Obrigada, mas estou atrasada. Vou pedir outro carro.

— O motorista te deixa primeiro, eu prometo, não é camarada?

— Garantido! – O motorista disse.

Estava tão atrasada que topei. Sentei bem encolhida no meu canto e fui mexendo no celular, enquanto o Eduardo, o outro passageiro, tentava puxar assunto. Minha bateria acabou e resolvi socializar. Ele tinha um jeito meio doidão, de surfista, e falava umas gírias engraçadas. Ficou perguntando da minha vida, trabalho, estudos. Pediu meu telefone e não quis dar, falei para ele seguir o @soudireito. Quando ele me adicionou, viu que tinha conhecidos que seguiam a página e ficou empolgado perguntando se eu conhecia fulano, cicrano, e o Murilo.

— O Murilo eu conheço! Ele era amigo do meu ex-namorado surfista!

— Ele é meu primo! Que coincidência.

— Não acredito que você é primo do Murilo! Adoro ele.

— Mundo pequeno, sinal de que devemos jantar hoje.

— Ah, obrigada, mas eu já tenho compromisso.

— Bom, caso você desista desse seu compromisso, estou enviando meu telefone por *direct*. Não existem coincidências e sim sincronicidades.

— Chegamos no Fórum. Foi um prazer, e um beijo grande para o Murilo.

— Até breve.

A audiência foi tensa, era um caso de oitiva por tráfico de drogas. Demorei horas por lá. Sai direto para o salão de beleza, tinha marcado cabelo e maquiagem para o meu jantar com o juiz. Ele tinha ficado de passar em casa às 19h, mas ainda não tinha dado sinal de vida. Terminei no salão e fui para casa tomar um banho e me trocar, estava me sentindo maravilhosa.

Deu 19h e recebo uma mensagem:

— Linda, infelizmente fiquei preso no Rio Grande do Sul e teremos que remarcar nosso jantar.

Que audácia, o cara teve o dia inteiro para me avisar e deixou para a última hora. Tudo bem, ele não fazia meu tipo. Contudo, eu não ia ficar em casa! Entrei no *direct* e peguei o telefone do Eduardo, quem sabe ele não topava um japa de última hora.

Eduardo topou na hora. Ia se arrumar e passava em casa em trinta minutos, morávamos tão perto que essa era a confirmação do destino, palavras dele. Passado um tempo ele chegou e enviou uma mensagem para eu descer. Cheguei no térreo plena, de salto, *look* novo e cílios postiços; o cara me esperava com uma camiseta de time. Tá valendo.

— Pronto, podemos ir. E fui entrando no carro em que ele estava encostado.

— Acho que seu salto é alto para irmos a pé, vou chamar um Uber.

— Ah, desculpe, pensei que este fosse seu carro. Bora de Uber então.

O Eduardo escolheu um restaurante japonês descolado que ele adorava, perto do Fórum de Pinheiros. Eu nunca tinha ido, mas achei a sugestão incrível, não queria que ninguém me visse com ele.

— Vou pedir uma tacinha de saquê, me acompanha?

— Tacinha? Vamos pedir a garrafa.

Estávamos conversando animados com a quantidade de amigos que tínhamos em comum, e não vi o tempo passar. De repente, minha irmã Vanessa aparece no restaurante com um cara que tinha conhecido num aplicativo de relacionamentos – ela tinha se separado há pouco tempo e voltado para o Brasil para refazer a vida.

— Lola, o que você está fazendo aqui? Nunca pensei que fosse encontrar alguém nesse restaurante, ainda mais você.

— Vanessa, sua louca, nem eu sei o que estou fazendo aqui.

O Eduardo convidou minha irmã e o amigo para se juntarem a nós.

— Lorena, admita, você combinou com a sua irmã de ela vir aqui te resgatar.

— Eduardo, querido, nem se eu tivesse convidado o *timing* teria sido tão perfeito.

— Pessoal, outra coincidência, hoje é aniversário do Mark! – o amigo britânico que a Vanessa conheceu pelo aplicativo.

— Vamos comemorar! – Eu disse.

— Eduardo, não acredito que você seja amigo do Murilo, vamos ligar para ele. – A Vanessa disse animada.

Ligamos para o Murilo e ele foi nos encontrar, ficamos todos conversando no restaurante até sermos convidados a sair, porque estava na hora de fechar. O Eduardo nos convidou para a casa dele, queria que o Murilo provasse a erva que ele tinha comprado. Ficamos todos muito loucos e dormimos por lá: eu e minha irmã na sala de televisão, o Murilo no sofá, o Eduardo no quarto dele e o gringo abraçado com o vaso sanitário do lavabo.

Acordei desesperada com o despertador programado para o horário da academia.

— Vanessa, são 5h30min, precisamos ir embora!

— Meu Deus, eu tenho que trabalhar! Vou acordar o gringo enquanto você chama o Murilo.

— Será que avisamos o Eduardo?

— Não! Deixa que o Murilo fala com ele, já estamos atrasadas.

Fomos embora e passei o dia inteiro pensando no quanto aquela corrida maluca tinha rendido. Depois de duas semanas, estava namorando o Eduardo.

O MUNDO ENCANTADO

Quando meu pai faleceu, minha avó ficou responsável pela administração dos bens. Todas foram de acordo, pois, se tinha uma mulher que sabia multiplicar rendimento, era a vovó. Resolvemos vender uns terrenos que não valiam investimento e acabou entrando um bom dinheiro. Minha irmã Sofia também tinha acabado de se separar e resolveu fazer uma viagem com as crianças para a Disney.

— Lola, vamos conosco, você precisa espairecer um pouco e aproveitar os seus sobrinhos. Precisamos de você nesse momento tão delicado, você sabe o quanto sofremos com a separação dos nossos pais e não quero isso para as crianças.

— Você tem razão, Sofia. O papai mandou esse dinheiro para nós em boa hora.

Minha mãe me deu a passagem de presente e eu fui sem peso na consciência. Voltei a ser criança com os meus sobrinhos e não parávamos um minuto. A viagem foi incrível e eu me senti leve como há tempos não me lembrava.

Voltamos de viagem e comecei a programar meu aniversário. Fazia tempo que não dava uma festa para comemorar as minhas primaveras, e a Sofia tinha cedido sua casa para o grande dia. Convidei os amigos queridos: faculdade, cursinho, escritórios em que trabalhei, não podia me esquecer de ninguém. A Neide voltaria do SPA apenas para a minha festa e além dos docinhos maravilhosos que a funcionária dela fazia, me daria um presentão.

A Marilia foi a primeira a chegar. Ficamos bebericando um vinho enquanto riamos dos perrengues que tínhamos passado com a Neide. Logo depois chegou o Hélio, editor jurídico e professor do meu cursinho que eu tinha feito amizade, depois disso a festa lotou de repente. A Neide chegou fazendo uma entrada triunfal, queria que todos presenciassem a abertura do presente que ela iria me dar: abriu uma sacola da Chanel tirou de dentro um vestido e um brinco. Eram lindos!

Passado um tempo ela me chama na cozinha, precisava falar urgentemente comigo:

— Dra. Lolo, porque você convidou a Marilia para o seu aniversário, você sabe que eu a odeio! Você precisa convidá-la a se retirar senão vou embora. Imagine só que vim de Sorocaba pra passar por essa desfeita, você não merece a minha presença.

— Neide, você sabe que eu gosto muito da Marilia e não vou fazer isso. Seja superior a esse sentimento e vamos aproveitar a festa.

Minha irmã ficou constrangida e pegou uma garrafa de *Dom Perignon* que ela tinha herdado do ex-marido e resolveu abrir:

— Veja Dra. Neide, em sua homenagem, essa garrafa será só sua, vamos aproveitar a festa.

— Ok, dessa vez vou deixar passar, mas escute Lorena, nunca vou te perdoar por isso.

Voltamos para a sala e a Paloma estava beijando o advogado de seguros que tinha entrado há pouco no M&A:

— Lola, você sempre me dá sorte no amor! Há tempos que estava a fim do Fabricio.

— Amiga, sinto que dessa vez é casório.

— E você vai ser madrinha!

Já que eu não estava propensa a casar, pelo menos me divertiria nas festas dos meus amigos.

O Nicolas chegou com a esposa na festa, só tinha conseguido sair do escritório àquela hora. Precisávamos comemorar porque ele tinha acabado de ser nomeado sócio! A Neide não estava muito feliz com isso:

— O Nicolas não passa de um moleque e o pouco que sabe aprendeu comigo.

Mas a essa altura eu já não ligava, nada que fizesse seria do agrado dela e, além do mais, para ela todo mundo era burro, então, vida que segue.

O mundo encantado

SUPERANDO O MEDO

Se algum dia estiver se sentido pra baixo, tiver perdido a confiança em si próprio e não souber o que fazer com a sua vida: vá estudar! A Antonela estava certa, eu tinha me transformado numa nova mulher. Me sentia confiante no meu conhecimento, apesar de nunca ter passado no concurso, e estava vivendo o auge do amor próprio: sem remédios, sem angústias, sem festinhas regadas a bebedeira, apenas eu comigo mesma e isso era mais do que suficiente.

A Neide me ligou dizendo que já estava mais do que na hora de eu aceitar que concurso não era para mim, e que eu já tinha amadurecido o suficiente para voltar a trabalhar com ela. Eu agradeci, estava bem daquele jeito e determinada a passar na prova, por mais que depois eu tivesse a intenção de voltar a advogar.

A Celine batia na tecla do medo, será que eu não estava me bloqueando? Querendo passar naquela prova apenas para suprir o investimento da minha mãe e para jogar na cara da sociedade? E provar para mim mesma que eu era capaz e não aquela menina fútil que abandonaria a carreira para se casar com um marido rico? Na época eu estava lendo *A autobiografia de um Iogue* e passei a me questionar sobre o sentido da vida, que dom eu teria para fazer a diferença na sociedade?

A Marina foi a primeira da turma a passar no concurso de magistratura no TJSP e estava radiante. Fui uma das primeiras a saber da notícia, ela havia me ligado para agradecer a minha amizade e me contar da experiência que mudou a vida dela: um fim de semana de *Leader Training*.

— Lola, acho que esse curso tem a sua cara e gostaria de ser a sua madrinha.

— Marina, o pouco que você me contou parece que vou me interessar, mas você sabe que no momento estou falida!

— Lola, se tem uma coisa que aprendi nesse curso é que quando colocamos muita força em um desejo ele se realiza, então, fique tranquila, você saberá a hora certa de ir e, quando isso ocorrer, faço questão de te levar.

Uma semana depois minha avó repassou para nós um dinheiro de um dos investimentos da família, entrei no site do curso e fiz minha inscrição.

— Marina, estou ligando para te avisar que meu pai enviou um dinheiro do além. Me inscrevi para o curso que será ministrado nesse fim de semana, e você será minha madrinha.

— Misericórdia, Lola! Preciso me organizar! Sabia que daria certo, você tem alma de criança, nasceu para fazer esse curso!

O tema do curso foi "Inteligência Emocional" um divisor de águas e para fechar com chave de ouro li *Além do medo*, que o Rodrigo havia me indicado.

SEM JUÍZO

Passei dias me recuperando do choque de realidade que tinha sido o curso e convidei minhas irmãs para fazerem.

— Lá vem a Lorena com os esoterismos dela. – Sofia disse resmungando.

— Meninas, vale a pena. Eu disse tentando convencê-las.

— Pois eu só iria se fosse de graça, não vou gastar meu dinheiro com isso. – A Vanessa disse.

— Se você for eu pago! Considere como um presente do papai! E se você gostar, você repassa esse presente para a próxima irmã que estiver disposta a ir. – Eu disse tentando dar um jeito de convencê-la definitivamente.

— Então eu vou! Se você que é a mais falida da família está se oferecendo pra pagar, é porque o curso deve ser bom. – A Vanessa disse rindo.

— Concurseira! Falida é uma palavra muito forte! Eu disse fingindo estar ofendida.

— Tá bom, se a Vanessa gostar eu vou. – Sofia se rendeu.

A Vanessa foi e amou, em seguida foi a Sofia que odiou e a minha mãe resolveu retomar a corrente do bem com a Janaina, já que tinha sentido diferença em todas.

— Mãe, você precisa ir!

— Filha, eu não preciso disso.

A Janaina foi e obrigou o marido a ir. Foi um período de mudanças radicais na família.

Voltando à realidade, após seis meses entre estudos e amadrinhamento dos meus familiares, terminei o namoro com o Eduardo, estávamos bem, mas eu já não era mais a mesma pessoa, tinha muitos objetivos em mente e o Eduardo já estava acomodado com a vida. Nos tornamos bons amigos.

— Dra. Lolo, agora que se livrou do encosto, vai ter tempo de se dedicar a mim.

— Neide, terminei com o Eduardo por incompatibilidade de sonhos e não porque não gostava dele.

— Homem é atraso de vida e esse seu cursinho também. – Falou em tom de desdém.

— Discordo, sou uma nova mulher.

— Essa fase te trouxe uma coisa boa, sua "paginazinha" no Instagram está fazendo sucesso, né? O pessoal do escritório adora. Já que não quer abandonar essa vida, que tal se começasse a ganhar dinheiro me ajudando?

— Interessante! Ajudando de que forma?

— Você pode ser minha secretária de *marketing* e repostar no meu LinkedIn os estudos que faz para o @soudireito, pertinentes com a minha área.

— Agradeço, Neide, mas temos formas de pensar diferentes, não daria certo essa estratégia.

— Então porque você deixa no LinkedIn que ainda trabalha no escritório?

— Não deixo, desde que sai do M&A que dei a baixa lá.

— Mas quando entro na sua página fica aparecendo que você trabalha aqui.

— Deve haver um engano. Não mexo no meu LinkedIn desde que comecei os estudos. Perdão, mexi sim! Para atualizar a informação de *blog* quando criei o @soudireito, mas não entrei mais.

— Se eu estou dizendo que está lá, é porque está, e quero que tire imediatamente! Se não está trabalhando comigo, não tem que ficar usando o meu nome.

— Neide, querida, acabei de confirmar aqui e de fato consta apenas o período de um ano em que trabalhei com você. Nem os meses de investigações esparsas eu incluí. Por gentileza, veja direito.

— Eu estou *dizendo*.

— Neide, preciso voltar aos estudos. Quando tiver algo de relevante para falar você me liga, mas agora vou desligar porque está visivelmente alterada e vamos acabar discutindo.

Era a dupla perfeita: eu estudava para a magistratura e ela não tinha juízo. Marquei com a Marina de ir jantar no Le Jazz do Iguatemi para conhecer a turma de novos magistrados que tinham passado no concurso dela; ela fazia questão de me ter na comemoração e eu fazia questão de comemorar cada segundo! No shopping encontrei o Dr. Tadeu e a esposa e ficamos conversando sobre a minha trajetória como concurseira:

— Lorena, você nasceu para ser advogada, até hoje não entendo por que foi prestar concurso.

— Dr. Tadeu, um dia você vai entender.

— Por que não volta a trabalhar com a Neide? Você ama a área e ela gosta tanto de você.

— Dr. Tadeu, aprendi muito trabalhando com ela, mas foi uma tortura.

— Eu imagino! Mas agora ela está próxima de se aposentar e precisa arrumar alguém para sucedê-la, ouvi dizer que ela arrumou briga no M&A e deve estar desesperada por um pupilo. Você pode unir o útil ao agradável, é só tem que ter um pouquinho mais de paciência.

— Realmente ela tem me ligado mais do que o normal. Vou pensar no que falou.

FOI BOM ENQUANTO DUROU

Após seis anos de estudos, me contentava com o conhecimento adquirido e com as comemorações das posses dos meus amigos: Marina já era juíza, Patrícia promotora, Tais delegada, Élcio professor de constitucional e Andrey bombeiro *and* dançarino sensual.

— Lorena, para passar em concurso, você precisa decorar as leis. Não adianta ficar estudando teses, acórdãos e teoria mirabolantes, isso só vai te ajudar nas fases seguintes. Para passar na primeira fase é preciso decorar a pura letra da lei. – Marina me falou.

— E eu lá sou máquina pra ficar de decoreba? Não tenho paciência pra isso, não. Me contento com a leitura da legislação e fazer questões; no mais, como em Direito tudo depende, é preciso sim estudar a matéria profundamente.

Em dezembro de 2018 tomei a decisão de voltar a advogar, foi bom enquanto durou a vida de concurseira, mas eu não tinha perfil para isso; sempre gostei do agito do mercado.

Contudo, após este período de estudos, passei a valorizar ainda mais o profissional de concurso: esse é um caminho muito solitário, onde todos os seus limites são testados e você ainda tem que ter psicológico para lidar com todas as cobranças à sua volta; e as pessoas sabem ser bem inconvenientes:

— Você "só" estuda?

— Abriu com concurso pra técnico no Acre, você deveria prestar.

— A filha da minha amiga passou "pra juíza" após três meses de estudos. – Essa eu ouvi da minha mãe.

— Minha filha estuda 12h liquidas por dia.

— Pré-requisito é casar, nunca vi juíza solteira.

— Depois que passar não tem mais que trabalhar.

— Vai ficar rica com o meu dinheiro de contribuinte.

— Juiz é tudo corrupto.

— É tudo carta marcada, desiste.

É, meus caros, concurseiro sofre!

Foi bom enquanto durou

CARTA NA MANGA

Comuniquei minha decisão para a Neide, que fez questão de enfatizar que eu só teria chances ao lado dela, já que estava há muito tempo fora do mercado. Mas, como ela era muito bondosa, me daria nova oportunidade. Em janeiro de 2019, fomos almoçar com o Nicolas, "o sócio moleque". Obviamente ele achava tudo aquilo muito doido.

— Neide, você mesma quem sempre fala que a Lorena nunca deveria ter deixado de trabalhar com você, que ela jogou a vida profissional dela no lixo, que não nasceu para ser advogada e agora quer colocá-la na equipe?

Eu sabia que a Neide tinha arrumado problemas com os outros sócios do M&A, mas não imaginava que a relação dela com o Nicolas estava estremecida. Mas Neide me garantiu que não era para me preocupar, pois ela já tinha uma carta na manga.

Neide estava planejando sair do M&A porque, pasmem, entre outras coisas o pessoal do escritório tinha tido a audácia de dizer que ela cometia assédio moral. Logo ela que era uma máquina de fazer dinheiro. Chocante, né?

Enquanto isso estava buscando minha recolocação no mercado. Já tinha abandonado ego e tudo o que possa estar relacionado, pois só queria uma chance de recomeçar.

Passado algum tempo, fui a primeira a saber que Neide estava de mudança de escritório, e que agora as coisas seriam diferentes e tudo iria se resolver. Eu fiquei superfeliz, porque finalmente tudo estava se encaixando. Eu teria a tão sonhada oportunidade de recomeçar.

— Neide, foi tudo bem com a sua saída?

— Eu falei umas verdades para aquele moleque do Nicolas e fiz ele chorar, ele tem muito a aprender. Não vai chegar a lugar nenhum sem mim.

— Bom, agora que está indo para um escritório maior e mais renomado, tenho certeza de que ficará muito mais feliz e logo esquecerá disso. E, o mais importante, é que voltaremos a trabalhar juntas e no futuro poderemos ser sócias!

— Lorena, para de falar besteira. Eu já tenho nome, você precisa comer muito feijão com arroz para ser minha sócia.

RESILIÊNCIA

FAZENDO A SOCIAL

A Neide não me levaria logo de cara para o Almir Toscano Advogados, pois precisaria explorar o terreno, mas eu poderia ficar tranquila.

— Venha jantar comigo hoje, vou encontrar um potencial cliente, que é amigo daquele infeliz do Nicolas, e aproveito para te apresentar aos dois advogados da equipe: a Fernanda e o Fábio.

Cheguei no restaurante que ficava localizado no prédio do escritório. Estava usando uma camisa gola padre, saia de estampa *pied de poule*, meia calça e sapato de salto pretos.

A Neide acena e solta um grito:

— Dra. Lolo, que roupa piriguete!

Os dois advogados da equipe se entreolharam, eu dei risada. Deu até pena, mas relevei, coisa da idade.

Começamos a beber vinho enquanto esperávamos o amigo do Nicolas, e o papo fluiu de forma leve. A Neide ficava insistindo para eu contar como era bom trabalhar com ela, o quanto o pessoal gostava dela e o que eu tinha aprendido; afinal, era um absurdo o que a advogada do M&A tinha inventado.

— Não estou sabendo dessa história, Neide.

— Acredita que aquela advogadinha, burrinha que só, que era a Daniela, teve coragem de dizer que eu controlava as idas dela ao banheiro?

— Ué, uma vez você brigou comigo porque eu tinha ido ao banheiro quatro vezes em duas horas.

— Eu nunca faria, isso! Os estudos afetaram sua memória.

— Isso não faz diferença, o importante é que você está feliz aqui e a Fernanda e o Fabio aparentam ser muito simpáticos. –Virei para os dois e perguntei do trabalho.

Fabio começou a se gabar que era *rising star* da área dele, que falava não sei quantos idiomas e que viajaria para a Austrália representando o escritório num projeto. A Fernanda, mais divertida, contava da galera do Almir Toscano e de como ela estava empolgada com a entrada da primeira sócia mulher de renome. Tinham mais duas que ela adorava, mas que não batiam de frente com os homens, e a Dra. Neide era diferente.

— Ah, pode ter certeza de que a Neide não faz o tipo de ficar calada. Isso eu te garanto. Mas o escritório é machista? A impressão que eu

tive por vocês é exatamente o oposto! Uma garota linda e competente como você e um homossexual que é a cara do escritório para o exterior! Achei o máximo! – Eu disse.

— Eu não sou gay! Já namorei mulher. – O Fabio foi logo anunciando.

— Oh, meu Deus, me perdoe! – Eu disse sem graça.

— Imagina que o Fabio é gay, um homem bonito desses! – Dra. Neide disse incrédula.

— Como assim, Neide? O que tem a ver uma coisa com a outra? O Lucas que foi seu estagiário no Máximo, era gay desde sempre. Ou você acha que ele resolveu se casar com o Kiko do nada? – Eu não consegui ficar calada.

— Com licença, queridas, mas preciso ir embora. Tenho o chá bar de uma amiga. – Disse Fábio escapando da noitada com a chefe.

— Sem problemas, querido! Vou ligar para o David para descobrir onde ele está. – Dra. Neide disse toda solicita.

— Então vou lá fora fumar meu JuuL. – Eu falei para eles.

— Você não tinha parado? – Dra. Neide questionou para mim.

— Parei, mas quando tomo uns drinks fumo esse cigarro aqui. – Mostrei para ela o meu cigarro eletrônico.

— O que é isso? Um *pen drive*? – Dra. Neide perguntou curiosa.

— Lorena, se importa se eu for com você? Claro, se a Dra. Neide não for ficar chateada. – A Fernanda logo disse se levantando.

— Podem ir, vou fazer umas ligações. – Dra. Neide respondeu se esquecendo de que havia feito uma pergunta e não havia sido respondida.

Fomos para a área externa do restaurante e a Fernanda teve um acesso de riso.

— Nunca ninguém teve coragem de perguntar para o Fabio se ele era gay, apesar das meninas desconfiarem. Ele é todo arrogante e só fala com os homens! Acredita que está na minha equipe há quase um ano e até hoje não dá bom dia?

— Ele deve ser tímido. E, bem, conhecemos nosso mercado, Fernanda.

— Não sei não, o *gaydar* da Luciana, que trabalha comigo, não falha e agora você falou a mesma coisa. Fora que a Luciana é bissexual então conhece muito bem!

Fazendo a social

— Eu não o conheço então não posso dizer nada. Mas entendo caso ele prefira manter segredo, você não imagina o quanto meus amigos gays sofreram com escritórios machistas.

— Não estou dizendo que ser gay seja um problema, até porque meu chefe também dá uma pinta, mas o fato de ele ser tão mal educado, isso sim me incomoda. Olha essas fotos do Instagram dele, a cada dez fotos postadas, dez fotos sem camisa.

— Me conte sobre as meninas do escritório! Ops, olha a Neide ligando aqui, é melhor voltarmos para a mesa.

— Depois, se você quiser, podemos estender o jantar e paquerar os meninos por aqui. - A Fernanda estava empolgada.

— As duas estavam desfilando por aí? O David está quase chegando e quero vocês na mesa. – Disse a Dra. Neide enquanto nos aproximávamos da mesa.

O David chegou e o papo foi agradável, mesmo porque ele se esquivava quando a Neide tocava no nome do Nicolas, achei muito educado da parte dele. Não tinha por que falar mal de alguém que tinha passado tantos anos ao lado dela. O mercado jurídico é um ovo.

— Meninas, vou aproveitar que o David está de saída e também vou embora senão não consigo dirigir até em casa, que é uma viagem daqui.

— Tudo bem, Neide. Eu e a Fernanda vamos tomar mais um vinhozinho. Acredita que somos do mesmo signo? Por isso nos identificamos de cara!

— Se vocês vão tomar mais um vinho eu fico, mas como convidada.

Fazer o que, né? A Neide ficou até terminarmos a garrafa e depois queria me levar embora. Eu agradeci, mas estava a fim de me divertir aquela noite. Ela chiou, mas disse que me deixaria pegar um Uber. Eu e a Fernanda pedimos mais uma garrafa e nos sentamos na parte externa do restaurante, a noite estava apenas começando! Foi muito divertido e eu e a Fernanda descobrimos vários gostos em comum. Graças a Deus tinha arrumado uma amiga solteira! A maioria estava casada ou namorando.

— Lola, o que foi a Dra. Neide falando da sua roupa se estava sentada com aquelas pernas abertas? Achei seu *look* muito elegante.

— Hahaha, eu nem ligo, já estou acostumada.

Fazendo a social

PISANDO EM OVOS

— Você está sabendo do livro que a Neide está coordenando? Ela me chamou para escrever um capítulo. – A Fernanda falou comigo.

— Lembro de ela falar sobre isso com um amigo, na minha festa de aniversário, mas nunca mais tocou no assunto.

— Vou falar com ela para escrevermos o capítulo juntas!

— Vai ser uma boa! Após anos de estudo virei a mais nerd possível, amo escrever. Pode escolher qualquer assunto!

Eu e a Fernanda ficamos superamigas e ela começou a me ajudar a procurar um emprego.

— Lola, surgiu uma vaga de um cliente do meu chefe em Belo Horizonte, o que acha?

— Amiga, vale tudo!

— A Neide falou que seria uma boa para você voltar para o mercado, já que ela ainda está pisando em ovos aqui no escritório.

— Por mim tá valendo. Pode mandar meu currículo!

Pouco tempo depois o *Head Hunter* me ligou, mas a proposta ficou muito abaixo do mercado, não dava condições de mudar de Estado sem continuar dependente da minha família. E, por mais que fosse tentador recomeçar, não estava disposta a trocar seis por meia dúzia, já tinha passado anos nessa situação e queria me independer.

— Lola, esse mesmo cliente está com uma vaga aberta para *secondment* em São Paulo, mas o único problema é que é para advogado júnior. Pelo que você me disse, é praticamente o mesmo salário de BH, mas pelo menos você não teria que mudar de Estado.

— Acho excelente! A Neide tinha comentado mesmo comigo! Depois volto para o escritório na área de *Compliance*, sem ela ter tido que mexer um pauzinho.

Fui fazer entrevista na empresa Brasil Refinaria com a Mirela, *Head* da área, e nos damos muito bem. Ela era mais nova que eu, mas um crânio na matéria. Fiquei encantada! Estaria voltando para o mercado, na minha área de atuação e trabalhando com uma pessoa que entendia do assunto. Não poderia estar mais feliz.

RECOMEÇO

Na quinta-feira à noite tive a notícia de que começaria na manhã do dia seguinte. Foi tudo muito rápido. O administrativo do escritório me ligou avisando que eu teria que levar uma documentação na hora do almoço, para dar tempo de entrar na última alteração do contrato social.

A garota que eu substituiria na Brasil Refinaria estava de saída aquele dia e eu precisava pegar o máximo de informações possíveis, pois a partir de segunda eu tocaria a parte dela sozinha. Cada minuto seria precioso. O pessoal do jurídico foi para o almoço de despedida e eu tive que voar para o escritório.

Passei pela recepção correndo a tempo de pegar o elevador que tinha acabado de chegar e minha bolsa acabou ficando presa na porta.

— Meu senhor, me enrolei aqui, pego o próximo elevador, podem descer.

— Não estamos com presa, esperamos por você!

Desci no elevador com dois senhores muito simpáticos:

— Você é nova aqui na BR?

— Estou começando hoje aqui na empresa e não posso queimar meu filme. Preciso passar na CEF para pegar um documento e depois levar no escritório, tudo isso em menos de uma hora! E o pior é que nem sei chegar nessa rua. – Disse isso mostrando um pedaço de papel com o endereço da CEF, que o Amaro, colega do jurídico, tinha feito um mapinha.

— Me empresta seu papelzinho? Veja Manoel, é aqui pertinho.

— Plinio, podemos ir naquele restaurante que você sugeriu primeiro e acompanhamos a menina até lá. O que acha?

Fomos conversando até a rua da CEF sobre a filha do Manoel, que tinha formado em Direito há pouco tempo e trabalhava numa banca renomada, mas que sonhava em ser estilista. Eles me indicaram o local e nos despedimos. Que alívio!

A CEF estava vazia e consegui resolver tudo em quinze minutos, peguei um Uber e fui até o escritório.

INTERROGATÓRIO

— Lola, agora que você faz parte da equipe, meu chefe quer te conhecer, vamos almoçar conosco.

— Fernanda do céu, preciso voltar para a empresa.

— Não se preocupe, ele já falou com a Mirela que você se atrasaria um pouco.

Fomos almoçar eu, Fernanda, Fabio e Gabriel, que era o chefe, num dos restaurantes embaixo do prédio.

— Lorena, estava vendo seu currículo e vi que não parou em nenhum lugar. Conte um pouco da sua carreira.

— Gabriel, posso não ter ficado tanto tempo nos lugares, mas te garanto que o período que fiquei, aprendi muito.

— A Neide falou muito bem de você, mas fiquei incomodado com o fato de ter passado tanto tempo fora do mercado.

— Eu estava estudando para concurso.

— O mercado muda muito rápido, você acha que dá conta do trabalho?

— Pode confiar. Os estudos abriram minha mente.

— Menos mal você estar entrando para uma vaga de advogado júnior. Acho que isso vai te ajudar. Em princípio combinei com a Mirela que você ficaria três meses na empresa; se você conseguir fazer o trabalho, poderá ter chances na minha equipe. No fim do ano fazemos a reclassificação dos advogados.

— Por mim está perfeito! Ops, vou perder a hora, preciso voltar para a empresa.

— Faz muito bem, gosto de pessoas comprometidas.

SURPRESA

Cheguei na empresa e o senhor Plínio, que tinha me acompanhado à CEF, estava no jurídico conversando com o Amaro, o colega que fez o mapa pra mim.

— Veja se não é a Lorena, a garota que estava perdida no meio do Condado. – E começou a rir. – Conseguiu pegar o documento e levar para o escritório?

Nessa hora um silenciou dominou o setor.

— Sim, senhor! Graças ao senhor e ao Manuel! Foi uma mão na roda.

— Seja muito bem-vinda!

O Plinio saiu da sala e todos começaram a rir.

— Como assim você fez o presidente e o diretor executivo da empresa te levarem à CEF? – A Luísa falou.

— Vocês estão me dizendo que esse simpático senhor é o presidente da empresa? Estou surpresa.

— Lorena, gostei de você desde o momento em que ficou ajoelhada no chão para não perder nenhuma dica da Estefânia. Você me lembra a minha esposa! Ela é doidinha! – O Amaro disse sorrindo.

— É verdade Amaro, a Lorena lembra a Natalia. – Nisso a Luísa vira pra mim:

— A esposa dele é uma blogueira famosa, você não conhece? – E me mostrou uma foto do Instagram.

— Nossa, já devo ter visto, mas confesso que enquanto estava naquela bolha de estudos, só seguia professores de cursinho. Me passa o Instagram dela que vou seguir.

— Já aproveita e passa seu nome de usuária para seguirmos também.

— Eu tenho um pessoal que não uso muito e um jurídico onde posto umas brincadeiras sobre a nossa área.

— Pode me passar os dois.

— Nossa, você é a administradora do @soudireito? Eu já sigo! – O Amaro voltou a falar e já me deixou surpresa.

— Que legal! Muito obrigada! Você gosta da página?

— Sempre que você posta piadas com vídeos de gatinhos envio para a minha esposa. Temos um casal de gatos.

Surpresa

A tarde foi descontraída e, apesar de ficar igual um urubu em cima da Estefânia para aprender o máximo de coisas possíveis, tudo correu de forma leve.

— Olha, é bom você aprender mesmo, porque na nossa equipe seremos apenas eu, Mirela e você, e cada uma faz uma coisa diferente. Não vou ter tempo de ficar parando os meus afazeres para te ajudar. – A Luísa me disse séria.

Em duas semanas já estava me sentindo em casa, o trabalho fluía perfeitamente e ainda conseguia tempo para ajudar a Luísa com algumas pendências dela.

— Nossa, Lorena, você é muito rápida. Como faz isso?

— Vontade de colocar na prática os anos de estudos e pessoas maravilhosas como vocês para inspirar!

Surpresa

NADA MUDOU

A sensação é de que eu nunca tinha saído do mercado. A única coisa que tive que aprender do zero foi como ser bem tratada num ambiente de trabalho. Foi a primeira vez na minha vida em que trabalhei em uma empresa e estava amando. Todo dia tinha café da manhã para os funcionários, ninguém gritava com ninguém, não havia nenhuma forma de assédio, os horários eram respeitados, um sonho!

O pessoal era supertranquilo e eu não tinha do que reclamar. Muitas vezes eu ficava até mais tarde por vontade própria, porque estava tão empolgada com o que fazia que queria fazer mais e mais.

Tenho o costume de deixar o celular no silencioso e virado para baixo enquanto trabalho, então, não vi as onze chamadas perdidas da Fernanda. Toca o telefone fixo e ela estava chorando do outro lado da linha.

— Lola, por que você não me atende?

— Desculpe, amiga, você sabe que não fico com o celular em mãos. Mas me conta, por que está chorando?

— O Gabriel é um ridículo, fica passando a mão na cabeça do Fabio e me trata igual lixo. Até estava conversando com a Neide sobre isso e ela me deu um superapoio.

— Humm, a Neide? O que ela disse?

— Que não posso aceitar esse tipo de tratamento calada, que eu tenho que me impor. Como sócia de *Compliance* ela disse que achava um absurdo tudo o que ele estava fazendo comigo.

— Amiga, estou saindo para almoçar e te ligo em cinco minutos, para não atrapalhar aqui.

Retornei a ligação e Fernanda continuou:

— Estou há anos com o Gabriel e é sempre a mesma coisa. O Fabio é perfeito e eu sou o patinho feio da equipe. Você acredita que ele pegou no meu pé com horário, rendimento, débito de horas, postura? Você melhor do que ninguém sabe que eu vivo nesse escritório, mal tenho vida social. Quando não tenho trabalho de fim de semana, fico trancada em casa esgotada demais para fazer qualquer coisa. E tudo isso por quê? Porque fui falar de aumento de salário! O Fabio tem menos tempo de formado do que eu, menos tempo de equipe, entra todo dia às 11h, faz duas horas de almoço, sai às 17h e ganha o mesmo que eu!!!

— Calma, amiga. Vamos pensar em algo.

— Falei com a Poppy, aquela minha amiga do escritório que você achou parecida com a Sandra Bullock e vamos começar a enviar nosso currículo. Não aguentamos mais esse machismo deliberado no Almir Toscano. Eu quero ir para a equipe da Neide, mas tenho certeza de que o Gabriel vai dificultar.

— Fernanda, é melhor você pensar com calma. Você já está com o Gabriel há tanto tempo, tenho certeza de que vocês tiveram momentos bons, se prenda nisso enquanto pensa numa estratégia. A única coisa que te digo é que já passei por algo semelhante e só consigo perceber o quanto isso me fez mal, agora que estou aqui na BR. Que diferença faz trabalhar num ambiente onde se é respeitado! O trabalho se transforma em *hobby*. Tenho prazer de acordar todas as manhãs e vir para cá.

— Eu nem sei o que isso significa.

Estava chateada pela Fernanda, mas não podia acreditar no cinismo da Neide! Será que ela não se tocava? A coitada da Fernanda corria o risco de trocar um chefe péssimo por uma chefe horrível, não haveria pior decepção, mas eu não podia falar nada. Tudo é muito velado nesse meio e, uma bola fora pode te levar para o limbo.

Apesar de gostar muito da Fernanda, sabia que ela era crítica com os outros, então, precisava entender até que ponto o que ela estava falando sobre o Gabriel era verdade ou exagero. Poderia ser apenas ciúmes entre colegas de equipe – fora que depois de tudo o que eu já tinha passado, até achava esse tipo de atitude dos chefes de escritório relativamente normal, apenas na BR estava aprendendo como era ser tratada como ser humana e não máquina de produção.

Nada mudou

AMBIENTE SAUDÁVEL

— Lola, você vai ao show do cover do Elvis que a Neide está organizando?

— Oi Fe, se eu conseguir terminar as coisas aqui na empresa a tempo vou sim, que horas devo encontrá-las no escritório.

— Então, eu disse para a Neide que não poderia ir, porque preciso focar no meu capítulo do livro e ela deu um escândalo.

— Nem liga, ela é assim mesmo. Organiza umas coisas fora de hora e faz questão de que todos estejam presentes.

— Achei meio sem noção. A gente é obrigada a ir e ainda tem que pagar o ingresso? Se ao menos ela tivesse deixado você escrever o capítulo junto comigo, já estaria bem adiantada.

— Amiga, esse é o preço da social. Uma vez ela convidou a equipe do M&A para a casa dela em Monte Verde e, para fazer uma moral, levamos garrafas de champanhe francesa. Ela guardou todas as garrafas para uma ocasião especial e mandou a gente ir ao mercado comprar algo para bebermos. Depois, fez todo mundo ficar acordado até de madrugada assistindo uns filmes dos anos 1800 e bolinha, e ainda brigou comigo porque eu estava roncando no sofá. Hahaha

— As meninas têm o pé atrás com ela, e disseram que os amigos que já passaram por escritórios onde a Neide trabalhou falaram horrores, tem até a história de uma advogada que foi demitida por ter ido a um show.

— Ah, a Marilia, conheço ela, um amor de pessoa. Mas me conta do livro, fico até aliviada de ela ter me vetado. Disse eu me esquivando.

— Eu não entendi, pra ser sincera. Ela disse que você era muito moleca para escrever um livro daquela importância, mas agora já acho que você teve foi um livramento, isso sim. Que dor de cabeça que está nos dando!

— Preciso ir, tenho uma reunião com a Mirela e um dos escritórios parceiros.

— A Mirela tem te elogiado muito para o Gabriel, parabéns.

— Já te disse amiga, trabalhar em um lugar sadio dá prazer! Nem vejo o tempo passar. Nos falamos mais tarde!

DISPUTA DE EGOS

Fui organizar as coisas para a reunião e receber os advogados parceiros, que eram de uma outra equipe renomada de *Compliance*, encabeçada pela Dra. Maria Gonzaga.

— Olá, sejam bem-vindos. A Mirela já está chegando, enquanto isso vou organizando a sala. Desejam algo?

— Muito prazer, sou a Valentina, advogada sênior da minha equipe e este aqui é meu júnior, Maicon, que deve ter a mesma formação que você.

— Maicon é um prazer conhecê-lo pessoalmente, já nos falamos ao telefone algumas vezes.

— Ah sim, Lorena, já nos falamos algumas muitas vezes. – Maicon disse e demos risada.

— Você trabalha para a Neide, né? Sabe quem é a Maria Gonzaga do *Compliance*? – A Valentina me perguntou.

— Para ser sincera estou voltando para o mercado agora, mas certamente deve ser um crânio! Admiro mulheres que são referência no mercado.

— Arrisco dizer que ela dá um banho em qualquer outra advogada da área, se é que me entende.

— Acredito que cada advogada possa contribuir para a área de formas diferentes, e que não exista uma disputa por competência, por mais que exista uma disputa de egos.

A Mirela entrou na sala e foi seca com a Valentina, porque as análises estavam vindo falhas. Valentina se contentou em jogar a culpa no Maicon e eu fiquei muda, pois não queria piorar um clima que já estava ácido.

Não sei por que há pessoas que criam disputas imaginarias onde não existem. Pior ainda quando ocorrem entre si. A Valentina chegou na reunião pronta para atacar e eu não fazia a mínima ideia do que ela estava falando. Por que teria que haver uma advogada melhor, e que diferença isso faria na minha vida? Como sempre soube que a Neide era de criar rusgas com outros profissionais, não estava nem aí pra isso. Acredito que todos tenham algo de produtivo para ensinar e eu não tinha a mínima culpa se nossas chefes eventualmente não se bicassem.

Depois da reunião a Mirela saiu da sala corrida para chegar em tempo em outro compromisso. Eu fiquei com os dois advogados para acertarmos os últimos detalhes.

— Maicon, sempre que precisar pode contar comigo, tenho aprendido muito com nossas conversas. Valentina, talvez não tenhamos começado bem, mas tenho certeza de que com o tempo essa primeira impressão irá melhorar.

Enquanto acompanhava os dois até a porta, pedi para a Valentina me contar sobre a chefe dela, já que eu tinha passado muito tempo estudando para concurso. Ela deu risada e o gelo quebrou. Mesmo ela tendo o pé atrás com a Neide, conseguimos desenvolver uma conversa sadia. Para ela eu era o oposto daquela mulher. Ufa, era só o que me faltava! Arrumar rixa por tabela. Também fiquei por dentro das atualidades da chefe dela e acabei adicionando mais uma mulher para minha listinha de admiradas.

Disputa de egos

PRIORIDADES

— Neide, fiquei conhecendo a história da Maria Gonzaga. Uma mulher incrível! Sócia da área, fundadora de um grupo de estudos e também mãe de família!

— Lorena, já te disse o que penso sobre mulheres que se dividem entre trabalho e filhos, acaba não fazendo nenhum dos dois direito.

— Pois achei a história dela um encanto! O fato de ser mãe contou ainda mais pontos. Sonho em me casar e ter filhos um dia.

— Você precisa rever suas prioridades. Já reparou que sócia de escritório grande que se dá bem é sempre sapatona? Não dá para conciliar e ponto. Ou um ou outro.

— Você é sócia e não é sapatona, ao menos que eu saiba.

— Eu sou de outra geração, não tem comparação.

Realmente não tinha comparação, era tudo uma questão de ponto de vista. Acredito que a Neide pensasse dessa forma por ser muito solitária e, inconsciente ou conscientemente, queria que eu fosse como ela. Nossa noção de prioridades certamente era incompatível. E ela continuou:

— Dra. Lolo, para não ficar solteirona, você pode se casar com aquele advogado japonês que trabalha com o Nicolas, ele é bonzinho e bem esforçado, apesar de me lembrar pobreza. Tenho um certo preconceito com esses olhinhos puxados, são todos descendentes daqueles imigrantes que tomaram a região da Liberdade na época em que eu era mocinha. Enfim, dá para o gasto.

E assim a Neide concluiu nosso papo com mais uma de suas observações sem noção. Nada que me surpreendesse. Como ela mesma dizia, era de outra geração, desculpa fortemente utilizada por pessoas que não evoluem para se sentirem confortáveis em manter seus preconceitos.

Prioridades

PODE TIRAR O CAVALINHO DA CHUVA

Estava amando minha rotina na empresa. Todo dia o Amaro nos levava para conhecer um lugar diferente, era o cara dos restaurantes. O pessoal do jurídico era superagradável, apenas a Luísa tinha um gênio mais forte, mas eu conseguia rir até dos momentos de mau humor dela, que eram diários.

— Lola, hoje começa o Antônio Artur, que vai trabalhar na unidade de BH fazendo exatamente o que você faz. Preciso que treine ele. – A Mirela anunciou.

— Eu me lembro dessa vaga. Cheguei até a enviar currículo.

— Amaro, imagina a Lola na refinaria de BH com esses *looks*? – Disse a Mirela se virando para ele e os dois começaram a rir.

— A Lola não aguentaria duas semanas lá! Só tem peão. Fora que fica no interior, então não tem nada pra fazer, enlouqueceria! – O Amaro disse entre as risadas.

— Eu hein, gente. Faria o mesmo trabalho que faço aqui!

— Vai por mim, Lola, você está melhor aqui. Aliás, avisei o Gabriel que o Antônio Artur irá começar e pedi que ele estendesse um pouco mais o seu prazo aqui, para que possa repassar o trabalho com calma, mas ele não concordou, disse que precisa de você no escritório pra ontem!

— Mirela do céu, não me fala isso. Me dá até vontade de chorar.

— Eu imagino, fui estagiária do Gabriel e ele é bem difícil de lidar, mas pelo que ouço no mercado, não se compara com a Neide. Admiro sua paciência. Liga para a Fernanda e vê se você consegue convencê-la a ficar pelo menos mais um mês! Quem sabe ela não fala com o Gabriel?

Prontamente peguei o telefone e liguei para a Fernanda, não estava disposta a arriscar minha sanidade mental tão cedo.

— Fernanda, tudo bem? A Mirela falou comigo e disse que o Gabriel não quer estender meu prazo aqui.

— Lola, as coisas aqui tão corridas, realmente precisamos de você. Ademais, eu estava na sala do Gabriel quando ele falou com a Mirela e ele usou exatamente esse termo: "Pode tirar o cavalinho da chuva". Então, nem me peça para falar com ele.

— Felicidade de pobre dura pouco!

— Eu sei que você está feliz aí, mas com o Fabio na Austrália está difícil de dar conta. A Neide até contratou uma advogada júnior que trabalhava com a Maria Gonzaga, mas para as coisas mais seniores, só tem eu.

— Ué, mas e aquele sócio que ela trouxe, que trabalhou para ela na época do Máximo?

— Lola, sei que você não curte fofocas então prefiro não emitir a minha opinião. Mas já te adianto que ele e nada são a mesma coisa. Prepare-se para uma avalanche de trabalho e aproveite o tempo que resta aí para se despedir da sua vida pessoal.

— Mas a equipe tem dois estagiários, né? Isso ajuda bastante.

— Eu só curto a menina, o outro começou há pouco tempo e não tem noção de nada; tenho que refazer tudo dele, uma perda de tempo.

— Não é aquele estagiário que o Gabriel contratou? Eu estava aí no escritório no dia da entrevista, gostei do menino.

— Bem, então quando você vier pegue ele pra você. Ninguém faz muita questão.

Desliguei com a Fernanda chateada, precisava me preparar psicologicamente para deixar a empresa e recomeçar mais uma vez, só que dessa vez em um ambiente em que eu sabia o que estava me aguardando e eu não fiquei nada contente com isso.

Fomos fazer uma *happy hour* e um engenheiro da empresa veio falar comigo, pois já tinha reparado em mim e gostaria de me convidar para jantar.

— Puxa, fico muito feliz, mas infelizmente, enquanto estiver prestando trabalho aqui na empresa, não seria adequado. Quem sabe quando eu voltar para o escritório.

— Já tem data marcada? A Mirela comentou que seus chefes são terríveis! Por que não tenta cavar uma vaguinha aqui na Refinaria?

— Isaias, bem que eu gostaria, mas não seria ético da minha parte.

— Sou muito próximo do presidente e sei que ele te adora.

— Também acho o Plinio supersimpático, mas uma coisa não tem a ver com a outra. Vou continuar ligada a vocês, só que agora atuando de casa.

— Uma casa que você nunca passou mais de um dia e tem certeza de que vai odiar? Que vida é essa?

— Eu admiro a minha chefe. Eu a entendo…

— Se ela for metade do que me disseram, então eu tenho pena de você.

FORTES EMOÇÕES

A data da minha saída estava cada vez mais próxima e aquilo estava mexendo comigo. O Antônio Artur não era formado em Direito e, apesar de isso não ser obrigatório para um profissional de *Compliance*, facilitava muito o entendimento do nosso trabalho em *Background Check*.

— Antônio Artur, sente-se ao meu lado que vou refazer passo a passo com você. De pouco em pouco você consegue pegar o jeito.

— Essa parte eu já entendi, pode fazer você mesma porque estamos atrasados.

— Antônio Artur, eu gosto de você e não ligo de fazer o trabalho, mas logo vou embora e não estarei mais aqui para te ajudar. Não prefere exercitar agora?

— Relaxa que eu manjo disso. Vou tomar um cafezinho com o Paulão.

— Ok. Mas lembre-se de que eu sempre estive à disposição para te ajudar, é você quem está garantindo que já sabe de tudo.

— Lola, vem aqui por gentileza que eu preciso falar com você. – Entrei na sala da Mirela e ela disse:

– Vou sair da empresa no mesmo dia que você, recebi uma proposta bacana! Então, vamos organizar uma festinha de despedida para nós!

— Você só pode estar de brincadeira! A Luísa já sabe disso? E o Gabriel?

— A Luísa já sabe, o Gabriel pode deixar que eu conto. Ele vai ficar desesperado porque acabamos de virar cliente do Almir Toscano e não faço ideia de quem vá ficar no meu lugar.

— Misericórdia, é muita informação para processar.

— Fica calma que tudo se ajeita, e vamos continuar sendo amigas!

Fiquei até mais tarde para adiantar umas coisas que ajudariam o Antônio Artur e era a única pessoa no *hall* do prédio esperando um Uber. Quando veio no aplicativo o aviso de que o motorista estava chegando, fui para a parte de fora, mas dentro do prédio ainda, pois os motoristas da Uber sempre passavam a entrada.

— Moça, a Sra. não pode esperar aí, pois é passagem de carro. Tem que ir para a rua. Disse o segurança do prédio.

— Moço, está muito escuro e não tem mais ninguém por aqui uma hora dessas. Respondi.

Ele fez um gesto com as mãos de que não poderia fazer nada. Fui para a rua e dei mais uma olhadinha no celular para conferir se realmente o motorista estava perto, porque estava com medo de ficar parada ali. Nisso, passa um homem de bicicleta, vestindo mochila de entrega da Rappi, e me agarra pela gola da camisa.

— Passa tudo!

O problema é que eu estava com uma bolsa transpassada e a mochila da academia por cima, ficou tudo enrolado. Ele então arrancou meu celular com fone e tudo da minha mão enquanto eu sentia outra pessoa me puxando por trás.

O cara desapareceu e eu virei para trás pensando no pior. Que benção, era uma garota que por acaso estava passando de bicicleta por ali e espantou o meliante. Ela me acalmou, disse que aquilo era comum naquela região e me emprestou o telefone dela para eu ligar na minha operadora e cancelar o *chip*. O Uber também chegou no mesmo tempo. Estava tão nervosa que quis ir direto ao shopping para cancelar tudo. Dei um abraço na anja e segui na corrida.

Consegui cancelar o *chip* e comprar um novo aparelho, mesmo assim o cara conseguiu comprar 200 reais no Mc Donald's da Uber Eats e, ainda por cima, deu uma caixinha de 2 reais pela entrega. Até hoje aguardo o reembolso da Uber. Já faz mais de 1 ano!

A parte boa desse dia foi que o vendedor da loja me contou que tinha o sonho de estudar para o concurso da Polícia Civil de São Paulo e, para isso, estava juntando dinheiro para fazer um curso.

— Enzo, hoje definitivamente não foi um dia de sorte para mim, mas pra você tenho certeza que sim! Vendeu um aparelho de celular e ainda vai ganhar um monte de livros para estudos, aceita?

— Meu deus, que milagre!

— Então, amanhã pode passar na portaria do meu prédio que vou deixar as caixas separadas para você!

Após esse dia de fortes emoções, queria mesmo ir para casa e dormir.

Fortes emoções

FAZENDO A EGÍPCIA

Chegou o tão falado dia da festinha de despedida da Mirela e da Lorena, e o Amaro nos presenteou com uma garrafa de gin que ficamos bebericando enquanto recolhíamos nossos últimos pertences antes de nos reunirmos com a galera para a *happy hour*. Nós três nos abraçamos e começamos a chorar: a Mirela de alegria, o Amaro de saudades e eu de tristeza mesmo.

— Lola, entre amigos, você e o Isaias estão de rolinho, né? – Disse a Mirela com uma risadinha de canto de boca.

— O Isaias, aquele engenheiro bonitão? Nunca nem vi, está louca? – Respondi roxa de vergonha.

— O pessoal disse que vocês ficaram na última *happy hour*!

— Que dia foi isso? – Virei para a tela do computador e fingi estar concentrada.

— Mirela, olha a Lorena fazendo a egípcia para fugir do assunto. Nada como usar a frase contra seu divulgador! – Disse Amaro entre gargalhadas.

— Me deixa gente, onde se ganha o pão não se come a carne.

— Ah, e agora você vem com frase pronta da chefe? O Isaias está de mudança para a Ásia, vocês não terão outra oportunidade.

— Gente, foco na festinha que esse assunto já está ficando chato. – Finalizei a conversa num tom tímido.

Chegando na *happy-hour* o Isaias tinha reservado um lugar para mim ao lado dele, além de ter levado duas lembrancinhas de despedida, uma para mim e outra para a Mirela.

— Vou aproveitar e fazer a minha despedida com a de vocês e, depois, podemos jantar, o que acha? Só nos dois? Disse Isaias.

— Considerando que hoje é nosso último dia aqui, eu topo!

Ficamos todos até tarde na *happy hour* e depois fui jantar com o Isaias. Fazia tempo que não me identificava com alguém de verdade, uma pena que ele estava de mudança.

LA GARANTIA SOY YO

Meu primeiro dia no escritório e já estava lotada de coisas para fazer. Precisaria me dividir entre o Gabriel e a Neide, pois a partir daquele momento, responderia para ambos, ao menos foi isso que ele me garantiu.

O Gabriel me deixou responsável pelo *Background Check* da Brasil Refinaria:

— A partir de agora é você quem irá tocar tudo desse cliente, porque a Fernanda precisa me ajudar com as coisas da nossa área.

— Tudo bem, Gabriel, posso pedir ajuda do estagiário novo?

— O Calebe é muito menino, só serve para coisas burocráticas, mas se você quiser, pode puxar ele pra você. Assim, a Guta pode se dedicar exclusivamente a mim e à Fernanda.

Chamei o Calebe, eu tinha me encantado com aquele garoto desde o dia que o conheci porque ele me lembrava meu sobrinho mais velho. No mais, sabia dos perrengues da vida de estagiário e não gostaria que nenhum deles passasse pelo que passei. Acabei adotando o Calebe como meu pupilo.

— Calebe, querido! Hoje você vai passar o dia ao meu lado para irmos pegando o jeitinho um do outro, combinado?

— Claro! Já estava cansado de só fazer tradução.

O Calebe era um menino incrível e pegava as coisas muito rápido, ele só estava precisando de alguém que o ensinasse. Também adorava o fato dele e a Guta se darem bem, sempre fui partidária do espírito de equipe.

A Neide passou o dia me demandando, mas apenas para as coisas pessoais dela, nada do que me passava era debitável, segundo ela eu tinha ficado muito tempo fora do mercado e precisava ajudá-la a escrever uns artigos para fazer meu nome.

— Neide, preciso cumprir os prazos da BR, mas o Calebe vai me ajudando com as pesquisas para adiantarmos esse assunto.

— Ele é estagiário, não sabe o que está fazendo. Qual garantia tenho de que você irá entregar o que estou pedindo?

— *La garantia soy yo.*

— Quero isso para hoje, independentemente do horário que você tenha que sair daqui. Se eu passo uma coisa para você, é para você fazer e não ficar passando para o estagiário.

— Pode ficar tranquila que o artigo vai estar no seu *e-mail* hoje.

— Hoje, significa antes da meia noite. Se vira.

REUNIÃO DE EQUIPE

Toda semana tínhamos a chamada "reunião de equipe", que mais parecia um palco onde a Neide e o Gabriel ficavam se digladiando e o pessoal ficava calado de auditório. Juntávamos o núcleo do Gabriel que consistia nele, Fernanda, Fabio, Guta e Calebe; e o núcleo da Neide, que se resumia nela, seu sócio Gomes e a advogada júnior Silvinha. Eu era "dividida entre os dois", mas o mais importante é que para fora éramos uma só equipe.

— Neide, já faz um tempo que você veio pra cá, precisamos colocar no papel quantos clientes conseguiu trazer até agora. – O Gabriel disse.

— A maioria dos meus clientes são estrangeiros, pagam em dólar. Um caso meu e consigo me bancar aqui o ano inteiro. Respondeu Neide.

— Acho ótimo, mas não vi essa quantidade toda de dinheiro movimentando o caixa. Gabriel alfinetou.

— Os tempos são outros, agora o *Compliance* se popularizou, qualquer um faz. Meu diferencial é ser pioneira. São menos casos, mas posso cobrar mais caro por eles, pois o cliente busca o meu nome. Neide disse prontamente.

— Nunca vi otimismo encher barriga. Gabriel bufou.

— Pessoal, estamos com um caso interessante da BR, podemos discuti-lo? – Eu fui logo dizendo a fim de interromper aquele climão. Gostaria da opinião de vocês sobre a análise da eventual contratação de um ex-ministro do governo para dar consultoria. Eu e o Calebe elaboramos uma análise de reprovação, com base no *Background Check* que fizemos. O cara é bem enrolado. O que acham?

— Você sabe o que eu penso sobre a contratação de Pessoas Politicamente Expostas (PEP). Nos EUA nem haveria cogitação sobre contratar um cara desses. – Falou a Neide em tom de autoridade.

— Acredito que possamos ser mais flexíveis. O ministro é referência na área. – O Gabriel disse refletindo de forma ponderada.

— Concordo com a posição da Neide no que tange às PEP, e a "capivara" desse ministro só serve para corroborar nosso pensamento. Para mim ser flexível significa darmos alternativas, nesse caso, não me sentiria confortável nem mesmo com recomendação de medidas mitigatórias. A empresa já teve problemas de *Compliance* no passado e hoje possui um programa intacto. Não seria eu a responsável por deixar passar uma brecha dessas. – Eu disse.

— Se você está dizendo, então responda por você. – Gabriel disse.

— Eu assino embaixo de tudo o que a Dra. Lolo acabou de falar. – Dra. Neide concordou comigo para a minha surpresa.

— Então, vamos de reprovação, mas se der problema, já disse, não sou eu que vou responder por isso. – O Gabriel disse enfatizando que não iria responder.

— Perfeito. Eu e o Calebe iremos finalizar a análise. – Eu disse me garantindo.

SEGURANDO AS PONTAS

Já estava há quatro meses tocando a BR sozinha com o Calebe e tudo correndo perfeitamente bem. Me sentia segura na minha posição, tinha um estagiário moldado exclusivamente por mim em quem eu confiava 100%, conseguia me dividir entre os dois sócios e já estava chamando a atenção dos demais sócios do escritório, que passavam casos de *Compliance* diretamente pra mim.

Como sempre respeitei a posição de cada um dentro da equipe, sempre que esses casos eram passados diretamente para mim, eu pedia a supervisão do Gabriel ou da Neide, conforme o assunto, para que em nenhum momento eles se sentissem desautorizados. No mais, a aprovação dos débitos das minhas horas dependia de um desses dois. O Gabriel até que lidava bem com isso, mas a Neide já mostrava sinais de insatisfação.

— Por que o Cesar passou esse caso diretamente para você sem falar comigo? Você está tentando me passar a perna?

— Claro que não, Neide! Eles fazem isso porque estou mais acessível, você é referência na área e vive com a agenda lotada, mas certamente eles têm certeza de que vou falar com você.

— Pode me entregar todo o material, a partir de agora vou tocar esse caso sozinha. Ah, e você não precisa participar da *call*, quero que faça umas coisas pra mim que o Gomes vai te passar.

— O Calebe me ajuda bastante, pode deixar que dou um jeito, essa *call* vai ser rapidinha; só precisamos explicar para o cliente o porquê desse nosso parecer.

— Você está com defeito de audição? Já disse que não preciso que me ajude. Passe na sala do Gomes para buscar o material.

Minha paciência com a Neide já estava no limite, mas eu ainda me apegava àquela admiração que eu tinha criado na minha cabeça, ademais, o Dr. Tadeu mesmo tinha dito que ela pretendia se aposentar, então, talvez estivesse pegando mais pesado comigo para me preparar para o mercado.

Passei na sala do Gomes que me entregou uns vinte quilos de papelada para que eu estudasse para montar o novo *folder* da área.

— A Dra. Neide precisa disso para amanhã de manhã, você só precisa focar no conteúdo, a arte pode deixar para o *marketing* preparar.

— Tudo bem, Gomes, vejo que já destacou algumas coisas. Teria alguma recomendação?

— Esses destaques não são meus, são do Nicolas, da época em que a Dra. estava no M&A, você vai ter que começar do zero. Estive muito ocupado para dar andamento nisso. Boa sorte.

Não estava acreditando naquilo, era fim da tarde, tinha os casos da BR pra tocar e ainda aquela burocracia para entregar no outro dia de manhã no primeiro horário? Nem mesmo com a ajuda do Calebe conseguiria dar conta de tudo aquilo e eu não tinha coragem de fazer o menino ficar até altas horas no escritório!

— Lola, estou sem nada pra fazer, precisa de ajuda? – A Fernanda apareceu no momento mais oportuno!

— Amiga, eu e o Calebe estamos lotados de coisas, qualquer ajudinha que puder dar vai ser de grande valia.

— Pode deixar comigo, me passa o que tem pra fazer! A Guta já está ajudando o Calebe!

— Como eu amo um trabalho em equipe!

— Fui atrás do Fabio para ele dar uma mãozinha, mas a Silvinha disse que ele foi embora depois do almoço. É um inútil mesmo. – Disse uma Fernanda estarrecida.

— Fe, não fale assim, vá saber se o menino está cuidando de algum caso novo.

— Nada! Enquanto estamos aqui ele está tomando caipirinha na praia! Olha o Instagram dele que sem noção! Está cheio de *stories* dele com a *hashtag* "vida difícil". Não sei como o Gabriel nunca fala nada.

— O mundo dá voltas. Não liga pra isso. Vamos focar nós quatro que conseguimos dar conta do recado.

Organizamos uma força tarefa e fomos baixando todas as pendencias. Contudo, quanto mais prazo soltávamos, mais a Neide enchia a minha caixa de entrada com novos afazeres "para ontem".

O Gabriel, que estava copiado no fluxo de *e-mails*, começou a me ajudar, tudo que a Neide arrumava defeito ele rebatia a crítica. Ela estava confundindo MPF com MPE e, por mais que eu explicasse a diferença, ela dava um jeito de dizer que eu não estava interpretando corretamente o que ela havia pedido. Foi um dia do cão.

Graças à ajuda do pessoal, consegui finalizar tudo o que a Neide pediu, mesmo tendo que varar no escritório para os ajustes finais. Provavelmente ela estava me pressionando para ver até onde eu aguentaria, já que nossa fase de lua de mel não durou nem a primeira semana.

DUQUESA DO *COMPLIANCE*

Mais uma cansativa reunião de equipe e a Neide de muitíssimo bom humor porque tinha uma notícia maravilhosa para nos dar. Uma renomada *startup* tinha agendado reunião porque estavam cotando um escritório para o *risk assessment* e ela era a rainha da área.

Fazia questão de que todos estivessem presentes, principalmente eu, a "Duquesa do *Compliance*", que seria o rosto do escritório para os *Backgrounds Checks*. Ela devia estar feliz da vida mesmo, porque foram raríssimas as vezes em que ouvi um elogio.

— Neide, e porque não "Princesa do *Compliance*", já que você é a rainha? – Perguntei entre as risadas da equipe.

— Por dois motivos: primeiro, porque princesa não faz nada, só fica lá esperando o príncipe encantado e segundo, porque duquesa além de ter porte é determinada, assim como você.

Fiquei passada com aquele, sei lá, elogio. Melhor ser chamada de duquesa do que de burra, mesmo porque de uma forma ou de outra ela sempre dava um jeito de me transformar em secretária particular para me lembrar da minha posição de plebeia.

Deixei tudo pronto para a reunião, mas eu só deveria entrar na sala quando ela desse ordem para isso. Fui para a mesa do Calebe para explicar uns procedimentos da BR e revisarmos juntos alguns modelos. De repente a Neide sai no corredor do escritório gritando:

— Lorena, o que você está fazendo na mesa do Calebe? Te avisei que tínhamos reunião e você deveria estar a postos na sua mesa esperando a minha ligação. Tive que sair da sala para encontrá-la!

— Desculpe, Neide, estamos trabalhando nos prazos da BR. Já estou indo.

— Você só fica sassaricando pelo escritório!

CLIENTE UNICÓRNIO

Entrei na sala e fui apresentada ao James, diretor jurídico e à Marta, *Head* de *Compliance* da *startup*. Nos demos bem de cara, ambos tinham quase a minha idade e eram bem descolados. A reunião acabou se concentrando em nós três.

— Meus clientes são grandes empresas estrangeiras, sou pioneira na área. – Dra. Neide disse e, como sempre, se exaltando.

— Que interessante. Lorena, conte mais como funciona o *Background Check*, temos um caso grande lá que está travado por conta da nossa análise interna. – James me perguntou.

— Ao que tudo indica, o terceiro tem problemas sérios com a justiça. – Marta completou a informação.

— Podem tratar diretamente comigo, fazemos essa análise para vocês sem cobrar por isso, para que possam conhecer nosso trabalho. – Dra. Neide tentando me ofuscar, como de costume.

— Ficamos gratos! Lorena, você já trabalhou com *startup*? – James retornou o foco da conversa para mim.

— A Lorena ficou muito tempo fora do mercado estudando para concurso, não é a melhor pessoa para você conversar sobre trabalho. – Dra. Neide disse pensando que iria queimar meu filme.

— Sério, Lorena?! Subiu ainda mais no meu conceito! Fui concurseiro por cinco anos e hoje agradeço todo o aprendizado. Não teria chegado onde cheguei sem aquele conhecimento. – James disse me surpreendendo.

— Meu sonho era ser juíza! – Marta completou ainda mais a surpresa.

— Foi uma das melhores fases da minha vida em termos de autoconhecimento. – Disse me simpatizando ainda mais com eles.

— Vamos falar do *risk assessment*. Faço questão de fazer uma apresentação para toda a sua equipe na sede da sua empresa. – Dra. Neide disse tentando mudar o assunto para ela ser o foco.

— Por nós vai ser perfeito! Lorena, você está convidada para ir junto e conhecer a nossa casa. – James disse sorridente.

— A Lorena é advogada júnior, vou levar o meu sócio. – Dra. Neide disse tentando me tirar da jogada.

— Não tem problema, temos cafezinho para todo mundo! Fazemos questão de receber os três. – Marta a respondeu demonstrando que faziam questão de minha presença.

Durante a reunião, quanto mais a Neide tentava queimar o meu filme, mais acabava fazendo e, por mais constrangida que eu estivesse, não poderia me esquivar daquela situação e os clientes devem ter sacado isso. De qualquer forma, a bronca sobrou pra mim. A reunião acabou e os clientes pediram o meu cartão.

— A Lorena não trouxe cartão. – Dra. Neide disse tentando evitar que James e Marta tivessem o meu contato.

James, então, tirou o celular do bolso e disse:

— Sem problemas, LinkedIn existe pra isso!

A Neide pediu que eu me retirasse enquanto acompanhava os clientes até o elevador; depois, passou com o Gomes pela minha mesa, possessa, e disse que eu deveria ir imediatamente à sala dela.

— Você fala demais, atrapalhou a reunião inteira, certeza de que não vamos pegar esse cliente e a culpa será sua.

— Acho que a Lorena se saiu muito bem, quando ela entrou na sala o clima ficou mais leve e os meninos, que estavam mudos, se soltaram. Talvez tenham se identificado mais com ela. – Gomes disse para o choque da Dra. Neide.

— É óbvio que o cliente só falou com a Lorena porque ela tem um rostinho bonito. Veja meus cabelos brancos… Isso é inteligência.

— Neide, os tempos são outros, você mesma disse que só trabalhava com multinacionais. Deve ter deixado os meninos constrangidos. – Gomes disse.

Nisso a Neide olha pra mim e diz com aquela voz de seda, fininha, num tom cínico que chega a dar raiva:

— Pode se retirar, mas saiba que se esse cliente não entrar a culpa é sua…

PASSANDO O PANO

E o se o cliente entra, o mérito também é meu? Na semana seguinte a Neide comunicou na reunião de equipe que por sorte a *startup* tinha virado nossa cliente sem discutir o valor dos honorários e, que ela e o Gomes iriam a uma reunião para apresentar o *risk assessment*.

Até aí, tudo tranquilo, a questão é que o James e a Marta enviaram um *e-mail* comigo em cópia fazendo questão da presença dos três na reunião. Assim que o *e-mail* bateu na minha caixa o telefone da mesa tocou:

— Lorena, venha à minha sala agora.

Cheguei na sala da Neide e ela e o Gomes estavam à minha espera com cara de poucos amigos.

— Lorena, por acaso você anda assediando meus clientes?

— Claro que não, Neide. Nunca troquei uma palavra com os clientes sem o seu conhecimento.

Dessa vez pude entender o receio dela perfeitamente, pois sabia que ela estava tentando roubar a Brasil Refinaria do Gabriel e provavelmente tinha pavor de que qualquer pessoa fizesse o mesmo com ela. Aliás, o meu trauma nesse assunto era tanto que eu evitava qualquer tipo de contato pessoal com os clientes. No caso da BR, como envolvia disputa entre os dois sócios da minha área, optei por manter um contato estritamente profissional excluindo os colegas das minhas redes sociais pessoais, pois assim estaria me blindando de qualquer tipo de chantagem emocional. Se o cliente pendesse para um ou para o outro lado o problema seria entre a Neide e o Gabriel.

E essa não era a primeira vez que a Neide passava a perna em alguém lá dentro, numa tentativa anterior, quando o fundador do escritório pediu para os sócios da equipe um *Background Check* para um caso de aquisição, ela respondeu para ele, excluindo o Gabriel, para se colocar à disposição para ajudá-lo. Eu não sei o que aconteceu nos bastidores, mas o Gabriel me encaminhou exatamente aquele *e-mail* e pediu que eu fizesse a análise. Fiz, entreguei, mas a situação foi constrangedora, me sentia mal pela atitude dela. Também não preciso dizer que ela virou um monstro comigo quando soube que eu fiz a análise sem a permissão dela. Por experiência própria e conhecendo os envolvidos na situação, eu que não iria me meter naquilo. O chefe pediu, entreguei e ponto final.

Fomos à reunião na *startup*, a Neide pegou um *slide* que usava para as apresentações de *risk assessment* e começou a falar bem devagar e a divagar sobre os casos famosos em que ela já tinha atuado, e detalhe: todos sobre corrupção. A turma do jurídico deles tinha pelo menos umas 15 pessoas e cada um viajava no universo paralelo à sua forma: uns mexiam no celular, outros liam uns papéis, outros rabiscavam no folheto. No início até que a Marta estava prestando a atenção, pois era a única que tinha conhecimento do assunto, mas mesmo ela acabou desistindo de olhar para o *slide*.

— Tem como dar uma resumida? – James disse ao perceber que todos estavam dispersos.

— Lorena, você fala mais a nossa língua, consegue nos dar casos práticos? – Marta pediu educadamente.

A Neide me deu o aval com a cabeça e comecei a conversar com o pessoal "na língua deles". Foi divertido, porque acabaram surgindo assuntos como assédio moral, sexual etc., e expliquei que isso era muito comum em ambientes corporativos, inclusive nos mais informais. Dei exemplos de casos reais e expliquei quais as possíveis estratégias para lidar com a situação: as aparências enganam.

Quando estávamos todos envolvidos a Neide interrompeu, precisávamos ir embora. Sem problemas, a reunião tinha sido um sucesso. Voltamos para o escritório no carro dela: o Gomes sentado na frente e eu no banco traseiro. O caminho inteiro ela foi me dando lição de moral sobre a importância de ficar de boca fechada, que eu estava me achando demais, que a "rainha da área" era ela, etc. Eu nunca tinha duvidado disso, só tirei o foco de uma situação que tinha ficado muito constrangedora; ninguém queria saber do caso da multinacional ou da corrupção enorme, aquilo era uma *startup* e eles queriam coisas palpáveis, mas não adiantava falar nada.

Na verdade, toda vez que a Neide cogitava me colocar em um caso eu sentia calafrios: ela sempre arrumava um jeito de dizer que as pessoas tinham inveja dela, ou queriam passar a perna, ou roubar o cliente, quando não chamava alguém de analfabeto e coisas do gênero. Estava desgastada.

Passando o pano

FOI SORTE

Por mais que amasse o meu trabalho, sentia que meus limites estavam sendo testados a todo momento, não tinha um minuto de paz. Procurei me manter forte, mas o padrão estava se repetindo. Para a Neide eu estava me expondo demais:

— Você sorri muito... Escritório não é lugar de amigos... Todo mundo quer puxar seu tapete.

Tudo piorou quando o Nicolas saiu do M&A para se tornar sócio do Máximo e a Daniela que era advogada sênior do M&A foi promovida à sócia. Ambos os desprovidos de inteligência tinham se dado bem em posições que um dia tinham sido da Neide e ela disse que não deixaria isso barato.

— Neide, fico feliz por eles! Pense pelo lado positivo: você está bem aqui e todo mundo merece evoluir. O Nicolas acabou de ter um filho e a Daniela é mais uma mulher em posição de destaque para somar. Não tem por que se chatear.

— Você fala isso porque não entende como funcionam as coisas, é muito imatura. Tenho certeza de que o Nicolas não dura naquele escritório um ano, não vai dar conta; e a Daniela vai espantar os poucos clientes que sobraram no M&A, porque não tem competência. Sem falar naquele outro moleque que colocaram de sócio junto com ela, um sonso.

— Mas o que vai acontecer com a vida deles é problema deles. Não temos nada a ver com isso.

— No fim da semana teremos aquela premiação dos melhores do *Compliance*. Serão cinco premiados e óbvio que sou um deles, tenho certeza de mais dois: a tailandesa e mais um advogado criativo, desconfio que a Gonzaga seja a quarta, mas tenho minhas dúvidas, porque ela está de saída do escritório em que era sócia e a carreira dela vai acabar, só se for receber um prêmio de consolo. Já o último prêmio, me arrepia só de pensar na hipótese de ser o Nicolas. Eu que fiz a carreira dele, se estivesse no lugar dele teria vergonha até de competir.

— Nunca trabalhei com os outros, mas ouço falar muito bem. Quanto ao Nicolas, gosto dele, mesmo com aquele jeitão rústico, ele foi um dos únicos que ficou do meu lado quando tive depressão no M&A, ou você esquece que você contribuiu para o *lobby* do meu afastamento? Você me cancelou sem pensar duas vezes!

— Você era muito moleca.

— Pode até ser, mas nunca devemos nos esquecer de quem nos estendeu as mãos em momentos difíceis e ele e o Bianco foram essas pessoas.

— Eles só fizeram isso porque *eu pedi* que ficassem de olho em você. O Nicolas é supermachista, por ele você já teria rodado há tempos. Imagina ter que competir com mulher.

— Então sou grata a vocês três. Mas se ele ganhar esse prêmio, que acho merecido, faço questão de dar um abraço nele. Nem que seja pelos velhos tempos!

— Você não vai estar lá para ver, porque não faço a mínima questão da sua presença.

Ela não fazia questão, mas o Gabriel sim, fiz a egípcia e fui. Fui a primeira do time a chegar e, conhecendo bem a Neide, tratei de pegar a mesa com a melhor localização, ou melhor, as mesas, porque ela era "tão famosa" que muitas pessoas iriam querer se sentar com ela.

No grupo de WhatsApp que ela havia criado para a "Equipe Amada": ela, eu, Gomes e Silvinha, ela me mandava mensagens grosseiras e desconexas:

— Estou atrasada, como faço para chegar aí?

— Neide, é no Hotel Emiliano e tem estacionamento na porta.

— Isso eu sei Lorena, que falta de inteligência, o que estou perguntando é o melhor caminho, porque está tudo parado.

— Você sabe que só uso Uber, então acho melhor colocar no Waze.

— Você não serve nem para isso.

A Silvinha veio falar comigo, estava desesperada e não entendia o que a Neide queria.

— Silvinha, fica tranquila que ela é assim mesmo, deve estar nervosa.

— Lola, fico desesperada quando ela faz isso. E nada do Gomes aparecer.

— E nem vai aparecer tão cedo, ele não gosta desse tipo de evento.

Fiquei sentada na mesa com o Gabriel e a Mirela conversando sobre o novo emprego dela e do quanto ela estava feliz. A Neide chegou e foi me buscar.

— O que você está fazendo sentada? Tem que recepcionar as pessoas!

— Neide, peguei duas mesas e cerquei de pessoas que você gosta.

— O que o Nicolas está fazendo sentado numa mesa bem ao lado da minha?

— Pelo que entendi as mesas são livres, cada um se senta onde quer.

Foi sorte

— Você não presta pra nada mesmo. – Ela puxou a cadeira e se sentou bem ao meu lado. – Pois então torça para que o quinto premiado não seja o Nicolas.

O Nicolas, muito educado, ou para dar uma alfinetada na Neide, veio nos cumprimentar. A Neide se levantou e apresentou toda a equipe, menos eu. Mas isso não fez diferença, porque eu e o Nicolas nos abraçamos.

— Estou feliz por você, Nicolas. Parabéns pelo *upgrade* na carreira e pela família que construiu. – Eu disse com muita sinceridade.

O Nicolas não respondeu, saiu correndo de lá. Todo aquele teatro entre os dois tinha deixado um clima de tensão no ar.

— Você não devia ter cumprimentado ele. – Dra. Neide falou carrancuda.

A premiação começou e foi uma bateção de palma pra todo lado. Praticamente todos os que estavam no local levaram algum tipo de prêmio. Mas a premiação dos *Top* 5 tinha ficado para o final, e essa valeu por todas as horas de chá de cadeira.

A primeira a ser chamada foi a tailandesa, seguida da Maria Gonzaga, "advogado criativo", Neide e... Nicolas. Bati palmas para todos efusivamente, mas o impagável era ver os dois no palco um do ladinho do outro. Fiquei mal pelo Nicolas, que acabou trocando de lugar com a Maria.

A Neide e as colegas gritavam tanto que fiquei constrangida. Ela queria muitas fotos dela com o prêmio. No entanto, eu sabia que ela estava enraivecida, já a conhecia a tempo suficiente para reconhecer na postura, no olhar... Pqp, vai sobrar pra mim!

Ela voltou para a mesa e disse que o Nicolas tinha tido sorte, pois era capacho da Maria Gonzaga. Eu sugeri que era melhor irmos embora, pois ela já tinha ganhado o prêmio e a *startup* tinha enviado um *e-mail* urgente sobre um caso de assédio sexual.

— Você volte para o escritório e adiante isso, vou dar umas entrevistas e tirar mais umas fotos. Fale para o Gomes entrar em contato com o cliente, não ouse falar com o James ou a Marta sem a minha presença.

Nenhuma novidade, peguei as minhas coisas para ir embora. Encontrei o Nicolas na porta conversando com a Mirela e fui me despedir. Ele estava fechado comigo e eu entendi muito bem o porquê, não julguei. Dei os parabéns para ele e um beijo na Mirela e fui com a Silvinha para o escritório.

No estacionamento encontramos a Gisele, *Chief Compliance Officer* de uma multinacional de cosméticos. Já tínhamos nos encontrado em outras oportunidades e eu adorava aquela menina! Ficamos batendo altos papos até a chegada do carro dela.

— Lola, a Dra. Neide odeia essa menina.

— E quem a Neide não odeia, Silvinha?

— Ela disse que essa menina é assim ó com o Nicolas... – E fez sinal com os dedos indicadores juntinhos. – Uma cobra, além de ser muito encrenqueira.

— Silvinha, já estive um dia na sua posição, por isso te entendo. Você vai acabar aprendendo com o tempo que não pode criar pré-conceitos em relação às pessoas com base nos julgamentos da Neide, senão vai acabar ficando como ela; sozinha. Experiência própria.

— Credo, Lorena, pensei que você a amasse.

— Mesmo o amor, a admiração e o respeito têm limites, Sil. Criei uma santidade na minha cabeça que só existia nos meus sonhos e acabei caindo do cavalo. Hoje sou mais realista, anos de estrada. Sei que a Neide tem muito a me ensinar, mas se for deixar me abalar por tudo o que ela pensa ou diz, vou acabar enlouquecendo.

Após a minha conversa com a Silvinha, percebi que eu mesma estava me isolando e me afastando das pessoas que gostava. Comecei a lembrar das intrigas que a Neide criava no ambiente de trabalho e que sem me dar conta, eu tinha me deixado levar, e aquilo estava me sufocando. Tinha trocado a fase das *happy hour* por uma fase consumista, mas não deixava de ser uma válvula de escape. Precisava me libertar daquilo, eu não era ela! Isso não é referência de futuro, por Deus!

Foi sorte

CRISE DE PÂNICO

Comecei a policiar o meu comportamento diante da situação, mas já era tarde demais. Estava sentada na minha mesa enquanto terminava uma análise e meu lado direito travou. Pensei que estava tendo um AVC e fiquei desesperada; só conseguia me lembrar da história do marido da Mariana, uma das meninas do escritório, que tinha tido uma doença degenerativa e estava vivendo acamado.

Chamei a Mari de canto e comecei a falar sobre os sintomas, ela tentou me acalmar, mas me passou o contato do médico que tratou o marido dela. Marquei consulta, fiz exames, o resultado saiu e era uma leve lesão no nervo ulnar, algo como uma tendinite. Enquanto no consultório o médico me alertou:

— Lorena, os exames não apontaram nada demais fora essa leve lesão. Tenho muitos pacientes que passam por aqui com os sintomas que você descreveu e me arrisco a dizer que se trata de uma crise de ansiedade. As pessoas acabam ficam hipersensíveis e sentem coisas inexplicáveis.

— Eu sei bem, doutor. Pensei que tivesse me livrado disso.

— Te recomendo a procurar terapia. Você consegue imaginar o que pode ter sido o gatilho?

— Tenho certeza do que foi o gatilho. Acreditava que já tinha superado o assunto, mas pelo visto não. Não sei se fico aliviada ou destruída pelos resultados dos exames.

— Vou te passar um ansiolítico leve para você ficar bem até agendar uma consulta com o psiquiatra. Qualquer coisa pode contar comigo.

Minha família nunca soube lidar muito bem com o assunto, contei sobre o diagnóstico para minha mãe que me culpava por ter deixado a situação chegar nesse nível.

— Eu te avisei, suas irmãs te avisaram, por que diabos você voltou a trabalhar com essa mulher?

— Você fala como se eu tivesse tido muita opção! Por mim não teria saído da Brasil Refinaria, mas fui obrigada.

— Você deve tentar segurar no mínimo um ano com ela. Mal voltou para o mercado e vai ficar com um buraco no currículo de novo. Você não é mais uma menina, Lorena.

— Eu não pretendo sair do escritório, mãe. Pelo menos por enquanto.

— Então comece a enviar currículo! É mais fácil se recolocar no mercado enquanto está trabalhando.

Eu que lutasse sozinha com a chefe exótica somada as crises de pânico, e o julgamento alheio sobre os buracos no meu currículo. Umas das primeiras respostas que recebi foi de um *Head Hunter* dizendo que não era bom para o meu histórico aquele tempo em que tinha ficado fora do mercado estudando. Não ia ter jeito, eu precisaria da ajuda das pessoas que conheciam meu trabalho e que tivessem a mínima ideia do que eu vinha passando.

Nos bastidores avisei as pessoas próximas e pedi que dessem uma atenção especial na minha indicação. Com as meninas do escritório foi tranquilo, porque elas já tinham sido vítimas dos meus chefes; para o pessoal de fora, disse que preferia um ambiente de trabalho mais tranquilo, onde eu tivesse espaço para crescer, já que minha equipe estava saturada de sócios e advogados sêniores.

A Silvinha me chamou numa sala de reunião, precisava conversar:

— Lola, faz um tempo que não me sinto bem e a sensação é de que vou morrer.

— Você pode estar tendo crise de pânico.

— Sim, eu sei, voltei a tomar os remédios recentemente. Mas hoje está foda, não consigo parar de chorar.

Dei um abraço apertado na Silvinha e começamos a chorar. Foi um momento só nosso. A gente se entendia.

— Sil, estive no médico recentemente e ele me perguntou sobre o gatilho. Você imagina qual tenha sido o seu? Qual foi a última vez que teve uma crise?

— Minha última crise foi na época em que prestei vestibular. Mas ultimamente está bem mais pesada, tenho medo de tudo, de ficar desempregada. Foi tão difícil arrumar esse emprego.

— Você é inteligente, trabalhadora, querida. Nunca duvide do seu potencial. – Eu falei, mas precisava ouvir meus próprios conselhos.

— Lola, por favor, não conte isso para ninguém. Só a Pérola está sabendo, mas ela deu risada, acha que é coisa da minha cabeça. Bem, a minha família nem se fala, já estão cansados dos meus showzinhos.

— Pode ficar tranquila e sempre que precisar conte comigo.

Voltamos para a nossa mesa e a Neide estava esperando em pé ao lado da minha cadeira.

— Dra. Lolo, não cansa de ficar dando voltinha pelo escritório? Pensa que isso aqui é passarela?

— Diga Neide, o que você precisa para ontem?

— Por que cada dia você usa uma roupa diferente? Está esbanjando?

— Isso realmente importa?

— Na verdade eu vim aqui para te emprestar minha pashmina, essa blusa que você está vestindo está muito vulgar para um escritório de advocacia.

A blusa era branca, gola alta, manga comprida e com uma abertura nos ombros.

— Comprei essa blusa com as meninas semana passada. Ontem mesmo você elogiou a Poppy que estava com o mesmo modelo, apenas de cor diferente.

— A Poppy não trabalha pra mim. Coloque a pashmina e aproveita para dar um toque na Guta e na Fernanda. A estagiária me dá nos nervos quando entra com aquela cara de cara de songa monga quatro olhos no meu café da manhã com os clientes. A Fernanda, nem se fale, acha que está na praia andando com aquelas saias curtas de estampas florais. Horrível.

Coloquei a pashmina e pedi licença, precisava voltar para o meu trabalho. Só conseguia pensar no Dr. Tadeu falando que aquela mulher ia se aposentar. Só se fosse no sonho dele. A Neide não largaria o osso nunca e estava disposta a destruir o psicológico de qualquer um que surgisse no seu caminho. Eu que não falaria nada com as meninas! Sabia muito bem que a Neide manipulava os outros para fazer o que ela queria, para depois sair de santinha com aquela voz de seda, já tinha caído nesse golpe uma vez e não cairia de novo.

Me reaproximei das meninas e passei a ignorar os devaneios da Neide. Resolvi que quando ela falasse alguma barbaridade entraria por um ouvido e sairia pelo outro. Contudo, já estava tomada pela gastrite, cabelos caindo aos tufos e me segurando a base de remédios de ansiedade. Malhar? Esquece! O único esforço possível era o de sair da cama pela manhã. Santa inocência!

Crise de pânico

RAINHA DO BARRACO

Estava rolando uma movimentação no mercado açucareiro e comecei a conversar com um amigo, proprietário de uma empresa do ramo, para entrarmos na disputa. Ele ficou bem empolgado e eu precisava organizar as coisas no escritório para trazer o cliente. Como funcionaria o *client fee*? Eu poderia ser a responsável pelo meu cliente? Quais profissionais estavam aptos a tocar aquela operação?

Foram todas as perguntas que fiz para o Gabriel, mas ele se limitou a responder que o cliente poderia ficar sob a supervisão dele. Eu já conhecia muito bem esse discurso e não estava a fim de arrumar mais dor de cabeça, seria melhor eu continuar dando consultoria de amiga da parte que eu tinha conhecimento. Melhor um amigo na mão do que um cliente voando.

A Neide ficou sabendo e veio pedir satisfações do porquê eu não passava o cliente pra ela, já que eu lhe devia tantos favores por ela ter me recolocado no mercado. O clima no escritório não estava dos melhores entre os sócios de captação, e era notório que as coisas para o lado dela em relação ao assunto cliente também não estavam fáceis. Os outros sócios cobravam e não eram tão amigáveis, mas o que eu poderia fazer em relação a isso, ela não era a rainha da área? Todos os clientes a procuravam porque ela era referência, mas esse assunto não tinha nada a ver com a nossa área.

A Neide estava cada vez mais controladora, ligava na minha mesa de cinco em cinco minutos e no intervalo lotava minha caixa de entrada com pendências urgentíssimas. Chegou ao ponto de ela querer me proibir de novo de sair para almoçar porque no seu entendimento "advogado bom não almoça" e dar um escândalo comigo quando fui comer com as meninas sem sua autorização.

Nesse dia tinha ido almoçar com a turminha do escritório que queriam conversar sobre a festa de lançamento do livro:

— Lola, você precisa dar um toque na sua chefe, ela está deixando todos os colaboradores enlouquecidos. – A Luciana me falou.

— Lu, nem fui chamada para escrever este livro porque ela me considerava muito moleca, prefiro não me envolver no assunto.

— Ela está proibindo a divulgação. Disse que cada um será responsável por pagar a parte do *buffet* em relação ao número de convidados que levar. Nunca vi um lançamento assim. A proposta não é encher a festa para divulgar ainda mais a obra? – A Fernanda falou para a gente.

— Sei lá, gente. A Neide quis cotar o buffet da minha mãe que preferiu não se envolver nos meus assuntos profissionais, pois sempre teve o pé atrás com a Neide. Respeito a decisão dela, não posso obrigar a minha mãe a pegar um trabalho que ela não se sinta bem em fazer. A Neide não ficou muito feliz com a negativa, mas pediu para a minha mãe prestar consultoria na questão das bebidas. Eu disse.

— Ela quer economizar em *buffet,* mas vai colocar uma amiga dela que nunca ouvi na vida para tocar flauta. – Luciana falou com raiva.

— Bom, meninas, escrever um livro tem seus prós e contras, eu realmente prefiro ficar fora disso. – Tentei me esquivar.

O burburinho estava cada vez maior no escritório e a Neide resolveu deixar bem clara a sua posição durante a reunião de equipe:

— Andei escutando um bafafá de que algumas pessoas estão insatisfeitas em pagar pela festa de lançamento. Acho que essas pessoas perderam a noção, pois deveriam me agradecer por ter dado a oportunidade de poderem fazer parte do meu livro, com os melhores da área. Nunca teriam e nunca mais vão ter uma oportunidade dessas na vida. Fora que a visibilidade vai ser tanta que acredito que essas pessoas é que deveriam estar pagando para mim para participar. Levarei isso em consideração quando for organizar uma nova obra prima.

Nada de surpreendente, essas reuniões de equipe eram uma piada. Saímos de lá direto para uma *call* com a *startup.* Eu tinha uma opinião formada, que tinha deixado bem clara para a Neide: com base no material enviado, não se tratava de um caso de assédio sexual e poderíamos lidar com tudo aquilo de forma diferente, mais leve. Mas ela fazia questão de polemizar o assunto. Causou um estardalhaço tão grande na *startup,* que passou por cima do James e da Marta e preferiu tratar diretamente com o CEO americano que, a seu ver, entendia melhor do assunto. Como minha posição estava clara, ela resolveu me tirar do caso.

CASOS DE ASSÉDIO

A Neide me tirou do caso, mas encarnou no meu estagiário, que já estava ficando desesperado.

— Lola, você pode me ajudar? A Neide não para de me pedir coisa e eu não estou entendendo nada. Fui pedir para ela me explicar e ela me mandou para o Gomes, que não tinha noção do assunto. Bem, e a Silvinha está tão perdida quanto eu.

— Senta aqui Calebe, vamos fazer isso juntos, mas não fala pra ela que te ajudei.

O Calebe se sentou na minha mesa e começamos a analisar a documentação. Fui explicando pra ele o que era ou não relevante e o porquê; organizamos uma planilha com os documentos e grau de importância e fechamos a primeira parte da investigação. Convenientemente nesse momento a Neide chega por trás e dá um grito, parecia uma assombração.

— Calebe! Por que você pediu a ajuda da Lorena? Eu mandei *você* fazer.

— Desculpe, Doutora, eu estava um pouco per...

— Eu não pedi satisfação, vá imediatamente para a sua mesa e termine isso sozinho.

— Neide, não fale assim com o Calebe!!! Ele é proativo, você simplesmente jogou uma bomba nas mãos dele e não deu nenhuma explicação. Isso aqui é trabalho para advogado com o mínimo de conhecimento da área. No lugar do Calebe, eu teria feito o mesmo, me virado.

— Quem você pensa que é? Está defendendo escraviário por quê? Pensa que é dona dele? Só a senhorita na equipe que tem um estagiário para você, ninguém mais. Folgada!

— Defendo estagiário *sim*! O Calebe é excelente e dá conta de todo o trabalho. E não sou a única com "estag" próprio, pois a Fernanda tem a Guta para auxiliá-la. Se estiver incomodada, acho melhor falar com o Gabriel, porque foi assim que ele combinou conosco. Aliás, o Calebe está com muito trabalho da BR para fazer, portanto, se precisar de ajuda nos casos da *startup* é melhor falar diretamente comigo.

A Neide ficou enlouquecida e reclamou para o Gabriel, queria o Calebe pra ela. O Gabriel me chamou na sala dele para perguntar o que tinha acontecido e contei.

— Gabriel, deixe que da Neide cuido eu, estou acostumada. Mas por gentileza, me ajude a bloquear o Calebe. Faço a minha parte e a dele, se necessário, mas por favor me dê carta branca para tirá-lo do caso.

— Faça como você bem entender, Lorena. O Calebe está na folha de pagamento da minha célula mesmo, se a Neide quiser que contrate um estagiário pra ela.

— Tenho pena da Silvinha, já estive no lugar dela.

— A Silvinha é contratação da Neide, não posso me envolver.

— Sem problemas, vou enviar um *e-mail* liberando o Calebe e me colocando à disposição.

Só faltava essa, a Neide me infernizar e ainda querer roubar meu estagiário. Nesse dia a massagista que ia semanalmente no escritório estava por lá e resolvi bancar uma massagem para o Calebe e a Guta. Lembrava muito bem como a vida de estagiário podia ser desgastante, e o peso que era não ter voz para se defender. Eu tinha passado por isso e jamais deixaria que o mesmo acontecesse com eles. De forma alguma!

O caso de assédio sexual virou uma bola de neve e acabou se transformando num caso de assédio moral. Fiquei responsável pela investigação e fui coordenando o trabalho com a Silvinha. Contudo, a Neide realmente havia me bloqueado de qualquer contato com o cliente. As entrevistas, *calls* e reuniões ela fazia sozinha com o Gomes. A Neide tinha pavor só de pensar na possibilidade de que eu estivesse em contato com o pessoal do jurídico da *startup*, mas quanto a isso eu estava tranquila, eu não era ela. Deve ser sufocante não poder confiar nem na própria sombra.

A pressão da Neide em cima de mim triplicou, como se isso fosse possível. Ela me enviava mensagens de WhatsApp durante a madrugada e reclamava se eu não respondia. Chegou ao ponto de me ligar às 8h da manhã dando um escândalo porque eu não tinha respondido um *e-mail*. Fui verificar a caixa de entrada e o *e-mail* era das 4h. Ela já tinha perdido a noção da realidade.

Acredito que o caso de assédio moral tenha perturbado a cabeça dela, pois mesmo sendo de *Compliance*, ela só tinha tido contato, de fato, com casos de corrupção. Preparei um estudo completo, com pesquisa, cartilhas dos tribunais e *folders* explicando o assunto e ela ficou desnorteada:

— Lorena, você tirou essas definições da sua cabeça. Chame a Hannah do Trabalhista que eu quero confirmar o que ela pensa sobre o assunto.

Chamei a Hannah que não só confirmou o que eu tinha acabado de apresentar, como trouxe exemplos práticos de casos de assédio moral:

I. sobrecarregar o funcionário de tarefas;

II. vigiar excessivamente;

III. ferir a dignidade física ou psíquica da pessoa, ameaçando o seu emprego e/ou degradando o clima de trabalho;

IV. apropriação de ideias e projetos da vítima;

V. comentários maliciosos e críticas que ofendem a dignidade;

VI. gestos e palavras de desprezo, coação ou humilhação etc.

A lista era infinita e descrevia perfeitamente a forma da Neide se portar com as pessoas, principalmente comigo. O melhor foi quando a Hannah deu o exemplo de ter problemas de saúde ignorados, pois no dia anterior, a Neide ordenou que eu cancelasse a consulta com o meu psiquiatra, porque aquilo era coisa da minha cabeça fraca. Tudo muito cômico, se não fosse trágico.

Mas como a Neide sempre foi a rainha na arte de fazer a egípcia ela chegou à conclusão de que o meu material tinha ficado muito bom e, portanto, seria tema que ela traria para ser abordado em uma de suas reuniões mensais com os clientes e, também, de um artigo sobre o assunto. Obviamente, tudo de autoria dela. No artigo até saiu o meu nome, porque as meninas da equipe fizeram questão, já que tinham preparado o texto com base no meu material de estudos, mas àquela altura já havia me abstido de participar de qualquer coisa que envolvesse o nome da Neide Cristina.

Quanto à *startup*, fechamos o caso. O CEO foi à reunião do escritório com a chefe do RH, mas claro que eu não pude participar. Quando a coisa engrossou a Neide veio me buscar na minha mesa. Entrei na sala, conversei com os clientes, demos algumas risadas, mas tinha certeza de que aquela seria a última vez que os veria. A Neide tinha causado tanto escarcéu com os casos de assédio, inclusive passando por cima do "moleque" do diretor jurídico – que continua lá até hoje –, que era evidente que a *startup* nunca mais enviaria nenhum caso para o escritório.

A perda desse cliente me deixou arrasada, eu realmente tinha gostado do pessoal. Posteriormente, o James chegou a ligar para marcar uma *call* com a Neide, mas era para discutir o valor dos honorários. Uma pena.

A OMISSÃO É A DESGRAÇA DA SOCIEDADE

— Lola, posso falar com você? Sua chefe está me enlouquecendo. Ela quer que eu envie uma notificação para um médico que passou a perna nela, porque tem a ver com a minha área.

— Como assim, Lu?

— A Neide disse que por eu ser de LGPD entenderia de tramites de notificações virtuais, mas o caso é tão louco que eu fiquei com vergonha alheia. Ela disse que o oftalmologista pediu que ela trouxesse um perfume de viagem, para que ele presenteasse a esposa. Ela trouxe o perfume, mas ele deixou de pagar 20 reais. Estou quase eu mesma pegando esse dinheiro e entregando para ela.

— Conversa com ela Luciana e explica que não vale a pena.

— Já tentei e ela me disse que a omissão é a desgraça da sociedade.

— Esse é um dos chavões dela. Pode deixar que vou conversar com ela sobre isso, tenho mesmo que passar na sala da Neide para rever umas políticas.

Peguei meu computador, tomei umas gotinhas do meu ansiolítico e me dirigi à sala da Neide

— Com licença, Neide, você tem um tempinho para revermos essas políticas?

— Sim, mas seja breve, tenho um jantar hoje e não posso me atrasar.

Revisamos as políticas e ela apontou uns "defeitos inadmissíveis" que eu tinha deixado passar. Eu não esperava nada diferente, considerando o teor das políticas, até achei que foram poucos.

— Obrigada, Neide. Aproveitando que estou aqui, a Luciana comentou comigo algo sobre uma ação do perfume, mas acho que não entendi direito. Você quer processar seu médico por 20 reais?

— Isso é assunto meu e da Luciana, mas já que você é enxerida, poderia me ajudar em outro caso. O trambiqueiro do meu otorrino me cobrou 600 reais por uma consulta que não serviu para nada, joguei dinheiro fora.

— Ué, mas você não gostou do atendimento?

— Deixei bem claro que só estava indo lá para mandar fazer o aparelho auditivo que o meu médico de Nova York já tinha receitado e o otorrino não entregou, acredita? Já que você já trabalhou com contencioso, poderia resolver isso pra mim. Quero o dinheiro da consulta de volta mais os danos morais!

— Acho que não vale a pena levar processos para o judiciário, poderíamos tentar um acordo. Ademais, preciso entender exatamente o que aconteceu.

— Não tem o que entender, aquele fulaninho é um fajuto, já deve ter roubado um monte de pacientes, mas agora ele mexeu com a pessoa errada e eu tenho o dever para com a sociedade, como advogada de *Compliance*, de dar um basta nisso. Afinal, a omissão é a desgraça da sociedade.

— Você tem algo que prove as suas alegações?

— Tenho a troca de *e-mails*. Vou enviar para você.

Voltei para a minha mesa chocada e com mais uma bucha na mão, quem mandou eu tentar ajudar a Luciana.

— Luciana, menina, me fodi junto com você. Sobrou pra mim a briga com o otorrino.

— Sua chefe é meio doida, Lola. Já falei para o Dr. Laercio limpar a minha barra, vou dizer que estou muito ocupada com um projeto e ele vai confirmar.

— Deixa eu ver aqui os *e-mails* que ela encaminhou, para variar, esse é o tipo de coisa pra ontem.

Comecei a ler os *e-mails* e me senti mal pelo médico e pelo teor das mensagens que a Neide enviava pra ele. Ele tinha deixado muito claro que o aparelho ficaria pronto em sete dias uteis, mas no dia seguinte à consulta, já tinha *e-mails* dela com cobrança dizendo que não tinha pago 600 reais à toa.

O médico chegou ao ponto de pedir que *pelo amor de Deus* ela parasse de enviar mensagens, porque estavam cada vez piores e não faziam sentido. Se eu fosse ele, teria devolvido o dinheiro só para me livrar da perseguição. No último *e-mail* ele dizia que não devolveria o dinheiro de jeito nenhum, porque ele estava certo e ela era uma louca, que a partir daquele momento ela tratasse diretamente com a advogada dele. Sinceramente, eu não estava nem um pouco a fim de me envolver naquele barraco.

— Neide, analisei os *e-mails* que você enviou e te digo que, em parte, ele tem razão. A não ser que você tenha combinado diretamente com ele para que o aparelho fosse entregue no dia seguinte à consulta, mas não é isso que as trocas de mensagens indicam. Recomendo tentarmos chegar a um acordo.

— A senhorita já não foi advogada de contencioso? Não sabe que cliente sempre tem razão? Você não é paga para opinar e sim para fazer o que eu digo.

— Desculpe Neide, infelizmente, quanto a esse caso, não posso suprir suas expectativas. Caso queira levar essa briga adiante e o rolo do perfume, recomendo que contrate um advogado que concorde com o seu ponto de vista.

— Se você está na minha folha de pagamento, me deve obediência. Faça o que eu mando sem reclamar.

O pouco de admiração e respeito que eu ainda tinha pela Neide, se acabaram naquele momento. Ela tinha a certeza de que os subordinados dela estavam ali para servi-la e nunca soube diferenciar a vida profissional da pessoal, até mesmo porque a vida pessoal nunca existiu para ela. Já estava mais do que na hora de cair a ficha de que nunca fui tratada com respeito e sim como uma empregada que estava ali para servir a rainha. A partir de então nossa relação foi por água abaixo. Até que ponto *eu* continuaria me omitindo?

CLIENTE INSATISFEITO

Avisei o Gabriel do ocorrido e disse que não pegaria o caso da Neide. Ele concordou comigo, mas me alertou que isso poderia pesar na minha promoção, já que minha folha de pagamento era dividida entre a célula dele e a célula da Neide. Oras, se eu estava como advogada júnior, a divisão do meu salário não fazia nem cócegas no faturamento deles e, no mais, só os lucros que eu e o Calebe trazíamos por mês com os casos da Refinaria, somavam 20 vezes o quanto eu ganhava. Daria para me promover e ainda sobraria para dar bônus para a equipe inteira.

— Lorena, você não pode se apegar ao faturamento da Refinaria. Um advogado custa dinheiro, pense que para se manter aqui vai conta de luz, água, telefone etc.

— Entendo, mas mesmo que isso some três vezes o meu salário, ainda teríamos uma margem de lucro tremenda. Fora que este é apenas um dos clientes que eu cuido, e aquele monte de casos de *cap* livre? De longe sou a advogada que mais fatura para a equipe de *Compliance*.

— Lorena, você está colocando demais as asas de fora, ainda não fez um ano de escritório e já que ser promovida?

— Me perdoe, Gabriel, mas o nome do que vocês estão fazendo é escravidão. Trabalho como sênior e recebo como júnior com três anos de formação. Isso não está correto.

— Você passou muito tempo fora do mercado!

— Eu até concordaria com isso se não tivesse competência para fazer o meu trabalho, mas você mesmo já disse que sou um exemplo de liderança e autoconfiança, portanto, esse discurso de estudou para concurso e ficou fora do mercado não convence.

— Você deve estar nervosa com a Neide e não está falando coisa com coisa. E, por mais que eu confie no seu trabalho, as meninas da Refinaria te acham muito arrogante, então, acho melhor reorganizar a equipe.

— Não entendi. Por que de uma hora pra outra elas me achariam arrogante?

— Depois que você vetou a contratação daquele Ministro, a Luísa me ligou e disse que estava insatisfeita, pois eles já tinham decidido o contratar e você não quis mudar o parecer.

— Sim, falamos disso em reunião. Prefiro que o cliente tenha uma raiva momentânea do que lá na frente enfrente problemas com a justiça e crie uma raiva eterna. Senão, que tipo de advogada eu seria?

Confio no meu trabalho e zelo pelo meu nome. Mantenho a minha posição naquele caso do Ministro.

— Pode até ser, mas como sua rainha diz: o cliente tem sempre razão. Fora que elas são mulheres e mulher sempre arruma rixa uma com a outra, então, prefiro deixar o Fabio como responsável pela Brasil Refinaria.

— O Fabio? Fico chateada com a sua forma de pensar, mas infelizmente não posso fazer nada. O cliente é seu.

— Pode e vai fazer sim. Você vai continuar tocando todos os casos e o Fabio será apenas o canal de contato com o cliente.

— Não entendi.

— Você vai continuar tocando tudo, mas será ele quem vai enviar as análises e, como ele é sênior, quero que se reporte a ele com a devida obediência.

— É sério isso? O Fabio nunca fez *Background Check* e não tem a mínima ideia de como tocar uma investigação e, mesmo assim, terei que me reportar a ele?

— Lorena, eu estou mandando! Agora que você não tem mais a sua rainha para te encobrir, melhor se garantir comigo. Você é insubordinada e precisa ser domada. Quando tiver o seu escritório, faz o que bem entender. Ah, e você continua como júnior. Te aconselho a aceitar essa proposta, com o espaço no seu currículo por ter ficado fora do mercado, não te aconselharia a pensar em sair daqui com menos de 1 ano de casa, quando chegar lá, talvez consiga ir para a categoria pleno.

Eu estava chocada demais para responder qualquer coisa. Tinha dois chefes que não me inspiravam e, como se não bastasse, teria que me reportar a um garoto que não tinha a mínima ideia de como fazer o meu trabalho. Devo ter cometido muito pecado na vida para ter que passar por isso.

O SILÊNCIO DOS INOCENTES

Comecei a tocar os casos da BR nos bastidores, o Fabio não tinha noção de como fazer um *Background Check* ou mesmo como funcionavam as políticas internas de *Compliance* do cliente, mas fez questão de ir à reunião sozinho e assinar os *e-mails* apenas com o nome dele. Quando eu era o canal direto, sempre assinava com os estagiários, ou qualquer outra pessoa que tivesse ajudado na análise, mas o Fábio era sênior demais para isso.

Mas é aquela máxima, né? A verdade sempre aparece. As dúvidas começaram a surgir e o Fabio não sabia responder, consequentemente o Antônio Artur da BR passou a ligar diretamente para mim, e quem continuava a tratar diretamente com o Fabio eram as duas advogadas de lá, mas nesse caso o Gabriel pedia que todas as tratativas fossem por *e-mail*, pois assim eu teria tempo de programar as respostas e eles de entenderem o assunto.

Fui procurar o Gabriel para perguntar como proceder, já que o Antônio Artur não parava de me ligar:

— Ué, trate com ele, diga que você sabe do assunto porque ajudou o Fabio na parte burocrática. Lorena, só mais uma coisa. Nunca, em hipótese alguma, deixe vazar que é você a responsável por tudo. Não quero que as meninas de lá fiquem sabendo, sabe como é... Mulheres são competitivas entre si.

Vergonha alheia definia, minha mãe já dizia que não adianta fazer bonito com o conhecimento alheio, a vida cobra. Eu estava incomodada com a situação, mas não via problemas em continuar fazendo o que eu sabia, para mim era tudo muito fácil, já tinha treinado o Calebe para a primeira peneirada e, juntos, formávamos uma dupla imbatível.

A questão é que o Fábio começou a se sentir o dono da cocada preta e, marionete da Neide e do Gomes, formaram uma aliança para palpitar no meu trabalho, principalmente quando entrou uma análise sobre o escritório Máximo, que agora tinha como sócio o Nicolas. Eles começaram a infernizar, porque "sabiam os bastidores de grandes picaretas" e eu teria que reprovar aquela contratação. Logo rebati:

— Prezados, a análise não se baseia em fofoca e dor de cotovelo, trabalhamos com fatos. O Gabriel está viajando e vou tocar este caso como toquei todos os outros.

— Lorena, eu mando aqui! Quer saber mais do que eu? – Disse a Neide enraivecida.

— Neide, o cliente é do Gabriel e a responsável pelas análises sou eu. Se quiserem mudar algo, falem diretamente com ele, mas eu vou manter meu parecer do jeito que está. Se discordarem, podem fazer uma nova análise, mas não serei conivente com isso.

A Neide chamou o Fabio na sala dela e ligaram juntos para o Gabriel. Decidiram, então, que era melhor o escritório se declarar suspeito. Fiquei puta da vida, já estava com a análise pronta para ser enviada.

— Fabio, qual foi o teor da conversa com o Gabriel? Não acho que seja o caso de nos declararmos suspeitos. A Neide e o Gomes nem tinham que estar opinando nisso e você só encaminha para a BR o trabalho que eu faço, portanto, não vejo nenhum empecilho nesse caso.

— Lorena, faça o favor de me acompanhar até a sala do Gabriel, lá é mais privado para falarmos.

Chegamos lá e o Fabio se sentou na cadeira do Gabriel, se sentindo sócio. Com o dedo indicador apontado para mim, começou a falar:

— Lorena, vou deixar uma coisa clara aqui, eu sou seu chefe e estou mandando, você precisa parar de contestar as coisas.

— Oi?! Você só pode estar brincando, não acredito que ouvi isso. Se enxerga, Fabio, você não sabe nem rodar um dossiê, quanto mais mandar em algo.

— Você tem que obedecer, se não a mim, ao menos o Gabriel, a Neide e o Gomes, eles certamente mandam em você.

— Querido, ninguém manda em mim. Eu lá sou marionete? Agora me dá licença que tenho mais o que fazer.

— Volte aqui que não te liberei.

— Hahaha, tchau!

Fui para a minha mesa e liguei para o Gabriel, que mandou eu seguir as orientações do Fabio, nada que me surpreendesse. Sendo assim, não enviaria a análise e nos declararíamos suspeitos, mas todo aquele teatro foi no mínimo patético. E eu mais uma vez acatei em silencio.

As meninas, Isadora, Poppy, Luciana e Fernanda vieram falar comigo. Acharam um absurdo! Elas tinham ouvido tudo! Quem o palhaço do Fabio pensava que era para gritar daquela forma?

— Lola, o pior é que ontem sonhei com o Gabriel dando um beijo na testa do Fabio e costumo ser intuitiva. Não acredito que essa situação vá se resolver dessa forma. Tenho vergonha de trabalhar aqui. – A Luciana disse em tom de tristeza.

— Pois é, Lorena, para você entender o que eu passava quando reclamava deles para você e você pedia que eu fosse mais paciente. Lembra da conversa que eu tive com o Gabriel da última vez e tive que ouvir que mulher só chora, que eu devia ser mais como o Fabio? – A Fernanda disse me lembrando daquele fato.

— Fernanda, você sabe qual o meu pensamento em relação ao assunto, e por isso já estou enviando meu currículo. Só não gosto de reclamar do ambiente de trabalho, a energia acaba ficando densa e atrapalha ainda mais. O que me dá forças para levantar todos os dias e vir para cá são vocês, nosso grupinho de "mulherzinhas". Se não fosse por isso, já teria entregado as pontas.

— Lola, você nem almoçou hoje com essa história do Máximo, vamos naquela loja de biquinis que está em promoção. Assim, podemos fazer umas comprinhas e nos distrair. – A Poopy tentou me animar.

— Bora, e também podemos aproveitar para tomar um café na Starbucks, estou varada da noite anterior. – Isadora não poderia ter escolhido cafeteria melhor.

Fomos para o shopping e afogamos as mágoas

no café e nas compras, voltamos para o escritório com a energia renovada e prontas para o próximo *round*. As outras meninas se juntaram na minha mesa para mostrarmos nossas aquisições e, naquele momento de distração com os *looks* de verão, surge a Neide:

— Veja a novidade da Lorena, vendendo roupas no escritório! Como se não bastasse gastar todo o salário com isso.

Obviamente ela espantou a rodinha.

— Neide, são roupas que compramos aqui no shopping, não estamos comercializando no ambiente de trabalho.

— Pois deveria guardar seu salário para coisas mais úteis, talvez um SPA já que deu uma engordada desde que parou de fumar.

E eu lá teria que dar satisfação do que eu fazia com o meu dinheiro? Aquela mulher nem merecia resposta. Como diria o Ministro Barroso, era uma pessoa horrível, uma mistura do mal com atraso e pitadas de psicopatia.

NÃO SOU OBRIGADA

Os demais sócios continuavam passando os casos de *Compliance* diretamente para mim e eu continuava tocando sob a "supervisão" do Gabriel. Era menos mal lidar com ele do que com a Neide. O assédio desse lado era mais velado e ele me dava total liberdade para atuar, só tinha que me adaptar aos comentários sem noção dele.

Para se ter ideia, na festa de aniversário do escritório o Gabriel chamou o Calebe na frente da equipe para dizer que entendia caso ele tivesse uma queda por mim, já que eu era efusiva e chamava a atenção por onde passava. Mas que o Calebe deveria tomar cuidado, pois ele mesmo havia se envolvido com uma chefe, quando estagiário, e aquilo não tinha dado certo, pois acabou sendo demitido. Todo mundo ficou chocado. Eu principalmente. Como o Gabriel poderia sugerir uma coisa daquelas? Sei lá, sexualizar a minha relação com o estagiário, que eu enxergava como meu sobrinho querido? O Calebe, tadinho, ficou perdido. Já a Fernanda começou a contar para os quatro ventos do ocorrido e dizer que estava explicado por que o Gabriel andava mais dócil, devia estar afim de mim. Tudo extremamente desnecessário.

Chegou o carnaval e as únicas pendências que tinham eram as análises da BR que não paravam de entrar, então, o ideal seria ficar em São Paulo, mesmo porque o Fabio foi o primeiro da equipe a viajar, pois nunca perdia o carnaval de Salvador. Eu já tinha liberado o Calebe, que programou uma viagem para a praia com a namorada, me lembrando os tempos de estagiária em que adorava viajar com o Raphael; queria mais que ele aproveitasse e voltasse com as energias renovadas. A Neide foi para o SPA, o Gomes só Deus sabe; a Fernanda foi para o Norte visitar a família; a Silvinha fazer um retiro espiritual da paz; e o Gabriel viajou para a cidade natal dele. Aproveitaria aquele tempo de calmaria para colocar tudo em dia.

Eis que na terça-feira de carnaval, recebo um *e-mail* do Delgado, CEO do escritório, que estava em Dubai, mas pedia que eu tocasse uma investigação de corrupção urgente; o caso deveria estar solucionado até o retorno dele. Dei uma olhada por cima e achei o assunto delicado, como teria apenas uma semana para resolver, acabei me internando no escritório. Não para minha surpresa, o Gabriel, que incluí na mensagem de resposta para o Delgado, atravessou meu *e-mail* e disse que o caso estaria resolvido até a manhã do dia seguinte. Oi?!

Liguei para o Gabriel para explicar que se tratava de uma situação delicada, e que eu já tinha começado a análise, mas que em hipótese alguma poderíamos dar um retorno no dia seguinte. Precisaria de tempo, ainda mais porque eu estava sozinha.

— Lorena, pede para o Calebe ir trabalhar.

— Inimaginável, ele está na praia.

— Então, pede pra Guta.

— A Guta retorna amanhã no período da tarde. Gabriel, você precisa entender que uma investigação desse porte não se faz de um dia para o outro. Pode deixar comigo, mas de forma alguma conseguimos entregar em um dia. Combinei com o Delgado que a investigação estaria pronta na mesa dele na terça-feira. O máximo que consigo fazer é vir trabalhar no fim de semana e entregar no domingo, o que já programei, mas amanhã é incogitável.

— Confio em você, não imaginava que o caso fosse tão delicado, parecia ser tão simples. Mas não é para enviar a investigação diretamente para o Delgado, quero revisar.

— Sem problemas, domingo estará na sua caixa de entrada.

Fui tocando a investigação e o retorno dos estagiários do feriado acabou dando um gás a mais, domingo à tarde já tinha conseguido finalizar. Mandei um *e-mail* para o Gabriel com os meninos em cópia e parabenizei o esforço da equipe. Que orgulho daqueles estagiários! Tinham dado um duro tremendo!

Na terça-feira, quando retornou de viagem, o Delgado me chamou na sala dele, tinha umas dúvidas em relação ao relatório que o Gabriel tinha enviado, e deveríamos nos preparar para a *call* que aconteceria aquela tarde. Fui pega de surpresa, o Gabriel sequer tinha me chamado para discutir sobre o caso. Pedi ao Delgado que encaminhasse o relatório revisado pelo Gabriel para que eu pudesse dar uma olhada nessas dúvidas. Para minha grande satisfação e também desgosto, era exatamente o relatório que eu tinha enviado para o Gabriel no domingo. A única diferença é que ele tinha tirado eu e os estagiários da equipe responsável e assinado apenas com o nome dele. Vergonha alheia, novamente.

Não falei nada e tirei as dúvidas do Delgado sobre o caso. O Gabriel obviamente não me chamou para a videoconferência, mas o Delgado sim. Durante a reunião, o Gabriel virou a câmera apenas para o rosto dele, enquanto fiquei nos bastidores. No entanto, conforme o cliente perguntava do raciocínio utilizado para chegar àquelas conclusões, ele não sabia responder. Mais uma vez entrei na jogada como figurante.

Após esse caso, o Delgado me chamou na sala dele para me passar mais um assunto, porque tinha gostado do meu destaque naquela investigação e tinha intenção de tratar diretamente comigo este novo caso. Já que eu era sênior, não precisaria de supervisão.

— Desculpe, Delgado, mas infelizmente não posso tocar esse caso sozinha. Eu ainda estou como júnior na minha equipe.

— Você está falando sério, Lorena? Isso só pode ser brincadeira. – Disse Delgado, pasmo.

— Sim, sou júnior, e para lançar horas é necessária a aprovação de um dos sócios da área, por isso, não posso pegar esse caso sem supervisão. Em se tratando de *Compliance*, respondo diretamente ao Gabriel ou à Neide.

— Deve ter ocorrido algum equívoco, me deixe falar com o Gabriel.

Eu realmente não aguentava mais ficar calada, não era obrigada a aguentar aquele tipo de situação, principalmente vinda de sócios de uma área que exigia o mínimo de conformidade com a posição ocupada, não só por serem advogados, mas por serem advogados de *Compliance*. Lamentável.

Não sei que tipo de constrangimento que a conversa entre o Delgado e o Gabriel pode ter causado, mas sei que logo após o Gabriel me chamou na sala dele.

— Lorena, você não podia ter contado para o Delgado que estava como júnior.

— E por que não? Essa é a minha realidade aqui dentro.

— Deixei você assim porque não tenho como passar você para um cargo maior, já tenho dois seniores, a Fernanda e o Fabio, não há espaço para mais um. Você precisa aceitar isso, ademais ficou tanto tempo fora do mercado.

— Gabriel, me desculpe, mas esse papinho não cola mais pra mim.

— Então te aconselho a procurar recolocação em uma empresa. Não estamos preparados para você.

— E por que não em um escritório?

— Porque aí eu posso te ajudar a se recolocar e você vira nossa cliente.

Que cara de pau! Só mesmo ele para acreditar nisso, uma piada.

— Agradeço todo tipo de ajuda, Gabriel, até quando posso ficar aqui?

— Fique à vontade, não precisa de afobamento, preciso que você ensine o Fabio e também preciso me programar.

Não sou obrigada

Eu já estava enviando currículo a algum tempo, então não via problemas nisso, também não tinha mais por que me segurar num local onde eu tinha um total de zero admiração pelos sócios da área, mas achei uma boa poder ficar no escritório até conseguir me recolocar. Aceitei a ajuda dele, mas nada me impedia de procurar algo em escritórios, mesmo porque sempre gostei de colocar a mão na massa.

Procurei a Mirela que tinha sido *Head* de *Compliance* da BR e ela prontamente se dispôs a me ajudar, porque imaginava o que eu estava passando e não sabia como eu tinha aguentado tanto tempo, no mais, lembrava muito bem do meu desgosto quando descobri que teria que trabalhar com aquelas pessoas. Era tudo perfeitamente compreensível.

Fui também atrás do Bianco, que já tinha me avisado dos riscos e ele recomendou um jantar com a Marilia, só mesmo quem já tinha passado por situação semelhante, entenderia a urgência de eu sair daquele escritório. A Marilia me apresentou à Dra. Maria Gonzaga, que foi supercompreensiva e recomendou que eu também adicionasse o Nicolas ao grupo de ajuda.

Quanto ao Nicolas, tive receio, ele já tinha sofrido demais nas mãos da Neide e não sabia se me veria como inimiga; e quem poderia garantir que de tão traumatizado ele não teria se tornado uma versão piorada dela? Mas não custava tentar. Para minha surpresa, o Nicolas foi um canal de desabafo libertador, falávamos a mesma língua e entendíamos tudo o que o outro tinha passado:

— Faço questão de te ajudar, Lorena, agora que já passou um tempo de tudo aquilo... Tive que fazer terapia para lidar com os traumas que a Neide me deixou, e não tinha noção da profundidade. Teve uma vez que me fechei na sala de reunião e comecei a chorar como criança, quanto tempo mais eu teria que viver com aquilo? Hoje sou sócio do Máximo, chefio uma equipe num clima diferenciado, nem lembrava mais o que era ter paz, mas te digo que vale a pena. Não aceite mais esse tipo de tratamento degradante, não somos obrigados!

Eu já não estava mais sozinha, apesar de me sentir assim. Não tinha o apoio da minha família, que se limitava a julgar, mas não sabiam da missa a metade. Minha mãe pressionava dizendo que eu deveria aprender a me submeter, mas ela deveria ser a primeira a saber que sua filha era uma líder e não uma prasta. Com a força tarefa pronta, me senti energizada para seguir em frente.

VIDA QUE SEGUE

A Neide estava cada vez mais agressiva e eu comecei a sentir pena dela. A realidade do mercado era outra, a área tinha excelentes profissionais e ela já não estava mais com a bola toda. Me compadecia com o fato de ela estar vivenciando o que sempre defendeu: a descartabilidade do profissional de Direito. Por experiência própria a Neide sempre disse que estagiário é descartável e advogado idoso é aposentado. Ou seja, se você não estiver no auge do seu rendimento não servirá pra nada e a Neide lutava com unhas e dentes para agora não ser vítima da guilhotina que ela mesmo já tinha aplicado tantas vezes.

Eu teria feito tudo por aquela mulher, mas ela conseguia levar qualquer um ao limite. O Gomes era o fantoche, mas a coitada da Silvinha tinha receio de que a ficha dela demorasse a cair e ficasse com danos psicológicos irreversíveis. No entanto, não era a hora de falar nada, assim como eu na idade da Silvinha, ela não estava disposta a enxergar, porque a Neide era sua musa inspiradora.

Num dos fins de semana em que a Neide organizava eventos em sua casa e era obrigatória a presença de todos da equipe, não estava animada a ir. Para que me colocar na cova do leão, onde ela arrumaria algum motivo a mais para me infernizar? Disse que estava doente e não poderia comparecer. Isso para ela era inconcebível, mas eu realmente estava virada do trabalho e com uma cólica tremenda.

O Calebe me pediu que pelo amor de Deus eu também o livrasse daquilo, porque a Neide havia convidado ele, mas não a Guta, que não tinha postura. O liberei de boa, não estava nem aí para o que os chefes pensariam. O Fabio também não foi, porque tinha programado uma viagem, até aí nada de novidade. Na sexta-feira, na hora do almoço, ele já estava postando foto de *chopp* na praia com o amigo. Sobrou para a Fernanda e para a Silvinha.

Na segunda-feira a Neide me chamou na sala dela indignada, era uma desfeita eu não ter ido já que ela fazia tanto por mim. Eu não estava nem no clima de dar satisfação, ouvi e pedi licença para voltar para o meu trabalho.

— Lorena, para você ter mais utilidade vou usar seus dons de *Background Check* para captação de um cliente.

— Qual o tipo de assunto, Neide?

— *Background Check* educacional.

— Ah, sim, a Fernanda comentou comigo desse caso, mas pelo que olhei, não teríamos muito o que fazer ali. É o tipo de coisa burocrática que não compensa cobrar por hora.

— Quero que você ligue nas faculdades e pergunte como funciona a obtenção desse tipo de informação. As melhores faculdades, o que obviamente não inclui a sua.

— Ok, vou pedir para o Calebe me ajudar com isso enquanto solto as análises.

— Você não serve pra nada, se eu estou pedindo para você, não quero que passe para o estagiário.

— Neide, não tem por que eu ficar ligando na administração das faculdades, o Calebe é excelente e eu confio nele.

— Não sou obrigada a sustentar gente imprestável, já fiz muito isso na vida, hoje em dia não faço mais.

— Pelo que fui informada, estou apenas na folha de pagamento do Gabriel, há algum tempo que meu salário de júnior não é dividido com a sua célula, mas imagino que você já saiba disso.

— Ah, o Gabriel comentou mesmo, mas nem tinha me dado conta. Você vai sair, né? Saiba que pode contar comigo para o que precisar! Neide disse com cinismo.

— Até onde eu sei Neide, você enviou um *e-mail* para o Delgado elogiando a equipe, mas *esqueceu* de me copiar. Sabendo desse seu *equívoco*, ele repassou os votos para mim. Então, não consigo imaginar que tipo de ajuda esperar de você. Já estou buscando novas oportunidades, pode ficar tranquila que logo você estará livre de mim.

Na reunião de equipe daquela semana o Gabriel e o Fabio não estavam presentes, portanto, a Neide usou o tempo para falar do *glamour* de trabalhar com ela, dos clientes maravilhosos que ela tinha, de todos os benefícios que ela traria para a equipe e do poder que tinha de tornar qualquer um referência na área. Tudo isso em tom de ataque e perguntando se eu não tinha nada a dizer. Todos na sala estavam mudos e eu nem ligava mais para aquele tipo de coisa. Peguei o celular para ler uma mensagem do Antônio Artur sobre algumas dúvidas da Refinaria e ela encerrou a reunião dizendo que era um absurdo eu mexer no celular enquanto ela falava, coisa que ela costumava fazer sempre, em qualquer ocasião.

Acabada a reunião, os estagiários vieram perguntar se eu estava bem:

— Estou sim, queridos! Por quê?

— A Neide não parou de te atacar um minuto, pensei que fosse avançar em você. – A Guta disse baixinho.

— Guta, eu não deixaria! Nem que eu fosse demitido, mas aquela mulher não encostaria na Lorena! – O Calebe disse sem conseguir controlar o tom de sua voz.

— Meninos, realmente não me dei conta. Do jeito que vocês estão falando, parece que foi sério mesmo. E pensar que sempre me gabei desse relacionamento doentio. Onde eu estava com a cabeça.

— As coisas que acontecem com você dariam um livro! Só o que já presenciei seria um volume inteiro! – O Calebe disse num tom mais baixo.

— Tenho tanto receio de me tornar aquilo que sempre combati. O sofrimento também molda as pessoas e muitas acabam seguindo com o padrão limitante, por isso o ciclo nunca se acaba.

— Você é a melhor chefe que já tivemos, e todos os outros estagiários do escritório gostariam de trabalhar com você. Ninguém entende tão bem a nossa classe e nos protege tanto. – A Guta disse carinhosamente.

— Meninos, eu os amo e vocês sempre vão morar no meu coração.

— Não fale desse jeito, Lola, como se estivesse se despedindo. Você não pode nos abandonar! – Calebe disse, adivinhando os meus planos.

— Prometo não os decepcionar!

RESILIÊNCIA

Não tenho ressentimentos da Neide ou de nenhum dos outros advogados por essa selva jurídica em que vivemos. Eles se tornaram assim porque foram ensinados que este era o caminho para se chegar ao topo. Como a Neide mesmo diz, o mercado é canibal e provavelmente ela aprendeu isso às custas de muito sofrimento, ensinada por outro professor que nada mais fez do que repassar a receita do sucesso em que foi doutrinado. Sinto muito que tudo tenha se dado dessa forma, mas esse ciclo de assédio precisa acabar.

Fomos tomados pela pandemia da Covid-19 e eu fui a primeira da equipe a ser jogada do barco. O Gabriel se comprometeu a se empenhar na minha recolocação e a Neide fez questão de deixar claro que sem ela eu não seria nada. Não me abalei, na verdade estava feliz porque tudo aquilo tinha acabado e não pretendia dever favores para nenhum dos dois.

Usei o tempo de isolamento para fazer uma retrospectiva da minha jornada profissional e, seguindo as recomendações que a Celine, minha terapeuta, tinha me dado no passado, comecei a colocar tudo no papel, melhor forma de organizar as ideias e processar qualquer acontecimento. Este livro foi um desabafo.

É muito reconfortante se prender ao que nos dá a sensação de *status*, segurança, e aquele salário garantido no fim do mês. Apenas hoje consigo me dar conta de que passei por situações inaceitáveis no ambiente de trabalho, e tive que aguentar tudo aquilo calada, porque eram fatos considerados normais na realidade corporativa.

Foram muitos os desafios superados e espero que as próximas gerações não tenham que enfrentar o mesmo tipo de sofrimento. Essa herança de tratamento assediador deve ser quebrada, mas até hoje foram poucas as pessoas que tiveram voz para enfrentar o jurássico mercado jurídico.

O processo foi lento, mas valeu a pena. Gosto de dizer que o que não nos mata, nos fortalece. Foram necessários força para enfrentar as situações, tempo para digerir tudo isso, e coragem para desafiar o julgamento alheio. Precisei me conhecer, me amar, enfrentar meus maiores medos e resgatar a minha autoconfiança, para me tornar a mulher que hoje me orgulho em ser.

Durante a caminhada pude contar com pessoas especiais, que me deram forças para seguir em frente. No entanto, foram muitas as sequelas, os traumas de assédio moral, sexual, depressão, julgamento de familiares e pessoas de fora que não tinham a mínima ideia do que eu estava passando e continuavam a me pressionar; eu precisava reconhecer para curar.

Não foi fácil, mas hoje estou pronta e consciente de que a partir de agora minha única referência de futuro é Deus, minha musa sou eu mesma e meu destino está nas minhas mãos.

Conversando com amigos percebi que o que acabei de relatar é, infelizmente, a realidade de muitos profissionais do Direito. Aqueles que tiveram a oportunidade de ler este desabafo antes mesmo de eu cogitar publicar, reagiram de formas tão variadas que seria impossível descrever todas aqui: teve choque, choro compulsivo, negação, nostalgia, crise de ansiedade, raiva etc., mas nenhum ficou indiferente. Todos *reagiram*. No entanto, enquanto o sofrimento for velado, nada vai mudar. Por isso que decidi compartilhar este aprendizado.

Todos os dias milhares de pessoas sofrem algum tipo de abuso caladas, apenas para conseguir manter a estabilidade. Isso é suicídio. É necessário compreender que toda arrogância é uma ilusão e que o que nos impede de ser feliz de verdade é o medo, algo que colocamos na nossa cabeça. Lembre-se que não existe gente burra ou incompetente, e sim talento não descoberto ou mal aproveitado, ou talvez uma pessoa insegura por trás que inveja o seu sonho. Nunca duvide do seu brilho, seja perseverante e permita-se ser plenamente feliz.

VAMOS JUNTOS

IDENTIFICANDO OS TIPOS DE ASSÉDIO

Compartilhei minhas experiências para que elas não tenham ocorrido em vão e pretendo te ajudar indicando as ferramentas necessárias para identificar e eliminar todo e qualquer tipo de situação de assédio que vise a dificultar a sua jornada profissional. Vamos caminhar unidos para construir um ambiente trabalho saudável e recompensador.

O *assédio* em si é todo o comportamento indesejado, praticado quando do acesso ao emprego ou no próprio emprego, trabalho ou formação profissional, com o objetivo ou o efeito de perturbar ou constranger a pessoa, afetar a sua dignidade, ou de lhe criar um ambiente intimidativo, hostil, degradante, humilhante ou desestabilizador.[1]

No *assédio moral*, o que se pretende é o enquadramento do empregado, a eliminação da sua autodeterminação no trabalho ou a degradação das condições de trabalho, que traz consequências drásticas para a integridade física do trabalhador. Em suma, sua transformação em um robô. O comportamento do industrial Maxime Bonnet, que não permitia que suas operárias sorrissem ou levantassem a cabeça de suas máquinas de costura durante o trabalho, é citado como exemplo típico de assédio moral. Os sintomas desse tipo de assédio na vítima são: perda da vontade de sorrir, depressão, perda da autoconfiança, isolamento etc., chegando-se às vezes ao suicídio.[2]

No *assédio sexual*, o constrangimento ilegal é praticado em determinadas circunstâncias laborais e subordinado a uma finalidade especial – sexual. Em suma, três são as características desse delito:

1. constrangimento ilícito;
2. finalidade especial (vantagem ou favorecimento sexual);
3. abuso de uma posição de superioridade laboral.[3]

---

1 COMISSÃO PARA A IGUALDADE NO TRABALHO E NO EMPREGO. Direitos e deveres dos trabalhadores e das trabalhadoras. Disponível em: http://cite.gov.pt/pt/acite/dirdevtrab005.html. Acesso em: 1 ago. 2020.

2 CAPEZ, Fernando. *Curso de Direito Penal*. 16. ed. atual. São Paulo: Saraiva Educação, 2018.

3 GOMES, Luiz Flávio. LEI DO ASSÉDIO SEXUAL (10.224/01): PRIMEIRAS NOTAS INTERPRETATIVAS. Disponível em: http://www.mpsp.mp.br/portal/page/portal/documentacao_e_divulgacao/doc_biblioteca/bibli_servicos_produtos/bibli_boletim/bibli_bol_2006/SRC%2002_11.pdf Acesso em: 1 ago. 2020.

Para a Organização Internacional do Trabalho (OIT), basta que se configure apenas uma das características a seguir:

1. ser uma condição clara para manter o emprego;
2. influir nas promoções da carreira do assediado;
3. prejudicar o rendimento profissional, humilhar, insultar ou intimidar a vítima;
4. ameaçar e fazer com que as vítimas cedam por medo de denunciar o abuso;
5. oferta de crescimento de vários tipos ou oferta que desfavorece as vítimas em meios acadêmicos e trabalhistas entre outros, e que no ato possa dar algo em troca, como possibilitar a intimidade para ser favorecido no trabalho.[4] [5]

Sendo assim, para o assédio do tipo sexual "[...] não basta apenas que o agressor adote uma postura incisiva sobre a vítima. É preciso que o ofendido(a) *não aceite*, ou seja, tem que haver resistência."[6] [7]

Portanto, tratam-se de tipos de assédio distintos: *o assédio de conotação sexual* pode se manifestar como uma espécie agravada do moral, que é mais amplo. Há uma finalidade de natureza sexual para os atos de perseguição e importunação. O *assédio sexual* consuma-se mesmo que ocorra uma única vez e os favores sexuais não sejam entregues pelo(a) assediado(a). [8]

---

4 COMISSÃO PARA A IGUALDADE NO TRABALHO E NO EMPREGO. Direitos e deveres dos trabalhadores e das trabalhadoras. Disponível em: http://cite.gov.pt/pt/acite/dirdevtrab005.html. Acesso em: 1 ago. 2020.

5 JUSBRASIL. Conceito de assédio sexual é mais amplo na Justiça Trabalhista. Disponível em: https://trt 10.jusbrasil.com.br/noticias/100607355/conceito-de-assedio-sexual-e-mais-amplo-na-justica-trabalhista. Acesso em: 1 ago. 2020

6 COMISSÃO PARA A IGUALDADE NO TRABALHO E NO EMPREGO. Direitos e deveres dos trabalhadores e das trabalhadoras. Disponível em: http://cite.gov.pt/pt/acite/dirdevtrab005.html. Acesso em: 1 ago. 2020.

7 JUSBRASIL. Conceito de assédio sexual é mais amplo na Justiça Trabalhista. Disponível em: https://trt 10.jusbrasil.com.br/noticias/100607355/conceito-de-assedio-sexual-e-mais-amplo-na-justica-trabalhista. Acesso em: 1 ago. 2020

8 NUNES, Maria Terezinha; RÊGO, Andrea de Castro Souza (Orgs.). Assédio moral e sexual. Senado Federal, 2011. Disponível em: https://www12.senado.leg.br/institucional/procuradoria/proc-publicacoes/cartilha-assedio-moral-e-sexual. Acesso em: 1 ago. 2020.

A CONDUTA DE CONSTRANGER

"*Constranger* significa compelir, coagir, obrigar, forçar, determinar, impor algo contra a vontade da vítima, ou apenas causar um embaraço sério. Não cuidou o legislador brasileiro da indicação do meio de execução do crime, logo, é crime de execução livre. Deveria ter sido mais explícito e não foi. A consequência é qualquer meio idôneo pode ser utilizado para o constrangimento, seja por palavras, gestos, escritos etc."[9]

"No entanto, é preciso bom senso para distinguir o constrangimento criminoso do simples flerte, do gracejo, da paquera. Nem toda abordagem é assédio. O assédio implica uma importunação séria, ofensiva, insistente, embaraçosa, chantagiosa. Em caso de contato físico, pode configurar crime distinto, como o atentado violento ao pudor."[10]

Cuida-se de crime doloso. Não existe assédio sexual por culpa (imprudência). Dolo significa ter consciência dos requisitos objetivos do tipo de que constrange, de que há uma pessoa subordinada etc. Para além do dolo, o tipo exige um requisito subjetivo especial: "Constranger alguém com o intuito de obter vantagem ou favorecimento sexual."[11] Não basta constranger, tem que haver a finalidade de obtenção da vantagem indevida.[12]

"A lei nada diz, mas é possível que a satisfação sexual seja para si ou para outrem – um superior hierárquico pode constranger a secretária para obter proveito sexual para si ou para terceira pessoa: para o dono da empresa, por exemplo. A lei fala em vantagem ou favorecimento sexual, logo, qualquer tipo de ato sexual é válido para

---

9 GOMES, Luiz Flávio. LEI DO ASSÉDIO SEXUAL (10.224/01): PRIMEIRAS NOTAS INTERPRETATIVAS. Disponível em: http://www.mpsp.mp.br/portal/page/portal/documentacao_e_divulgacao/doc_biblioteca/bibli_servicos_produtos/bibli_boletim/bibli_bol_2006/SRC%2002_11.pdf Acesso em: 1 ago. 2020

10 GOMES, Luiz Flávio. LEI DO ASSÉDIO SEXUAL (10.224/01): PRIMEIRAS NOTAS INTERPRETATIVAS. Disponível em: http://www.mpsp.mp.br/portal/page/portal/documentacao_e_divulgacao/doc_biblioteca/bibli_servicos_produtos/bibli_boletim/bibli_bol_2006/SRC%2002_11.pdf Acesso em: 1 ago. 2020

11 Art. 216 A do CP.

12 GOMES, Luiz Flávio. LEI DO ASSÉDIO SEXUAL (10.224/01): PRIMEIRAS NOTAS INTERPRETATIVAS. Disponível em: http://www.mpsp.mp.br/portal/page/portal/documentacao_e_divulgacao/doc_biblioteca/bibli_servicos_produtos/bibli_boletim/bibli_bol_2006/SRC%2002_11.pdf Acesso em: 1 ago. 2020

a configuração do crime, qualquer ato que venha a satisfazer a libido ou a concupiscência do agente."[13]

"O constrangimento, de qualquer modo, tem que ter uma finalidade voluptuosa. É preciso, de outro lado, que isso fique inequívoco. Um simples convite para um almoço dificilmente configurará o crime. Lógico que o que manda é o contexto, não o texto – leia-se: o convite em si. Dizer que o funcionário está lindo(a), não constitui, em princípio, constitui assédio sexual.

Dois extremos são preocupantes:

a. vítima exageradamente sensível, que interpreta qualquer expressão ou gesto ou palavra como ato fálico;

b. algumas atitudes típicas de países norte-americanos, como não se pode tomar elevador sem a presença de testemunhas, não se pode pedir para o subordinado ficar no trabalho mais cinco minutos, não pode o professor mencionar qualquer ato sexual na sala de aula, não se pode olhar fixamente para a secretária etc."[14]

"Recorde-se que foi nos EUA que o menino Prevette, de seis anos de idade, foi punido porque beijou a bochecha de sua amiguinha na escola. Vislumbrou-se nessa criança um "tarado sexual". Quem melhor explica essa volúpia por punir atos sexuais alheios, que no fundo representam a repressão das próprias atitudes sexuais, é Freud."[15]

"O constrangimento deve estar relacionado diretamente com o prevalecimento da posição superior ou ascendente. Se a proposta sexual feita pelo superior nada tem a ver com essa condição, não há o crime. Fora das respectivas funções, pode o superior num encontro casual fazer proposta sexual – uma 'cantada' – para um inferior. Se não está prevalecendo-se da sua hierarquia, não há delito."[16]

---

13 CONSULTOR JURÍDICO. 'Assédio sexual praticado por padre ou pastor não é crime'. 11 jun. 2001. Disponível em: https://www.conjur.com.br/2001-jul-11/assedio_praticado_padre_ou_pastor_nao_crime?pagina=3. Acesso em: 1 ago. 2020.

14 CONSULTOR JURÍDICO. 'Assédio sexual praticado por padre ou pastor não é crime'. 11 jun. 2001. Disponível em: https://www.conjur.com.br/2001-jul-11/assedio_praticado_padre_ou_pastor_nao_crime?pagina=3. Acesso em: 1 ago. 2020.

15 CONSULTOR JURÍDICO. 'Assédio sexual praticado por padre ou pastor não é crime'. 11 jun. 2001. Disponível em: https://www.conjur.com.br/2001-jul-11/assedio_praticado_padre_ou_pastor_nao_crime?pagina=3. Acesso em: 1 ago. 2020.

16 CONSULTOR JURÍDICO. 'Assédio sexual praticado por padre ou pastor não é crime'. 11 jun. 2001. Disponível em: https://www.conjur.com.br/2001-jul-11/assedio_praticado_padre_ou_pastor_nao_crime?pagina=3. Acesso em: 1 ago. 2020.

"O ônus da prova é de quem faz a alegação (CPP, art. 156). Não existe inversão do ônus da prova. Se o inferior hierárquico alega que foi assediado, a ele compete provar. Todos os meios de prova são admitidos, em princípio – regra de liberdade de provas. O STF vem admitindo inclusive a autogravação ambiental ou telefônica."[17]

---

17 CONSULTOR JURÍDICO. 'Assédio sexual praticado por padre ou pastor não é crime'. 11 jun. 2001. Disponível em: https://www.conjur.com.br/2001-jul-11/assedio_praticado_padre_ou_pastor_nao_crime?pagina=4. Acesso em: 1 ago. 2020.

LIDANDO COM ASSÉDIO SEXUAL

Para evitar situações de assédio, a cartilha *Assédio sexual no trabalho: perguntas e respostas*,[18] organizada pelo Ministério do Trabalho, recomenda alguns cuidados, tais como: *dizer claramente, "não" ao assediador*; evitar permanecer sozinho(a) no mesmo local que o assediador; anotar, com detalhes, todas as abordagens de caráter sexual sofridas; procurar ajuda dos colegas, principalmente daqueles que testemunharam o fato; reunir provas, como bilhetes, *e-mails*, mensagens em redes sociais, presentes. A cartilha também destaca que *a pessoa que sofre o assédio deve livrar-se do sentimento de culpa, uma vez que a irregularidade da conduta não depende do comportamento da vítima, mas sim do agressor.*

O assédio sexual pode se dar tanto de forma vertical quanto horizontal:[19]

a. *Assédio vertical*: ocorre quando o assediador(a), em posição hierárquica superior, se vale de sua posição de "chefe" para constranger alguém, com intimidações, pressões ou outras interferências, com o objetivo de obter algum favorecimento sexual. Essa forma clássica de assédio aparece literalmente descrita no Código Penal;

b. *Assédio horizontal*: trata-se do chamado corporativismo, ocorre quando não há distinção hierárquica entre a pessoa que assedia e aquela que é assediada, a exemplo do constrangimento verificado entre colegas de trabalho (assédio entre pares). Já existe projeto de lei em tramitação no Congresso Nacional para tornar crime o assédio praticado contra pessoa de hierarquia igual ou inferior à de quem busca obter o favorecimento sexual. Também o Judiciário caminha nesse sentido, como provam as decisões de diversos tribunais.

Para que seja configurado o assédio sexual, não é necessário o contato físico. Variadas condutas podem configurar assédio. Essa prática pode ser explícita ou sutil, com contato físico ou verbal, como expres-

---

18 AZEVEDO, Natália; COELHO, Renata; VILELA, Sofia. Assédio sexual no trabalho: perguntas e respostas. Ministério Público do Trabalho; Organização Internacional, maio 2017. Disponível em: http://www.mpsp.mp.br/portal/page/portal/cao_civel/acoes_afirmativas/inc_social_mulheres/mulh_cartilhas/Cartilha%20Assedio%20Sexual%20-%20MPT.pdf. Acesso em: 1 ago. 2020.

19 CONSELHO NACIONAL DO MINISTÉRIO PÚBLICO. Assédio moral e sexual: previna-se. Brasília: CNMP, 2016.

sões faladas ou escritas, ou meios como gestos, imagens enviadas por *e-mails*, comentários em redes sociais, vídeos, presentes, entre outros.[20]

"Não é necessário que o assédio seja praticado no local de trabalho, mas é necessário que ocorra por conta do trabalho, ainda que fora do estabelecimento. É possível que ocorra nos intervalos, locais de repouso e alimentação, antes do início do turno ou após o término, durante caronas ou transporte entre trabalho e residência, desde que ocorram por conta do trabalho prestado."[21] Além disso, há relações de trabalho que não requerem a presença física do empregado na estrutura da empresa, como as atividades externas e o teletrabalho.

"Como regra geral, é necessária a reiteração da conduta do assediador, a insistência. Entretanto, após analisar o caso concreto é possível que o ato, mesmo que isolado a um dado momento e restrito a uma única situação, seja caracterizado como assédio sexual."[22]

"O assédio pressupõe uma conduta sexual não desejada, não se considerando como tal o simples flerte ou paquera recíprocos. Quando se perceber assediada sexualmente a vítima deve buscar expressar sua rejeição, como forma de fazer cessar o assédio ou impedir que se agrave. O silêncio da vítima não pode ser considerado como aceitação da conduta sexual nem desconfigura o assédio sexual no trabalho. A consumação do objetivo do assediador também não descaracteriza o assédio sexual praticado."[23]

"Diante da dificuldade de se provar o assédio sexual – que na maioria dos casos é praticado às escondidas – a doutrina e a jurisprudência têm valorizado a prova indireta, ou seja, prova por indícios e circunstâncias de fato. Por isso, as regras de presunção devem ser admitidas

---

20 GRITE ALTO. Assédio sexual no trabalho. 13 nov. 2019. Disponível em: https://gritealto.com/lerblog/assedio-sexual-no-trabalho. Acesso em: 1 ago. 2020.

21 GRITE ALTO. Assédio sexual no trabalho. 13 nov. 2019. Disponível em: https://gritealto.com/lerblog/assedio-sexual-no-trabalho. Acesso em: 1 ago. 2020.

22 AZEVEDO, Natália; COELHO, Renata; VILELA, Sofia. Assédio sexual no trabalho: perguntas e respostas. Ministério Público do Trabalho; Organização Internacional, maio 2017. Disponível em: http://www.mpsp.mp.br/portal/page/portal/cao_civel/acoes_afirmativas/inc_social_mulheres/mulh_cartilhas/Cartilha%20Assedio%20Sexual%20-%20MPT.pdf. Acesso em: 1 ago. 2020.

23 AZEVEDO, Natália; COELHO, Renata; VILELA, Sofia. Assédio sexual no trabalho: perguntas e respostas. Ministério Público do Trabalho; Organização Internacional, maio 2017. Disponível em: http://www.mpsp.mp.br/portal/page/portal/cao_civel/acoes_afirmativas/inc_social_mulheres/mulh_cartilhas/Cartilha%20Assedio%20Sexual%20-%20MPT.pdf. Acesso em: 1 ago. 2020.

e os indícios possuem sua importância potencializada, sob pena de se permitir que o assediador se beneficie de sua conduta oculta."[24]

Admite-se a gravação de conversas ou imagens por um dos envolvidos no ato – interlocutor – ainda que sem o conhecimento do agressor.

Na Justiça Trabalhista, a prova, por excelência é testemunhal. É muito importante ressaltar que a conduta deve ter a intenção de obter favor sexual sem o consentimento da vítima. Se assim não fosse, qualquer pessoa cortejada num ambiente do trabalho poderia alegar assédio sexual. "A conduta tipificada no Código Penal é também a mais comum nas relações de trabalho, porque o empregador se aproveita dessa condição para constranger o empregado, que precisa do emprego, e, por isso, mais facilmente se submete aos gracejos sexuais, ainda que sem consenti-los."[25][26]

Algumas atitudes são importantes para fazer cessar o assédio e evitar que ele se propague e se agrave no ambiente de trabalho:[27]

- dizer, claramente, não ao assediador;
- evitar permanecer sozinho(a) no mesmo local que o(a) assediador(a);
- anotar, com detalhes, todas as abordagens de caráter sexual sofridas: dia, mês, ano, hora, local ou setor, nome do(a) agressor(a), colegas que testemunharam os fatos, conteúdo das conversas e o que mais achar necessário;
- dar visibilidade, procurando a ajuda dos colegas, principalmente daqueles que testemunharam o fato ou que são ou foram vítimas;
- reunir provas, como bilhetes, *e-mails*, mensagens em redes sociais, presentes;
- livrar-se do sentimento de culpa, uma vez que a irregularidade da conduta não depende do comportamento da vítima, mas sim do agressor;

---

24 GONÇALVES, Siumara. Assédio no trabalho: saiba como denunciar e o que fazer. A Gazeta, 4 mar. 2020. Disponível em: https://www.agazeta.com.br/es/economia/assedio-no-trabalho-saiba-como-denunciar-e-o-que-fazer-0320. Acesso em: 1 ago. 2020.

25 COMISSÃO PARA A IGUALDADE NO TRABALHO E NO EMPREGO. Direitos e deveres dos trabalhadores e das trabalhadoras. Disponível em: http://cite.gov.pt/pt/acite/dirdevtrab005.html. Acesso em: 1 ago. 2020.

26 JUSBRASIL. Conceito de assédio sexual é mais amplo na Justiça Trabalhista. Disponível em: https://trt 10.jusbrasil.com.br/noticias/100607355/conceito-de-assedio-sexual-e-mais-amplo-na-justica-trabalhista. Acesso em: 1 ago. 2020.

27 MINISTÉRIO PÚBLICO DO TRABALHO NO PIAUÍ. Assédio sexual no ambiente de trabalho: como denunciar. Disponível em: http://www.prt22.mpt.mp.br/informe-se/audiencias-publicas/2-uncategorised/286-assedio-sexual. Acesso em: 1 ago. 2020.

- buscar apoio junto a familiares, amigos e colegas;
- comunicar aos superiores hierárquicos, bem como informar por meio dos canais internos da empresa, tais como ouvidoria, comitês de éticas ou outros meios idôneos disponíveis.

É essencial, que a vítima tenha consciência de que *o seu depoimento* tem valor como meio de prova.

RESPONSABILIDADE CIVIL

A empresa, mesmo que não compactue com as atitudes de abuso, responde legalmente por elas, pois o empregador deve zelar pela integridade psíquica, bem-estar e saúde de seus funcionários. Portanto é imprescindível que a organização atue na prevenção e também saiba identificar e diferenciar os tipos de assédio.[28]

No ambiente de trabalho as principais vítimas de assédio sexual são as mulheres. Uma pesquisa realizada pelo Portal Vargas[29] indicou que enquanto o assédio moral foi relatado em proporções semelhantes por homens (48%) e mulheres (52%), o sexual é quatro vezes mais comum entre elas: 80% das pessoas que disseram ter sido vítimas de abuso são do sexo feminino. No final de 2017, o Instituto Datafolha realizou uma pesquisa com 1247 brasileiras de 16 a 24 anos, que revelou que 56% das entrevistadas já sofreram assédio sexual e cerca de 15% dos casos relatados aconteceram no ambiente profissional. No entanto, nem todas se sentem à vontade para denunciar os fatos ocorridos.[30]

Não existe uma única ação isolada para garantir que seus gestores e colaboradores não pratiquem abusos contra seus subordinados e colegas. A empresa tem que se valer de uma série de atitudes e regras que eduquem seus colaboradores. [31]

Para prevenção do assédio dentro das organizações é importante a união das partes envolvidas, tais como os gestores, os setores de RH e *Compliance*, que devem transmitir segurança e respeito quando procurados, para que o funcionário possa expor seus sofrimentos e as frustrações que acontecem na jornada de trabalho. A liderança é o veículo para administrar a cultura organizacional, bem como tem a função de criá-la. Na medida em que se identificam sinais de assédio, a empresa

---

28 PIAI, Bruno. Assédio no ambiente de trabalho: o que é e como prevenir. RH Pra Você, 4 set. 2019. Disponível em: https://rhpravoce.com.br/posts/assedio-no-ambiente-de-trabalho-o-que-e-e-como-prevenir Acesso em: 1 ago. 2020.

29 PORTAL VAGAS. Disponível em: https://portalvagas.com/. Acesso em: 1 ago. 2020.

30 ABRAMO, Mayara. Assédio Moral e Sexual dá para prevenir? S2 Dimensão Humana de Risco, 15 jan. 2018. Disponível em: https://s2consultoria.com.br/assedio-moral-sexual/. Acesso em: 1 ago. 2020.

31 SANTOS, Renato Almeida dos. Assédio no ambiente de trabalho: o que é e como prevenir. MELHOR, 10 maio 2017. Disponível em: Acesso em: 1 ago. 2020.

deve tomar providências para que fique claro que esse tipo de comportamento não é aceito pela organização.[32]

As ferramentas de *Compliance* como os códigos de ética e conduta, canal de denúncia, treinamento e desenvolvimento sobre ética organizacional, programas de integridade, entre outros, são fundamentais para conscientizar, educar, informar e treinar os gestores, para que aprendam que o fator humano é tão importante quanto a produtividade e que funcionário motivado e satisfeito colabora para o crescimento e desenvolvimento da organização. As pesquisas de *Compliance* Cultural também podem ajudar a descobrir se atitudes hostis e abusos não estão sendo vistos como "atos normais" por seus gestores e funcionários.[33]

É importante que a empresa insira em sua cultura a prática do diálogo, para que situações constrangedoras cheguem aos gestores, pois, por medo de perder o emprego ou de sofrer retaliação, o assediado aceita correr o risco de exposição. Ter um canal aberto para relatar e expor situações é muito significativo, como por exemplo, ter um canal de denúncias. Desta forma é possível ajudar profissionais vítimas de assédio. Ademais, as vítimas evitam denunciar casos de assédio por sentirem medo das retaliações, como por exemplo, uma demissão injusta.

Com um Canal de Denúncias terceirizado, os fatos reportados são encaminhados diretamente para as áreas de Conformidade/*Compliance* das empresas, e as informações serão classificadas e repassadas com uma sugestão de plano de ação para a realização de análises que demonstrarão ou não a veracidade dos fatos alegados. Após a denúncia, cabe à empresa tomar as medidas necessárias para solucionar o problema plenamente. Todas as análises precisam ser conduzidas no mais absoluto sigilo preservando a identidade do denunciante e do denunciado para evitar situações de constrangimento.

---

32 PIAI, Bruno. Assédio no ambiente de trabalho: o que é e como prevenir. RH Pra Você, 4 set. 2019. Disponível em: https://rhpravoce.com.br/posts/assedio-no-ambiente-de-trabalho-o-que-e-e-como-prevenir Acesso em: 1 ago. 2020.

33 SANTOS, Renato Almeida dos. Assédio no ambiente de trabalho: o que é e como prevenir. OPINIÃO RH, 6 set. 2019. Disponível em: https://opiniaorh.com/2019/09/06/assedio-no-ambiente-de-trabalho-o-que-e-e-como-prevenir/. Acesso em: 1 ago. 2020.

CONSEQUÊNCIAS JURÍDICAS

A vítima pode, por meio de ação trabalhista, buscar alterações em seu contrato, tais como mudança do local ou horário do trabalho, e até mesmo a rescisão indireta do contrato de trabalho – justa causa do empregador –; a indenização por danos morais e/ou a indenização por danos materiais. Nesse último caso necessita de prova específica do gasto ou da perda financeira decorrentes do assédio, como, por exemplo, gastos com remédios ou tratamentos decorrentes de adoecimento físico ou mental ocorridos por conta do assédio; prejuízo em promoção ou salário; perda de função por não ceder à chantagem sexual.[34]

Além disso, o rompimento da relação de trabalho por ato discriminatório, se for o caso, oriundo do assédio, pode gerar a reintegração no trabalho ou percepção, em dobro, da remuneração do período de afastamento, com base na aplicação analógica da Lei n.º 9.029/95, art. 4º.[35]

O assédio geralmente repercute na saúde física e mental do trabalhador. Nesse caso, poderá a lesão ser considerada doença ocupacional, com os direitos e garantias decorrentes dessa condição, tais como: emissão de Comunicação de Acidente de Trabalho (CAT), recebimento de auxílio previdenciário, adaptação de função ou horário, estabilidade no emprego após o fim do benefício previdenciário.[36]

A depender das circunstâncias do fato, o empregador, com o intuito de fazer cessar o assédio e adequar o ambiente de trabalho, poderá implementar alterações no contrato de trabalho do assediador, como por exemplo mudança de setor, transferência para outra função, alteração da jornada de trabalho e até mesmo a dispensa por justa causa. Além das consequências trabalhistas em seu contrato de trabalho, existem as punições penais e civis para todo aquele que praticar assédio sexual. O

---

34 FERNANDES, Marcella. Como denunciar assédio sexual no trabalho em 8 passos com esta cartilha. Huffpost, 13 fev. 2018. Disponível em: https://www.huffpostbrasil.com/2018/02/13/como-denunciar-assedio-sexual-no-trabalho-em-8-passos-com-esta-cartilha_a_23360383/. Acesso em: 1 ago. 2020.

35 GRITE ALTO. Assédio sexual no trabalho. 13 nov. 2019. Disponível em: https://gritealto.com/lerblog/assedio-sexual-no-trabalho. Acesso em: 1 ago. 2020.

36 GRITE ALTO. Assédio sexual no trabalho. 13 nov. 2019. Disponível em: https://gritealto.com/lerblog/assedio-sexual-no-trabalho. Acesso em: 1 ago. 2020.

assediador também poderá ser réu em ação civil pública proposta pelo Ministério Público do Trabalho ou por sindicato.[37]

Cabe ao empregador zelar pelo meio ambiente de trabalho psicologicamente saudável e isento de assédio. Portanto, o empregador é responsável pela prática do assédio no trabalho, ainda que ele não seja o agressor. O empregador é sempre responsável por atos de seus prepostos e por atos que afetem à integridade de seus trabalhadores no ambiente de trabalho, mesmo quando praticados por terceiros alheios à relação de emprego.[38]

---

[37] GONÇALVES, Siumara. Assédio no trabalho: saiba como denunciar e o que fazer. A Gazeta, 4 mar. 2020. Disponível em: https://www.agazeta.com.br/es/economia/assedio-no-trabalho-saiba-como-denunciar-e-o-que-fazer-0320. Acesso em: 1 ago. 2020.

[38] GONÇALVES, Siumara. Assédio no trabalho: saiba como denunciar e o que fazer. A Gazeta, 4 mar. 2020. Disponível em: https://www.agazeta.com.br/es/economia/assedio-no-trabalho-saiba-como-denunciar-e-o-que-fazer-0320. Acesso em: 1 ago. 2020.

Este *Manual* é um legado, escrito com carinho para a nossa comunidade jurídica. Podemos juntos construir um futuro promissor para a nossa geração e as vindouras.

Que essa humilde contribuição seja recebida como forma de demonstração de amor pela Justiça e seus defensores. Continue firme, a vitória é de Direito.

Espero ter ajudado.

Seja feliz.

Advogados, uni-vos!

REFERÊNCIAS

ABRAMO, Mayara. Assédio Moral e Sexual dá para prevenir? S2 Dimensão Humana de Risco, 15 jan. 2018. Disponível em: https://s2consultoria.com.br/assedio-moral-sexual/. Acesso em: 1 ago. 2020.

AZEVEDO, Natália; COELHO, Renata; VILELA, Sofia. Assédio sexual no trabalho: perguntas e respostas. Ministério Público do Trabalho; Organização Internacional, maio 2017. Disponível em: http://www.mpsp.mp.br/portal/page/portal/cao_civel/acoes_afirmativas/inc_social_mulheres/mulh_cartilhas/Cartilha%20Assedio%20Sexual%20-%20MPT.pdf. Acesso em: 1 ago. 2020.

CAPEZ, Fernando. *Curso de Direito Penal*. 16. ed. atual. São Paulo: Saraiva Educação, 2018.

COMISSÃO PARA A IGUALDADE NO TRABALHO E NO EMPREGO. Direitos e deveres dos trabalhadores e das trabalhadoras. Disponível em: http://cite.gov.pt/pt/acite/dirdevtrab005.html. Acesso em: 1 ago. 2020.

CONSELHO NACIONAL DO MINISTÉRIO PÚBLICO. Assédio moral e sexual: previna-se. Brasília: CNMP, 2016.

CONSULTOR JURÍDICO. 'Assédio sexual praticado por padre ou pastor não é crime'. 11 jun. 2001. Disponível em: https://www.conjur.com.br/2001-jul-11/assedio_praticado_padre_ou_pastor_nao_crime?pagina=3. Acesso em: 1 ago. 2020.

CONSULTOR JURÍDICO. 'Assédio sexual praticado por padre ou pastor não é crime'. 11 jun. 2001. Disponível em: https://www.conjur.com.br/2001-jul-11/assedio_praticado_padre_ou_pastor_nao_crime?pagina=4. Acesso em: 1 ago. 2020.

FERNANDES, Marcella. Como denunciar assédio sexual no trabalho em 8 passos com esta cartilha. Huffpost, 13 fev. 2018. Disponível em: https://www.huffpostbrasil.com/2018/02/13/como-denunciar-assedio-sexual-no-trabalho-em-8-passos-com-esta-cartilha_a_23360383/. Acesso em: 1 ago. 2020.

GOMES, Luiz Flávio. LEI DO ASSÉDIO SEXUAL (10.224/01): PRIMEIRAS NOTAS INTERPRETATIVAS. Disponível em: http://www.mpsp.mp.br/portal/page/portal/documentacao_e_divulgacao/doc_biblioteca/bibli_servicos_produtos/bibli_boletim/bibli_bol_2006/SRC%2002_11.pdf Acesso em: 1 ago. 2020

GONÇALVES, Siumara. Assédio no trabalho: saiba como denunciar e o que fazer. A Gazeta, 4 mar. 2020. Disponível em: https://www.agazeta.com.br/es/economia/assedio-no-trabalho-saiba-como-denunciar-e-o-que-fazer-0320. Acesso em: 1 ago. 2020.

GRITE ALTO. Assédio sexual no trabalho. 13 nov. 2019. Disponível em: https://gritealto.com/lerblog/assedio-sexual-no-trabalho. Acesso em: 1 ago. 2020.

JUSBRASIL. Conceito de assédio sexual é mais amplo na Justiça Trabalhista. Disponível em: https://trt10.jusbrasil.com.br/noticias/100607355/conceito-de-assedio-sexual-e-mais-amplo-na-justica-trabalhista. Acesso em: 1 ago. 2020.

MINISTÉRIO PÚBLICO DO TRABALHO NO PIAUÍ. Assédio sexual no ambiente de trabalho: como denunciar. Disponível em: http://www.prt22.mpt.mp.br/informe-se/audiencias-publicas/2-uncategorised/286-assedio-sexual. Acesso em: 1 ago. 2020.

Referências

NUNES, Maria Terezinha; RÊGO, Andrea de Castro Souza (Orgs.). Assédio moral e sexual. Senado Federal, 2011. Disponível em: https://www12.senado.leg.br/institucional/procuradoria/proc-publicacoes/cartilha-assedio-moral-e-sexual. Acesso em: 1 ago. 2020.

PIAI, Bruno. Assédio no ambiente de trabalho: o que é e como prevenir. RH Pra Você, 4 set. 2019. Disponível em: https://rhpravoce.com.br/posts/assedio-no-ambiente-de-trabalho-o-que-e-e-como-prevenir Acesso em: 1 ago. 2020.

PORTAL VAGAS. Disponível em: https://portalvagas.com/. Acesso em: 1 ago. 2020.

SANTOS, Renato Almeida dos. Assédio no ambiente de trabalho: o que é e como prevenir. MELHOR, 10 maio 2017. Disponível em: Acesso em: 1 ago. 2020.

SANTOS, Renato Almeida dos. Assédio no ambiente de trabalho: o que é e como prevenir. OPINIÃO RH, 6 set. 2019. Disponível em: https://opiniaorh.com/2019/09/06/assedio-no-ambiente-de-trabalho-o-que-e-e-como-prevenir/. Acesso em: 1 ago. 2020.

◎ editoraletramento 🌐 editoraletramento.com.br
(f) editoraletramento (in) company/grupoeditorialletramento
(y) grupoletramento ✉ contato@editoraletramento.com.br

🌐 casadodireito.com (f) casadodireitoed ◎ casadodireito

Grupo Editorial
LETRAMENTO